Tiempo de México

Mujeres maravillosas

Primero vivo

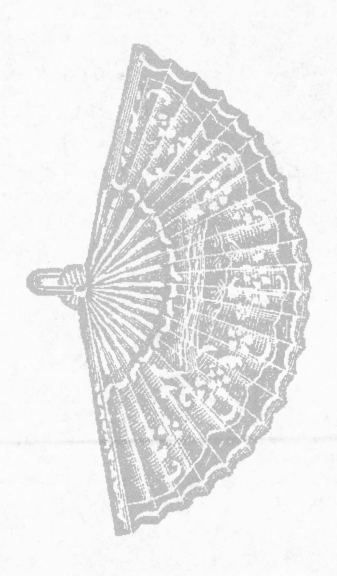

Guadalupe Loaeza

Mujeres Maravillosas

OCEANO

EDITOR: Rogelio Carvajal Dávila

MUJERES MARAVILLOSAS

© 1997, Guadalupe Loaeza

D. R. © EDITORIAL OCEANO DE MÉXICO, S.A. de C.V.
    Eugenio Sue 59, Colonia Chapultepec Polanco
    Miguel Hidalgo, Código Postal 11560, México, D.F.
    ☎ 282 0082   🖷 282 1944

SÉPTIMA REIMPRESIÓN

ISBN 970-651-035-4

IMPRESO EN MÉXICO / PRINTED IN MEXICO

Para Lola, Antonia, Eugenia, Natalia, Enriqueta,
Enrique, Soledad y María de la Luz.
Pero, sobre todo, para Lolita, mi hija.

Índice

Prólogo

*E*l fenómeno literario más comentado de los últimos años es la proliferación de mujeres escritoras y su éxito en todo el mundo; la fama que han adquirido, que, incluso, las ha llevado a desplazar a algunas modelos de las revistas no culturales. Se habla de si su literatura es diferente; de si hay o no una "escritura femenina"; o si las novelistas actuales están aportando "un tratamiento femenino" a la narrativa, y si ese tratamiento es más rico que el masculino. Con todo lo que se diga, me parece una discusión falsa e inútil; primero, porque la escritura no es femenina ni masculina, sino simplemente buena o mala; y segundo, porque la literatura de mujeres, y su éxito consiguiente, no es nuevo, lleva al menos dos siglos. En su famoso ensayo, *Las mujeres y la narrativa* (*The Forum*, 1929; recogido posteriormente en sus *Collected Essays*), Virginia Woolf se preguntaba por qué las mujeres no produjeron literatura en forma continua antes del siglo XVIII, y por qué, después, escribieron casi tan habitualmente como los hombres, al punto de que "dieron a luz" algunas de las novelas más representativas de la literatura inglesa. No me atañen las respuestas que se da la Woolf a estas interrogantes, sino señalar, con ella, que a partir de mil setecientos noventa y tantos, cuando se publican las primeras novelas de Jane Austen, la literatura escrita por mujeres es tan frecuente y cotidiana como la escrita por hombres. El fenómeno no se reduce a Inglaterra (aunque aquel país fuera el más representativo), pues de manera paulatina se generalizó en toda Europa, y, para mediados del siglo XIX, en casi todo el mundo.

Podemos señalar, sin embargo, algo novedoso en el boom actual de la literatura femenina, que no está referido a la escritura sino a la lectura. Hoy en día, debemos reconocerlo, hay muchas más lectoras que lectores, y son estas lectoras las que están revolucionando la literatura: después de todo (como Borges demostró hasta la saciedad) la literatura es mucho más un arte derivado de la lectura que de la escritura. No creo que lo importante sea la cantidad de lectoras, sino la calidad de su lectura, y aquí sí, me atrevería a afirmar, el punto de vista y la sensibilidad femeninas son determinantes. Por otro lado (no sé si como consecuencia de esta sensibilidad), hay un ingrediente especial, y si se quiere nuevo, en las lectoras actuales: están mucho más interesadas en lo que escriben las mujeres que en lo que escriben los hombres; de ahí, quizá, el resurgimiento de ciertas escritoras que estaban prácticamente olvidadas, como la ya citada Jane Austen, Charlotte Brönte, o la misma sor Juana, para nombrar a alguien de nuestro ámbito. Este gusto, esta moda, no actualiza una costumbre del pasado sino que es un fenómeno reciente. Es sabido, por ejemplo, que una buena parte de los lectores de los folletines de Dickens eran mujeres; y que el público que llenaba los corrales de comedia, donde se representaban con éxito descomunal las obras de Lope de Vega, también era femenino; de la misma manera, una buena parte de los espectadores del shakespereano Globe Theatre eran mujeres, y no por ello lady Macbeth fue más aclamada que Hamlet o Romeo. Ese público, esas lectoras, parecían más interesadas en lo que escribían los masculinos que los femeninos. De la misma forma, cuando las mujeres empezaron a escribir de manera cotidiana, no parece que fueran más aceptadas por el público de su sexo, sino, al contrario, pareciera ser que los hombres las leían con más cuidado. Sin embargo, muy pocos han prestado atención al fenómeno de las espectadoras, de las lectoras, y la discusión se ha enfocado a "las artistas". Me llama la atención, por ejemplo, la cantidad de alegatos que se han escrito a lo largo del siglo en favor de las mujeres escritoras (varios de la misma Virginia Woolf) y ninguno a favor de las lectoras. La discusión literaria gira en torno a si existe o no una escritura femenina, dejando de lado si las mujeres leen de manera distinta a los hombres. ¿Es relevante que sea una mujer la que juzgue la locura del Quijote? ¿Les gusta más el pragmatismo de Sancho que el idealismo de don Alonso Quijano; o es al revés? ¿Ven las mujeres algo en madame Bovary que los hombres no alcanzamos a descubrir? Esto me lleva a pensar que, en términos de escritura, siempre hemos creído que el punto de vista femenino es diferente del masculino, pero cuando llevamos la discusión al ámbito de la lectura pensamos que las lectoras son iguales que los lectores; o sea, que da lo mismo que una mujer lea, digamos a Isabel Allende, a que la lea un hombre, y, sin embargo, hay quien piensa que *La casa de los espíritus* (la genial novela de la Allende) sería muy distinta si la hubiera escrito un varón. Ésta es, sin duda, una de las mayores falacias del mundo literario contemporáneo. Aunque este punto tiene mucha tela de donde cortar, no quiero perderme: estábamos preguntándonos por qué hay más mujeres lectoras, y, sobre todo, por qué están más interesadas en lo escrito por las mujeres que en lo escrito por los hombres. Trataré de aventurar (pues lo que se me ocurre es sólo eso, una aventura) algunas respuestas.

Primero que nada, no creo en el argumento de que hay más lectoras que lectores porque las mujeres tienen más tiempo libre que los hombres. Estoy del lado de todas aquéllas que dicen que la jornada de trabajo femenino es, al menos, tan extenuante como la del masculino. No, creo que las mujeres tienen ahora un hábito por la lectura que los hombres han perdido, pues, si a tiempo nos atenemos, ambos, hombres y mujeres, lo tienen saturado por igual. Me parece que una de las formas de enfocar el problema sería aceptando que las mujeres encuentran algo en la lectura que los hombres ya no encuentran; o, dicho de otra manera, que lo que actualmente se preguntan las mujeres encuentra respuestas en la lectura, mientras que lo que se preguntan los hombres tiene respuestas en otras actividades. Si esto es cierto, creo que se debe a la necesidad de imaginar que tienen unos y otros, y, sin duda, las mujeres están inmersas en los procesos imaginativos de una manera más intensa que los hombres. Esto es, obviamente, una generalización, y como toda generalización cojea por el lado de las particularidades: seguramente se me podrán citar a muchos hombres preocupados por imaginar un mundo nuevo, y quizá, más preocupados que muchas mujeres, pero no me refiero a esos casos, sino a los hombres y mujeres considerados en bola, y, en estas consideraciones, estoy convencido, las mujeres están afanadas en encontrar, en imaginar, ese mundo nuevo.

Cuando digo imaginar, no me refiero a "fantasear", ni siquiera a "inventar", sino que trato de señalar esa facultad específica que en momentos clave nos permite descubrir realidades ocultas, que nos indica la solución "real" de muchos problemas, y nos enseña que hay algo donde parecía que no había nada; en fin, quiero recalcar esa facultad del alma, por llamarla así, que descubre las entretelas de la realidad, o incluso, que hace surgir nuevas realidades frente a nosotros. Voy a poner un ejemplo que a muchos les podrá parecer una barbaridad: cuando Newton vio caer del árbol la famosa manzana (que según algunos comics lo hizo gritar "Eureka") *imaginó* la fuerza de gravedad, y después, sólo después, de imaginarla, la dedujo y demostró. Estoy convencido que eso que se llama revelación, es, en realidad, el acto "imaginativo" por excelencia.

En este sentido, al cabo de años de luchas feministas, de discusiones sobre el papel de la mujer, de justísimas campañas por defender sus derechos, las mujeres han arribado a una circunstancia: en un entorno más o menos justo y equilibrado (no estoy insinuando que las diferencias se hayan terminado, pero es evidente que se han mitigado, y, al menos en lo legal, se tiende a reconocer la igualdad de hombres y mujeres para terminar con lo que se llama "sociedad machista"), en un entorno más justo, repito, parece ser que las mujeres tienen necesidad de "imaginar" cuál será su participación en esa nueva sociedad; no una participación en contra de los hombres, sino una participación definida, sin ambages, como femenina, cuyo referente sea (si esto existe) lo femenino.

¿Pero qué tiene que ver la imaginación con la lectura?, se preguntarán ustedes. Mucho, en verdad, mucho. En un famoso discurso, el doctor José Sarukhán, uno de nuestros más eminentes biólogos, aseguró que corríamos mucho más peligro dejando de leer que dejando de producir libros (aunque esto último condujera a lo primero). Trataba de señalar que a pesar de que tuviéramos todos los libros del mundo, el peligro radicaba en no leerlos, y afirmó que estaba demostrado que leer era el mejor ejercicio para el cerebro. Yo he parodiado muchas veces esta afirmación, diciendo que el exrector de la Universidad Nacional dice que leer es como poner a las neuronas a hacer aerobics. Más allá de la broma, creo que es una afirmación trascendente, de la que podríamos concluir que un grupo de lectores ejercita sus facultades cerebrales mucho más que uno de no lectores. Entre estas facultades, me parece, la de "imaginar" ocupa un lugar predominante. Quien lee está mucho más capacitado para imaginar su mundo que quien no lee. La lectura lleva a los individuos, hombres o mujeres, a imaginar soluciones a sus problemas. Vamos, los lectores son más creativos que los no lectores. La expresión "soluciones imaginativas" se refiere precisamente a esto, a la necesidad de imaginar nuevas respuestas para viejos problemas.

Entonces, si hay más lectoras, nuestro mundo está depositando la imaginación en las mujeres, y son ellas las que están "imaginando" las soluciones actuales para los problemas de siempre. Repito, ésta es una generalización que adolece de todas las fallas de las sempiternas generalizaciones, pero me conduce sin mayores problemas a la segunda cuestión: las mujeres están más interesadas en los libros escritos por mujeres porque tienen necesidad de imaginar el mundo a partir de ellas mismas; imaginarlo desde eso que se ha dado en llamar "punto de vista femenino". No pienso que esto se reduzca a los libros, pues en todos los campos las mujeres parecen mucho más interesadas en las mujeres que en los hombres: les gustan más las locutoras que los locutores, las artistas que los artistas, las periodistas que los periodistas, las deportistas que los deportistas, etcétera. Ojo, no estoy hablando de preferencias sexuales ni mucho menos; esto no pasa por el sexo, ni siquiera por la sexualidad, aunque quizá sí por el erotismo, pero esto es harina de otro costal, por lo pronto, conformémonos con aceptar que las mujeres están simplemente más interesadas en las mujeres.

Este libro de Guadalupe Loaeza es buena prueba de lo que estoy diciendo. Lupe ha escrito, sobre diversas mujeres, textos en los que da cuenta de su admiración; de su pasión por cada una de sus biografías; del inmenso cariño que les tiene; de todo lo que la han inspirado; de la ternura infinita que le provocan; de lo mucho que han significado para el mundo y para su mundo. Aún más, en su conjunto, este libro pretende crear un universo femenino; o, mejor, descubrir el universo a partir de lo femenino; desentrañar de la historia, por ejemplo, lo que ha significado la participación de muchas mujeres, célebres y no célebres, y cómo la sensibilidad de las protagonistas ha jugado un papel central en diversos aconteceres; al mismo tiempo, quiere desmitificar ciertos lugares comunes, como aquél que dice que atrás de todo gran hombre hay una gran mujer; si acaso, Lupe pareciera decirnos que delante de toda gran mujer a veces hay un hombre. Pero no solamente son las mujeres el objeto de su atención, sino los valores específicamente femeninos que tienen sus biografías: su atención, su interés, se centra en descubrir la riqueza que entraña el mundo femenino, sus costumbres, sus vicios, sus muchas frivolidades, su riquísima intuición, su innegable entereza. No se crea por esto que estoy diciendo que estamos ante un libro "feminista", al menos en el sentido tradicional; no, estos textos están inscritos en el proceso imaginativo que quise describir anteriormente. No se piense tampoco, que es un libro "contra lo masculino", pues más bien pretende, por la vía afirmativa, dar cuenta de lo íntimamente femenino con relación a sí mismo. No hay vuelta que darle, es un libro de una mujer fascinada por las mujeres.

Más que de sus muchos méritos (que el lector ya tendrá oportunidad de comprobar), me gustaría destacar dos cosas: la forma en cómo la autora ha agrupado sus textos, y el curioso estilo biográfico-epistolar de algunos de ellos.

Los textos se han agrupado no por el tipo de mujer sobre el que Guadalupe Loaeza escribe, sino por el calificativo que les impone; así, no es importante la actividad a la que se hayan dedicado las biografiadas, sino cómo las percibe la autora: Eleanor Roosevelt y Jackeline Bouvier vienen juntas, no porque compartan la condición de cónyuges de dos famosos presidentes de los Estados Unidos, sino porque ambas son "mujeres fuertes". De la misma forma, Danielle Mitterrand no se encuentra junto a ellas, a pesar de haber sido la esposa del presidente Mitterrand, pues el calificativo de "solidaria" le va más al pelo, y por ello se la ubica al lado de algunas esposas y novias de famosos narcos, que destacan, no por su evidente falta de honradez, sino por la más evidente "solidaridad", que les ha permitido llevar el tipo de vida al que las han obligado sus amores. Lo que resulta sumamente curioso en la elección de los grupos son los adjetivos con que se definen a las protagonistas —fuertes, solidarias, valientes, singulares—, que van adquiriendo con la lectura un carácter vivamente femenino, y uno tiene la sensación de que esos adjetivos (algunos de ellos considerados antiguamente tan masculinos) van conformando eso que es tan difícil de aprehender, de apreciar, de cercar: lo femenino.

Del estilo, tengo que decir que me seduce profundamente el recurso epistolar de Guadalupe, y su continuo uso de supuestas cartas de sus biografiadas. En el caso de Eva Perón, por ejemplo, se introduce una carta en la que Evita comunica a su mamá que ha ingresado como locutora a una famosa radiodifusora bonaerense; la carta (si no lo es, parece inventada con toda impunidad por Lupe) le da a esta biografía un carácter íntimo, interior, casi cariñoso, que nos permite avistar la vida de Eva Duarte de Perón como si la estuviéramos compartiendo desde dentro; como si Guadalupe nos hubiera introducido de incógnito en su guardarropa, y ahí, de lo más cómodos, nos contara la vida de la famosa Evita. El estilo epistolar a veces toma la forma de un diario que la protagonista ha llevado, como en el caso de Grace Kelly; diario, no hace falta decirlo, tan imaginado como muchas de las cartas. Finalmente, me rindo ante las misivas que Lupe dirige a las mujeres que admira; es como si quisiera contarles a ellas, a sus biografiadas, su propia vida, para que éstas comprendan por qué las admira tanto, por qué su vida es tan singular, o por qué es tan trascendente su valentía o solidaridad.

Estoy convencido de que Guadalupe Loaeza está en el umbral de descubrir, de imaginar, nuevas posibilidades narrativas para el género epistolar, pero, por lo pronto, sus cartas, todas estas biografías, me han permitido ver las muchas facetas del mundo femenino; mundo que esta mujer, Guadalupe Loaeza, me ha desnudado, y me ha permitido columbrar una posible respuesta al inquietante interés que las mujeres sienten por las mujeres. No voy adelantar ninguna respuesta, porque espero que los lectores, al final de estas páginas entretenidas, aleccionadoras, cautivantes, encuentren las propias, pero sí voy a decir que estas biografías han construido un puente nuevo para entender mi propia fascinación por las mujeres.

19

Sealtiel Alatriste

Mis hermanas y yo

*D*esde que me acuerdo, siempre estuve rodeada por mujeres maravillosas. Esto no es una casualidad: soy la séptima de una familia de ocho mujeres y un solo hombre. Por lo tanto me desarrollé, crecí y me eduqué en un mundo netamente femenino, que rigió una mujer particularmente ma-ra-vi-llo-sa: mi madre.

Recuerdo que de niña mis verdaderas heroínas eran mis hermanas mayores; las admiraba tanto que quería ser como ellas. En todo las imitaba: en su forma de hablar, de vestir, de caminar, de pensar y de divertirse. Desde muy niña, quise adoptar sus nostalgias; sus amores y desamores; sus ilusiones y resentimientos; sus retos y sus fracasos. Mis hermanas eran mi mundo, mi mejor punto de referencia: mi brújula. Su juicio era fundamental para mí, tanto que si un día llegaba a pelearme con alguna de ellas, sentía que el mundo se me venía encima. Entonces todo se me nublaba y no volvía a ver el sol, sino hasta que hacíamos las paces. Aunque ellas eran entre sí tan maravillosamente distintas e iguales a la vez, a cada una le encontraba cualidades y virtudes, que hasta la fecha admiro. Como agradecimiento por todo lo que me enriquecieron cada una de ellas, les dedico este libro: ellas fueron las primeras mujeres maravillosas con las que tuve contacto.

A Lola, la mayor, le admiraba su alegría y su espontaneidad; pero, sobre todo, su rebeldía. Me gustaba que con toda libertad prefiriera escuchar cantar a Lola Beltrán "La cama de piedra", en lugar de apreciar el "Domino" interpretado por Patachou, no obstante que esto le causara serios conflictos con mi madre. Me gustaba que le gustaran las arracadas por encima de las medias perlas, y las faldas de tubo en vez de la típica kilt escocesa con alfiler. Asimismo, me encantaba ser su "chaperona" cuando uno de sus pretendientes (tenía muchísimos), "el doctor", la invitaba a tomar un café en una de las calles de lo que después se convertiría en la zona rosa. Todavía me veo frente a mi malteada de chocolate, mientras los escuchaba platicar de películas italianas clasificadas "sólo para adolescentes y adultos". Si algo le admiraba a

Lola mi hermana era su autenticidad. Gracias a esa autenticidad, y a la fuerza que esto representa, Lola mi hermana ha sabido soportar muchos sinsabores que le dio la vida.

Antonia, la segunda, nació con una estrella en la frente, por eso siempre fue la super "star" de la familia. Todo lo que hacía Antonia, lo hacía bien. Todo lo que decía Antonia era inteligente y gracioso. Todo lo que se le ocurría a Antonia, era original. Hablaba francés, inglés, italiano y lo que se le diera la gana. Era teatrera; le gustaba imitar a las artistas del cine mudo; bailar tap; y llevar a sus hermanos chicos al cine Parisiana a ver las funciones de tres películas. Antonia leía todo el santo día y se creía la muy, muy porque era la consentida de mi papá; porque tenía unos ojos azules preciosos; porque no le tenía miedo a mi mamá y porque de todas era "la más Loaeza". Esto le gustaba; seguramente porque la hacía sentirse muy diferente a las que nacieron "muy Tovar", como era mi caso.

Otra de las cosas que a Antonia hacía sentirse muy orgullosa era que se conocía la historia y la literatura universal como la palma de su mano. Además, tenía una cualidad que me impresionaba sobremanera: un novio que la adoraba y que muy seguido le llevaba serenata; por eso, mientras lo esperaba, como Penélope, pasaba el tiempo tejiéndole chalecos, bufandas; hasta calcetines de rombos de dos colores le tejió. Su noviazgo fue largo, largo; tan largo que tenían tiempo para todo: para pelearse, extrañarse, contentarse, escribirse, regalarse, llamarse mil veces al día por teléfono, odiarse, reconciliarse y acabar besándose de nuevo. Cuando se enojaban, Antonia sufría como una verdadera María Magdalena; sumida en una tristeza atroz se podía quedar llorando hasta la madrugada, mientras escuchaba uno de los tantos discos que le había regalado Agustín, "No me platiques más", de Lucho Gatica. Sin embargo, Antonia se pasaba el tiempo platique y platique acerca de su larga estancia en un internado en París; a propósito de todo lo que leía y veía en el cine; tanto platicaron que terminaron por casarse. Cuando finalmente Agustín pidió su mano, yo estaba tan contenta e ilusionada con el futuro matrimonio, que, de paso, también le di la mía, de diez años. De recién casados ellos, nada me daba más ilusión que ir a visitar a mi hermana Antonia a su casa en Polanco. En esa época se convirtió en mi confidente: todo, todo le contaba. Y mientras iba y venía de su casa a la mía en mi Juárez-Loreto, me fui convirtiendo en una jovencita llena de dudas y de barros. Por las tardes, me leía párrafos de *Memorias de una joven formal*, de Simone de

Beauvoir, para que entendiera mejor mis "fantasmas", como llamábamos a mis dudas. Gracias a Antonia, aprendí que la vida no se entiende sin los libros; aprendí que es en los libros donde se encuentra el conocimiento del mundo y de los seres humanos. Gracias a Antonia, aprendí a observar el mundo que me rodeaba y a saber reírse de uno mismo. El humor de Antonia me fascinaba; por original y por ingenioso pero, sobre todo, por "loazeano".

Dependiendo de nuestras edades, Antonia mi hermana fue, de cada una de nosotras, nuestra mejor amiga y más discreta confidente. Por eso todas la queremos tanto.

Un día, mi padre le dijo bromeando a Eugenia, que ella era de mucho mejor familia que sus hermanas. Le encantó la idea; se lo tomó tan en serio que sin quererlo nos "snobeaba"; sobre todo, cuando teníamos comportamientos que no embonaban con sus parámetros de "savoir faire". De adolescente si algo le admiraba a Eugenia, era el chic que tenía para arreglarse. Entonces, nada me gustaba más, que ponerme, a escondidas, su ropa. Cuando se iba de week-end, ya sea a Morelia o a Acapulco, con la ayuda de un gancho abría su clóset cerrado con llave; en seguida, sacaba uno de sus tantos suéteres de cashmere, una mascada de seda y uno de sus collares de perlas de tres hilos. Para el domingo en la noche, todo estaba de regreso tal y como lo había dejado: en el mismo lugar y doblado con los mismos pliegues. Thank God, nunca me descubrió. Sin duda, de todas es la que mejor gusto ha tenido y tiene; sin hipérbole, digamos que su casa podría ser fotografiada, a cualquier hora del día, por cualquier fotógrafo de la revista *Architectural Digest*. Eugenia me enseñó muchas cosas; como los secretos de una decoración refinada y no cara; a comprar como rica, para que durara como pobre; a comer correctamente una alcachofa; a distinguir entre un excelente vino y uno barato. Me enseñó que en la vida hay que saber ser audaces y perseverantes. Me enseñó el orden y la puntualidad (aunque de esto me falte mucho por aprender). Me enseñó que la ternura abre muchas puertas; y sobre todo, a no ser rencorosa. Mi hermana Eugenia es tan vital y luchona que es capaz de subir al Popo en una mañana, ir a visitar a un amigo en la cárcel y estar justo a tiempo en su casa para recibir a doce personas que, seguramente, cenarán su delicioso canard à l'orange, un riquísimo arroz salvaje y una mousse de zapote prieto para chuparse los dedos. "Tu casa es la casa donde mejor se come en México", le dicen constantemente sus amigos. Si en algo cree Eugenia, es en la amistad. Eugenia es capaz de todo por sus amigos; entre más se puedan encontrar en desgracia, más se solidariza y trata de ayudarlos. Eugenia puede ser una conversadora divertidísima. Como conoce a "tout Mexique" es una cronista de sociales inmejorable; cuando va a una fiesta puede describirla enumerando infinidad de detalles. Es tan vehemente, que en tanto platica de la reunión, parece que uno estuvo presente. Además, tiene las mejores direcciones del mundo, lo cual le permite, sin egoísmos, proporcionar los mejores tips. Con la misma generosidad, regala a sus amigas recetas de cocina que las señas dónde comprarse un vestido Chanel a mitad de precio. De todas, Eugenia es mi hermana más internacional, la más jet-set. En el secretaire del siglo XVIII que tiene en su recámara, guarda hasta cinco agendas Hermes con todas las direcciones de sus amigos en París, Nueva York, Roma, Brasil, Portugal, Suiza, Canadá, Colombia; hasta en Córcega tiene amigos Eugenia. De nosotras, Eugenia es la que está mejor informada de lo que realmente pasa alrededor del mundo. Una de sus pasiones, aparte de libros de historia o biografías, es leer todo tipo de revistas; con la misma pasión lee *Hola, Time*, que *Proceso*. "¿Te enteraste lo que dijo el embajador de Estados Unidos en París en relación con la exportación de champagne?", pregunta con toda naturalidad durante una cena mundana. Eugenia es la más cinéfila de todas. Si la hubieran conocido los hermanos Lumière, seguramente se hubieran asociado con ella, y juntos hubieran abierto el cine-club más exclusivo de Boulogne. Se sabe los nombres de todos los artistas del cine mudo; puede narrar durante horas los viejos chismes del Hollywood de los años cuarenta; conoce de memoria la biografía de los actores franceses; y sabe en qué año y con qué director se filmaron todas las películas ganadoras de Oscares. Eugenia habla francés como parisina e inglés como bostoniana. Estoy segura que si hablara alemán, lo haría como cualquier princesa de la familia Wurtemberg. Cada vez que veo a mi hermana Eugenia, se me viene al espíritu una expresión que la pinta de cuerpo entero: "Genio y figura hasta la sepultura". Sin duda, Eugenia mi hermana nunca dejará de maravillarme, por ser tan ella y tan imprevisible a la vez.

Siempre he pensado que Natalia, la cuarta de las Loaeza, tiene un corazón tan grande como la catedral de Guadalajara; en él, cada una de sus hermanas y su único hermano, tenemos una capillita muy especial. Desde que Natalia era muy joven, siempre se preocupó porque estemos bien, porque no suframos, porque no nos peleemos, porque logremos nuestras metas, porque nos apoyemos; pero, sobre todo, porque siempre estemos muy unidos. Cuando nos peleamos entre nosotros, la que más sufre es Natalia; es tan bondadosa "Natita", como le decía mi papá, que de adolescente le gustaba leer la sección de crímenes de los periódicos para poder rezar por "las ovejas descarriadas" antes de dormirse. Una de las tantas pasiones que tiene Natalia es la de analizar, para después concluir con un sinnúmero de consejos. "Acuérdate que soy muy intuitiva", dice antes de emitir sus juicios, que con frecuencia resultan sumamente acertados. "De todas tus hermanas, Natalia es la más guapa", he escuchado decir desde que me acuerdo. En efecto, cuando Natalia tenía diecinueve años, paraba, li-te-ral-men-te, el tráfico. Era tan bonita y tan atractiva, que cuando Marc, hoy su marido, la acompañaba al cine, en lugar de ver hacia la pantalla, se pasaba lo que duraba la película admirando el perfil de Natalia. "Tu hermana se parece a Brigitte Bardot", me comentaban en el colegio; pero yo la veía todavía más linda que a BB. "Cuando sea grande quiero ser como ella", me decía llena de admiración. Aparte de su belleza y de su corazonzote, Natalia contaba con otro privilegio: era, ante los ojos de todo el mundo, la consentida de mi mamá. Sin lugar a dudas, esto le daba, sobre todas nosotras, un poder mayúsculo. Ser la preferida de la "Reina Madre" tenía todas las ventajas del mundo, pero también había que pagar costos; en el fondo, Natalia siempre lo entendió así y, por amor a mi madre, así lo asumió. Natalia es la mejor anfitriona del mundo: por su casa en París han pasado y se han hospedado, sin exagerar, más de un millón de compatriotas. Gracias a este don, personalmente me beneficié de sus atenciones cerca de dos años; gracias a ella fui una estudiante muy bien alimentada y cuidada. En ese lapso aprendí muchas cosas: entre ellas, a adaptarme a una cultura totalmente distinta a la mía; a cocinar; a identificar a los BCBG (bon chic, bon genre); y a servir como guía perfecta de los mexicanos de paso. Con Natalia visité museos, castillos, parques, bosques, galerías de arte, iglesias, catacumbas, cine-clubs, casas de moda, salones de té, puentes, bibliotecas y catedrales. Mucho le debo a Natalia mi amor a Francia, transmitido en primerísimo lugar por nuestra madre. Igualmente, le debo una enseñanza fundamental: "Siempre que puedas da calor humano a los demás". No obstante haya vivido más de treinta años en París, Natalia sigue siendo más mexicana que cuando se fue. Gracias a una vitalidad envidiable, conserva su entusiasmo y su frescura. Afortunadamente, hasta ahora, no ha sido víctima del peculiar "modito francés"; en Natalia admiro, entonces, su autenticidad, su encanto personal y su permanente gana de ayudar a los demás.

Dicen que no hay quinto malo. En el caso de Kiki (Enriqueta), debiera decirse que no hay quinta mala. ¿Por qué es tan buena Kiki? Tal vez, porque cuando era niña dice que se le apareció la Virgen; nunca supimos cuál de todas, ni qué cosa le dijo, el caso es que esa leyenda siempre se contó en la familia. Por supuesto, yo siempre lo di por hecho y quise creer que, junto con Fátima y Juan Diego, Kiki era una elegida del Señor. Quizá se deba a esa "aparición" que hasta la fecha, cada vez que Kiki se encuentra en un alto, le gusta repartir dinero entre los niños de la calle y las mujeres indígenas. "Ay, Kiki, ¿por qué le diste ese billete de cincuenta?", le pregunté el otro día. "A mí no me cuesta nada; en cambio, a esa pobre señora le doy un gusto enorme", me dijo. Kiki mi hermana es como de película de Lelouch; no, más bien, es como de novela de Milan Kundera. Miento: Kiki es como de la vida de todos los días; es decir, una mujer de a deveras. Ella no se anda con cuentos: o saca "el toro de la barranca" o saca "el toro de la barranca". ¿Cómo era Kiki hace muchos años? Cuando tenía dieciséis, con Natalia, daba clases de inglés y de francés en el Colegio Asunción. Sus alumnas las adoraban; las encontraban tan originales y chistosas, que durante el recreo no faltaba una niña que exclamara con absoluto entusiasmo: "¿Por qué no jugamos a la miss Kiki y a la miss Natalia?". Si algo admiraban estas niñas bien era la belleza y la distinción de su miss Kiki; les gustaba su pelo lacio y rubio como el trigo; les encantaba cómo se vestía, sus piernas largas y delgadas; pero, sobre todo, apreciaban su inteligencia creativa. A Kiki mi hermana le trajeron muchas serenatas. "Tenía tanto pegue", como se decía en los cincuenta, que un día el millonario de Liceo Lagos rentó un camión para traerse a los Violines de Villa Fontana con todo y piano y tocarle "La vie en rose". De todas, sin duda, Kiki era una verdadera inspiradora de grandes pasiones: muchacho que conocía, muchacho que quería salir con ese "mango". Kiki puede ser la mujer más cálida del mundo, pero también la más distante. Si alguien le cae mal, se lo hace notar. Pero si una persona le cae bien, está dispuesta a todo con tal de darle gusto. Tal vez, uno de sus defectos que más consecuencias le ha traído en la vida, es que es demasiado entregada. "O todo o nada", es una de sus máximas. Kiki se ha recibido varias veces en la Universidad de la Vida; seguramente, muy pronto recibirá su título de doctora en esa misma materia. Sin embargo, pienso que si hubiera ido a la Universidad Nacional Autónoma de México sería una espléndida abogada, economista o licenciada en administración de empresas. Cuando niña, Kiki era la consentida de una tía como de cuentos; se llamaba Conchita y ambas se quisieron muchísimo. Tanto que mi tía Concha la heredó, dejándole sus joyas, buena parte de su biblioteca y mucha aceptación y amor. A finales de los cincuenta, cuando acompañaba a Kiki a casa de mis tías Loaeza, la trataban como princesa. En el "Pino" (nombre de la calle de la colonia Santa María donde vivían), ella podía hacer lo que se le diera la gana. Tenía su cuarto, con sus propios juguetes, libros y discos. Tenía su bicicleta, su nana, su chofer y hasta el Larín de la esquina era suyo. Recuerdo que le envidiaba este segundo hogar, tan lleno de amor y de ternura para una niña más bien traviesa y rebelde. Una de las cosas que admiraba de Kiki adolescente, es que leía los comics en inglés; se leía los de la Pequeña Lulú, los de Archi, Gasparín y los de amor. Ahora Kiki ya no lee comics, sino que es una verdadera ejecutiva super profesional. Gracias a su esfuerzo y a la enorme fe que tiene en sí misma, Kiki creó una oficina de relaciones públicas sólida y muy próspera: actividad que toma entre sus manos, actividad que queda maravillosamente bien organizada. Sus clientes norteamericanos quedan tan maravillados, que, cuando le escriben cartas para felicitarla, le ponen en mayúsculas: "YOU ARE A WONDERFUL WOMAN".

"Esta niña es 'la inteligente', solía decir mi madre cada vez que mencionaba a Marisol (Soledad). De todas, sin duda, fue la más reservada y la más tímida; no era platicadora. Había momentos que incluso hasta parecía lejana. Con sus grandes ojos azules y su larga trenza rubia se pasaba el tiempo observando; ser observada o enjuiciada por Marisol, representaba todo un reto; desde que era niña su juicio fue inteligente y profundo. Marisol siempre fue una excelente alumna, muy cumplida y atenta. Ella no perdía el tiempo ni frente al televisor, muchos menos en el teléfono con sus amigas: su prioridad era la tarea y los libros que leía. Con ella tengo muchos recuerdos: juntas íbamos los domingos al Club Vanguardias, a misa a la Votiva y al Café Viena a merendar. Cuando éramos adolescentes, nos paseábamos por la zona rosa y tomábamos café capuccino en el Kineret. También nos gustaba jugar a la ouija: con nuestra recámara a oscuras y un disco de Joan Baez, le preguntábamos con quién nos íbamos a casar, y si seríamos felices; recuerdo que ella tenía más magnetismo que yo, y que siempre se concentraba mucho mejor. ¡Ah, cómo se movía la ouija cuando la dirigía ella! Entonces, juntas compartimos muchas cosas: nuestra recámara, amigos, un viejo disco de Chavela Vargas, confidencias, fiestas, dudas, chismes de las señoritas Palacios, nuestras vecinas, pretendientes, monjas, lecturas, reseñas en el cine Roble, enojos y excentricidades de mi madre y los juegos olímpicos de 1968, ambas fuimos edecanes. No obstante le llevo cuatro años, Marisol siempre fue mucho más politizada y consciente que yo. "Explícame esto", le preguntaba constantemente; y ella siempre me contestaba con enorme generosidad y paciencia. Muchas veces la acompañé a pie al Colegio de México, cuando estaba en la colonia Roma, y platicábamos mucho y nos quejábamos de las mismas cosas: "que si mi mamá; que si mi papá; que si mis hermanas; que si esto que si lo otro..." Sé que cuando me fui a estudiar a Montreal me extrañó mucho; pero yo la extrañé más cuando se fue a estudiar a París. Recuerdo que cuando regresó me dijo: "Te puedes poner toda mi ropa nueva"; y así fue. ¡Ah, cuántas veces me puse su falda azul marino con su blusa verde perón! Marisol siempre fue muy sentimental. Me acuerdo que lloraba mucho en las películas tristes, tanto que me hacía llorar también a mí. Cuando hizo un estudio sobre la guerra civil de Estados Unidos, lloró y lloró por todos los muertos; y mientras lloraba con la novela de *Jane Eyre*, yo lloraba con la de *Ana Karenina*. Me acuerdo que cuando éramos niñas y estábamos en el Colegio Francés de San Cosme, las monjas nos escogieron para que bailáramos en la fiesta de fin de año con trajes tradicionales de diferentes estados de la república francesa; Marisol iría disfrazada de alsaciana y yo de bretona. Cuando vi nuestros trajes, me burlé mucho del de Marisol: "Con ese moñote vas aparecer mesera del Café Tacuba", recuerdo que le dije muerta de la risa. Y en tanto lloraba, yo me reía y me creía mucho con mi vestido, con su blusa de mangas bombachas y su delantal todo bordado. Al otro día, Marisol se veía preciosa con su traje; parecía una verdadera alsaciana. En cambio, yo me veía espantosa, con mi sombrero de cucurucho y mi mandil todo deschistado. No obstante la víspera había sido tan grosera y burlona, Marisol nunca me dijo nada. Entonces, admiré su discreción, pero más que nada, su solidaridad. Si de alguien estoy orgullosa es de Marisol mi hermana, que puede ser, además de una espléndida investigadora y doctora en relaciones internacionales, una excelente madre y esposa.

María de la Luz, "Yuyu", como le decíamos de niña, nació en Montreal y fue un bebé como de anuncio Gerber. Cuando llegó a la casa, yo tenía trece años. A partir de ese momento, me quise convertir en su "madrecita": la bañaba, la vestía, le preparaba los biberones con leche Carnation y la presumía a todas mis amigas. Después de Antonia, Mariluz era la consentida de mi papá. Recuerdo que tenían una relación sumamente tierna y amorosa. Cuando Mariluz cumplió cuatro años, la inscribieron en el Colegio Alitas, que se encontraba en la calle de Po en la colonia Cuauhtémoc. La recuerdo perfecto con sus trencitas (que yo le hacía) y su uniforme verde y blanco. Cuando pasaba a recogerla a la una de la tarde, salía toda chapeada con una enorme sonrisa; sus ojos negros y muy pestañudos se veían más brillantes que en la mañana. "Pareces manzana de California", le decía, en tanto la abrazaba con todo mi cariño. Mariluz era una niña adorable, cuya única ilusión era ir al supermercado con mi papá. Lo que más me gustaba de Mariluz, era su enorme capacidad de ternura y el que no se enojara nunca con nadie. Más que enojarse, se entristecía; sobre todo, cuando no la comprendían. Ahora Mariluz tiene más de treinta años, sigue siendo igual de tierna; es muy trabajadora, nunca falta a su oficina; tiene muchos amigos; adora a Alain Delon y las quesadillas de Emilio Castelar; añora París, donde estudió por más de un año; pero lo que más extraña es a papá, quien, sin duda, fue el que más la comprendió.

Ellas fueron mis primeras mujeres maravillosas.

MUJERES ENTRAÑABLES

La seño Sofía

*H*acía treinta y tres años que no se veían. Cuando se saludaron, las tres se miraron a los ojos, como tratando de reconocerse. Las tres parecían emocionadas, como si ya hubieran vivido ese momento de rencuentro. "Estás igualita", se decían entre sí. Las tres sonreían, y a las tres se les pronunciaba una que otra arruguita alrededor de los ojos. Curiosamente, la que parecía más intimidada era la seño Sofía; en cambio, Beatriz y Paulina, que habían sido sus alumnas de tercer año B, actuaban aparentando más naturalidad. Pero al cabo de diez minutos, las tres platicaban como si se acabaran de ver la víspera. Si alguien las hubiera estado espiando a través de un hoyito, pensaría que eran amigas de toda la vida y de la misma generación.

La comida era en casa de Paulina y esto a ella la hacía sentir extraña: de ningún modo quería actuar como anfitriona, ni mucho menos como ama de casa; inconscientemente, lo que estaba deseando era rencontrar a su seño Sofía, tal y como la sentía cuando era su alumna. Quería volverse a sentir su consentida, pero la presencia de Beatriz (que también había sido su favorita) la reprimía un poco. Además, le parecía ridículo que, después de tantos años, continuara con esa necesidad.

Pasaron a la mesa y comenzaron las preguntas: "¿Cuántos hijos tienes, cómo se llaman, de qué edad son, tu mamá todavía vive, supieron que se murió Margarita Ocampo de una embolia, sabían que la madre Leticia se salió de monja y se casó con un viudo millonario, y que ahora vive en un penthouse en Polanco, saben si todavía vive la que fue directora de primaria?".

Mientras la seño Sofía les hacía un recuento de su vida en los últimos años, Paulina la observaba de la misma forma que solía hacerlo durante la clase. Poco a poco fue rencontrando a su maestra. Estaba igualita. La redescubría: las manos blancas, con algunas pecas; las uñas sin barniz muy limaditas. Esta imagen la transportó hasta 1957. Allí estaba sentada en su papelera en la primera fila. La seño Sofía iba

y venía entre las filas de pupitres mientras dictaba: "Un manzano car-
gado de manzanas exclamaba contento cierta día: 'Venid a ver qué bellas, qué lozanas. No hay manzanas mejores, a fe mía...'", de José Rosas
Moreno. Llevaba suéter negro, ribeteado de café. El pelo cortito, color
caoba oscuro, peinado hacia atrás, la hacía ver aún más joven a sus
veintidós años. Sus cejas pintadas con lápiz café claro, hacían resaltar
aún más el azul violeta de sus ojos. "¡Qué bonita es la seño Sofía!", pensaba Paulina, en tanto continuaba escribiendo, con algunas faltas de or-
tografía: "Calleron en el fondo de una noria, y Adiós manzanas y ven-
tura gloria".

Concentrada en su dictado, de pronto escuchó Paulina: "Ahora
tú platícanos, ¿cómo te ha ido?", le preguntó Beatriz. Comenzó a na-
rrarles mecánicamente; parecía que repetía de memoria la vida de otra
Paulina, que nada tenía que ver con la de tercer año. De nuevo tomó
la palabra Sofía, y Paulina escuchaba a su seño, la misma con la que
platicaba en el recreo: "¿Y dónde compró su suéter?". "¡Ay, Paulina,

qué curiosa eres! Lo compré en una tienda en el pasaje de Iturbide."
Ella también llevaba su sandwich de jamón, pero no hecho con telera,
sino con pan Bimbo; siempre muy bien envueltito en papel encerado.
"¿Es cierto que vive en Polanco y que toma su Juárez Loreto para irse
a su casa?" "Sí, Paulina." De su maestra todo le gustaba; su pluma
fuente, cómo calificaba: cuando estaba correcta, a un lado de la respuesta ponía unas palomitas que parecía que iban a volar de un momento a otro; cuando estaba incorrecta, ponía unas crucecitas muy chi-
quitas, casi casi para que no se vieran. La forma de dibujar el 10 ¡era
preciosa!: el 1 lo remataba con un trazo muy estilizado. Cuando iba toda la clase a la capilla, a Paulina le encantaba observar a su maestra.
Siempre comulgaba, y cuando regresaba por el pasillo, llevaba las manos entrelazadas; se arrodillaba y poco a poquito iba tragándose la
hostia. Paulina estaba totalmente convencida de que su seño Sofía sabía cómo platicar con Dios. "Ha de ser su maestra consentida", pensaba, mientras la miraba a lo lejos.

"¿Cuál de tus hijos se parece más a ti?", de repente le preguntó
Sofía. "Quizá el mayor", contestó Paulina. La comida continuó en una
atmósfera de nostalgia, confundida entre frases sobre la vida cotidiana
de cada una de ellas.

Durante el café, se pusieron de acuerdo para otro encuentro.
"Conste, nos vemos ahora en mi casa el martes 17", dijo Beatriz.

Paulina las acompañó a la puerta. "Estuvimos felices", dijeron
las invitadas. Primero, Paulina se despidió de Beatriz. En seguida, lo
hizo de Sofía, y en ese momento, su seño la miró de la misma forma
que lo hacía en el colegio. Súbitamente, sintió que se le encogía el corazón: era la misma mirada, con la misma intención, la misma sonrisa,
el mismo asentimiento ligero de cabeza, la misma forma de apretar los
labios siempre pintados en rosa muy clarito, el mismo apretón de mano sobre el brazo, el mismo guiño de los ojos. Era el mismo gesto que
le hacía durante los exámenes en medio de un gran silencio. Cada vez
que Paulina alzaba la cabeza se encontraba con ese ademán, como diciéndole: "Tú puedes. Anda contesta ese examen. Te va a ir bien porque tú puedes". Después de treinta y tres años, Paulina reconoció la
vieja solidaridad llena de ternura de su seño Sofía. Quiso abrazarla y
decirle: "Ay, seño Sofía, cuánto la quiero, porque siento que usted sí
cree en mí". No lo hizo, se despidió de ella convencionalmente. Cuando cerró la puerta subió a su cuarto y se puso a llorar como cuando tenía nueve años.

La seño Carmen

*C*omo si la estuviera viendo: con su traje sastre gris perla, combinado, con su eterna blusa blanca deshilada de Guanajuato, sus zapatos, de tacón muy grueso, y sus medias siempre arrugaditas a la altura del tobillo, mi seño Carmen, de tercer año de primaria, tenía más bien aspecto de monja que de maestra. Pero al verla a ella, también me veo a mí, uniformada, de cuello y puños blancos. La miro desde el patio de recreo. Allí está, sentada frente a su escritorio con la cara entre las manos. Está llorando porque un grupo de niñas, incluyéndome a mí, la hicimos llorar. La veo y me río, porque me parece increíble que una maestra tan grandota, pueda ponerse a llorar como niña. Mientras como mi torta de cajeta, observo sus manos, con manchas y las venas muy abultadas. "Mira, mira, cómo está llorando la seño Carmen, ¿le vamos a pedir perdón?", le pregunto a Concepción Bezanilla, una como yo, de las más traviesas de la clase. "Yo no voy, ¿si quieres ve tú?", y se va con las demás que están brincando a la reata. No sé qué hacer; si entrar al salón y pedirle perdón yo sola, o irme a jugar espiro con mi amiga Violeta Vela. Sigo comiendo mi torta, sin dejar que las lágrimas de la seño Carmen me conmuevan. Sin embargo, me da lástima; algo me dice que está muy solita, que no tiene amigas y que está cansada de dar clases a cuarenta y cinco niñas. Cuando le doy la última mordida a mi torta, decido irme y olvidar a la seño y a sus lágrimas.

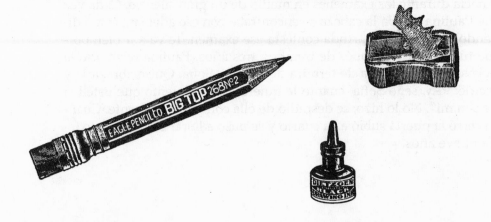

Muchas veces he pensado en esta escena y en la seño Carmen, quien era, sin duda, lo que se conoce ahora como maestra barco. Durante sus clases se podía hablar, copiar, comer, y hasta cambiarse de papelera sin que ella se diera cuenta. Cuando se enojaba, parecía darle tanta pena regañarnos, que utilizaba un tono de voz más suave y tierno. Estaba dispuesta a explicarnos una docena de veces lo que no entendiéramos. Si no llevábamos la tarea, nos la dejaba para otro día. "No te preocupes, pero sin falta la traes mañana", decía acomodándose los anteojos. Si al día siguiente la tarea seguía sin hacerse, le contábamos una mentira, del estilo: "Es que fíjese, seño, que me dolió el estómago y estuve todo el tiempo acostada"; se la creía, y hasta preguntaba qué medicina habíamos tomado.

Un día, la seño Carmen, en pleno examen mensual de catecismo, me cachó copiando; en esa época aún no sabía hacer acordeones. El caso es que se me hizo muy fácil (sobre todo con la seño Carmen) colocarme el libro *Doctrina cristiana FTD* sobre las rodillas, por debajo de la papelera. Cada vez que buscaba la respuesta en el libro, lo único que hacía era retirarme un poquito de la papelera y leer el libro. ¿Adónde van, después de la muerte, los que nunca han de ir al cielo? ¿Qué es el limbo? ¿Qué es el infierno? ¿Quiénes van al infierno? ¿Qué debe hacerse para evitar el infierno? Estaba yo contestando esa última pregunta (para evitar infierno hay que preservarse del pecado y...), cuando, de pronto, vi la punta (super redonda) de los zapatos negros de la seño Carmen justo a un ladito de mi papelera. Fue tal el susto, que me puse de pie. ¡Pum!, hizo el libro al caer. De inmediato, se dejó escuchar un murmullo en la clase. La seño Carmen y yo nos miramos. Tomó mi examen y me llevó de la mano hacia su escritorio. "En completo silencio, sigan resolviendo la prueba, por favor", dijo a las demás compañeras. Sentada en su silla, me tomó de las dos manos y, muy quedito, con aliento a hostia, me dijo: "No está bien que copies. A lo mejor yo no te estoy viendo pero el Niño Jesús sí. Te voy a dar otro examen, para que lo contestes tú solita. No importa que no te saques la mejor nota de la clase. Lo importante es que respondas lo que tú sabes y no lo que sabe el libro". Mientras me hablaba, me di cuenta que muchas estaban copiando pero no dije nada, porque sabía que las estaba mirando el Niño Jesús. "Anda, apúrate, porque ya va a tocar la campana de recreo", me dijo sonriendo. Regresé a mi lugar y comencé con la primera pregunta: ¿En qué consiste la felicidad o gloria de los santos en el cielo?

Si mal no recuerdo, creo que reprobé el examen de catecismo. Pero nunca de los nuncas se me olvidará el gran gesto de comprensión de la seño Carmen. Si me hubiera sucedido con una monja, seguro que de inmediato me hubiera llevado a la dirección, con madame Josephine, y me hubieran puesto cero.

Aún no puedo recordar por qué lloraba la seño Carmen. Quizá no se debió exclusivamente a las alumnas indisciplinadas. A lo mejor ese día se había despertado más triste que de costumbre, porque no le alcanzaba con lo que ganaba (quinientos pesos), porque su madre estaba enferma (vivía con ella), porque en un colegio de monjas las maestras no se podían poner en huelga (los sufrimientos, incluyendo los salariales, había que ofrecérselos al Señor) o porque, simplemente, esa mañana le ganó la tristeza. Como ha de pasarles seguido a muchos maestros.

Gracias a la seño Carmen, ahora sé qué hacer para evitar el infierno: no hacer sufrir a los maestros.

La torta

*D*e toda la clase la única que no llevaba torta para el recreo era Paulina. Cada mañana, al entrar al salón muy formaditas, las cuarenta y un alumnas que conformaban tercer año B, debían depositar su respectiva torta o lonchera en el interior de un cubo de madera de color rosa. Cuando a Paulina le tocaba pasar frente a aquel cubo, sentía que el estómago se le encogía de rabia y tristeza.

Las razones por las cuales Paulina no llevaba torta al colegio eran numerosas y diversas. Unas veces era porque justo esa mañana ya no había pan; porque las "muchachas" nunca le duraban a su mamá y entonces no había nadie quien la preparara; porque siempre salía corriendo para que no la dejara el camión; porque en su casa se negaban a comprar pan Bimbo y a Paulina la daba pena llevar torta de bolillo en lugar de un sandwich; porque ya se había acabado la cajeta; porque las tortas de huevo revuelto le daban náuseas; porque en lugar de que en su casa le envolvieran la torta con papel encerado, la metían en una bolsa vieja de la panadería Colonial; porque no tenía lonchera escocesa con termo como algunas de sus compañeras; porque cuando había pan o estaba duro o húmedo; etcétera. El caso es que Paulina siempre llegaba al colegio con la conciencia de que no llevaba torta, no obstante, la angustia y la inseguridad que esto le provocaba todos los días.

Cuando faltaba media hora para que tocara la campana del recreo, Paulina siempre sentía lo mismo: un hambre pavorosa, confundida con mucha ansiedad. "Juro por Dios que hoy sí no lo hago", repetía una y otra vez mientras hacía lo posible por escuchar a su maestra impartir la clase. Pero por más que trataba de concentrarse, más sentía un hueco en el estómago por dónde escuchaba salir una voz que le decía: "Tengo hambre, me muero de hambre". Cada dos minutos miraba hacia el reloj del salón. El tiempo se le hacía eterno. Cuando finalmente marcaba las diez y media, sentía que su corazón le iba a estallar. "Bueno, niñas, seguimos después del recreo", decía la maestra, al mismo tiempo que cerraba su libro *Geografía general* de Tomás Zepeda. Nuevamente, formaditas las alumnas pasaban frente al cubo de las tortas, para que cada una tomara la suya. Mientras avanzaba la fila, Paulina, que era de las últimas, sentía que sus manos se humedecían y que su boca se secaba.

"Juro por Dios que hoy sí no lo hago", repetía; pero como si alguien le ordenara exactamente lo contrario, cuando estaba cara a cara al cubo, súbitamente su mano derecha se precipitaba sobre una de las pocas tortas que quedaban. Con la cabeza gacha y caminando lo más rápido posible, Paulina atravesaba el patio hasta meterse a uno de los baños. Allí, con la puerta bien cerrada, se atragantaba literalmente la torta robada. Eran tantos sus nervios y su culpa, que su paladar no advertía si era de jamón, de frijoles o de paté. A veces, hasta se la comía con todo y envoltura. Mientras masticaba a toda velocidad, miraba de un lado a otro recordando las palabras de la monja de catecismo: "El Niño Dios siempre nos mira. Él está en todas partes y vigila nuestros actos. A Él es al único que no podemos engañar". Algo le decía que los ojos azules del Niño Dios la observaban. "Perdóname. Ya no lo vuelvo a hacer", se disculpaba Paulina mentalmente con él, a la vez que jalaba la cadena del excusado por donde desaparecían los restos de la envoltura de la torta. Al salir del baño, Paulina había saciado su hambre pero había pecado una vez más contra el mandamiento "No robarás". De regreso a casa, cuando iba en el camión, Paulina estaba triste y pensativa: "Soy una ladrona de tortas. Estoy segura que por mi culpa una compañera se queda sin su torta. Juro que ya no lo vuelvo a hacer", pensaba, sintiendo deseos de vomitar. Pero al otro día esta misma situación se volvía a repetir.

Salvo esta debilidad, Paulina era una alumna con muy buena conducta y con mucha voluntad para trabajar. Todas las tardes hacía su tarea y estudiaba para no volver a reprobar tercer año. Además, adoraba a la maestra. Era la primera que creía en ella. "Tú puedes", le decía cada vez que se acercaban los exámenes. De alguna manera, este crédito también la hacía sufrir. "Ella cree en mí y, sin embargo, soy una vil ladrona de tortas", se decía Paulina.

Finalmente, llegó el día de los premios; Paulina no nada más pasó con un excelente promedio, sino que era merecedora de una medalla de buena conducta. Ésta nada más se entregaba a una alumna de primaria, una de secundaria y una de preparatoria. Recibirla era un honor. Cuando la madre superiora llamó por el micrófono a Paulina, no lo podía creer. Sin embargo, en ese momento se acordó de su pecado y se sintió profundamente culpable. Al salir del salón de actos, Paulina buscó a su maestra. "Necesito hablar con usted", le dijo con un nudo en la garganta. Y en uno de los rinconcitos del gran patio, le explicó con los ojos llenos de lágrimas: "No merezco esta medalla. Todos los días me robaba una torta". La maestra enternecida la vio, y con una voz muy suave le dijo: "Paulina, no te la robabas. Una compañera tuya te la traía".

Nunca supo Paulina el nombre de esa compañera. Ahora que han pasado muchos años, está casi segura que era la maestra la que le llevaba la torta. Por eso siempre que se celebra el día del Maestro, se acuerda mucho de ella; mentalmente ese día le dice: "Muchas gracias por las tortas, pero, sobre todo, muchas gracias por haber sido una maestra sabia y generosa".

El corazón de Juana

*C*ada vez que la madre de Juana tomaba mezcal, llamaba a su hija y muy quedito le decía en zapoteco: "Lo que tú tienes de más valor es tu corazón. Allí nunca debes dejar que crezca la hierba mala. Si un día la sientes crecer, ruégale a Tatá Diuyi que te mande el viento para que la arranque y se la lleve lejos, hasta los infiernos". Juana vivió cuidando que la mala hierba no naciera dentro de ella. Sin embargo, hubo veces que por las noches la escuchaba brotar en su interior. "Tatá Diuyi, haz que el viento se la lleve muy lejos", solía rezar con los ojos bien abiertos. En sus cincuenta y tres años, esto le sucedió nada más en cuatro ocasiones.

En el mercado principal de Oaxaca, todos los marchantes la querían mucho. "Es que la Juana era rebuena. Por las tardecitas, antes de levantar su puesto, nos regalaba cebollas. 'Pa que su «amarillo» quede bien sazonado'", nos decía. La Juana tenía un corazón muy limpio, así como de niña. Nunca nos enteramos de que hubiera hecho alguna maldad a nadie. Antes al contrario, a todo el mundo ayudaba. Siempre nos contaba sus sueños. Decía que soñaba con sus antepasados y con muchos ríos pintados de colores. Era experta en plantas medicinales. A todos nos regalaba una que pa la reuma, otra que pa el hígado... Dicen que jamás se casó, que dizque estuvo enamorada de un danzante. Había días que se le veía llorando: "¿Por qué llora usted, Juanita?", preguntábamos. "Porque esta noche soñé que mis antepasados peleaban allá por Monte Albán", llegó a contestar. Siempre estaba contando cosas del pasado o del futuro. Decía que al morir se convertiría en una rama del Tule para poder darle un poco de sombra a sus

antepasados, que estaban enterrados bajo el árbol. Es que ella era muy ocurrente, siempre se afiguraba cosas: "Hace unos días apareció en mi cama uno de mis antepasados; tenía cabeza de serpiente y su cuerpo estaba cubierto por un caparazón de tortuga", me contó unos meses antes de que muriera. Según Juanita, las cebollas que vendía, cuando se picaban para cocinar, en lugar de hacer llorar provocaban carcajadas. "Pa que su boca tenga aliento de rosas silvestres", decía al vender sus cebollas. Las clientas que la escuchaban se morían de la risa y le compraban. Así era Juana de inventiva. Y sí era cierto que sus cebollas sabían diferente. La cocinera del gobernador siempre venía a comprarle a ella. "Cuando las frío en trocitos y saltan en la sartén, como que hacen una musiquita. Yo digo que son las cebollas más buenas de todo Oaxaca. Las veces que no cocino con ellas, me llama la atención el gobernador", me platicó un día. Nosotros en el mercado la extrañamos bastante. Para su entierro, Chucho, el de las coronas mortuorias, le hizo una bien chula de puras cebollas. Se veían preciosas, como botones de rosas blancas. Aquí nadie supo de qué cosa murió la pobre Juana. Yo la llegué a ver la víspera. "Soñé que mis antepasados me llamaban", me dijo. Y yo le dije: "Ay, Juanita, ya deje tranquilos a sus muertitos". Dicen que murió con una llaga muy rara en el pecho. "Pa mí que era por comer tanta cebollas. Dios la tenga en su santo seno. ¡Pobre Juanita!", le contaba a todo el mundo Meche, la de las hierbas.

Lo que nunca se supo en el mercado es que a Juanita, efectivamente, la habían llamado sus antepasados de Monte Albán. "Sabemos que todavía eres virgen y que lo más valioso que tienes es tu corazón, porque en él no existe hierba mala. Lo necesitamos para ofrecérselo al dios de la Lluvia. Nuestras tierras se están muriendo. Eres muy afortunada porque el Gran Sacerdote te eligió para que fueras sacrificada", le dijo precisamente el que un día se encontró en su cama, con la cabeza de serpiente y cuerpo de tortuga. Cuando el sacerdote elevó el corazón de Juanita en la cima de la pirámide, cayó del cielo una lluvia tupida. A lo lejos se descubría un arcoiris, como suelen aparecer allá por Oaxaca.

CARTA PENDIENTE

Querida mamá:

*H*ace muchos años, cuando estaba en el colegio, no había nada que me aterrara más, aparte de los exámenes, que la aproximación del Día de las Madres. Recuerdo que dos meses antes de la fecha, se nos anunciaba: "Niñas, dentro de unos días les repartiremos la costura que darán a su mami", decía la monja simulando una sonrisa dizque tierna. Finalmente, llegaba el día de la distribución de los materiales, que, además de servir como regalo, entraba dentro de la calificación de trabajos manuales.

Según el año que se cursara, así era la costura, que siempre tenía que ver con el hogar. Las de sexto tenían que bordar un mantelito de bridge, o bien, una bolsa de manta para la ropa sucia. Las de cuarto y quinto tenían que cortar el fieltro, para después decorarlo con florecitas del mismo material hasta convertirlo en un precioso forro para el directorio telefónico; las de primero, segundo y tercero tenían que bordar unos ramitos de flores que adornaban la frase de rigor: "Te amo, mamá", sobre dos bolsas que servirían para guardar los cepillos para el aseo de los zapatos. De todo lo que bordé en esos años, de lo que más me acuerdo es precisamente del cepillero.

Durante varias semanas remplazábamos la clase de inglés con la de costura. Generalmente, nos reuníamos en uno de los salones de actos para podernos sentar alrededor de la monja que nos instruía: "Pongan mucha atención cuando hagan la hojita; recuerden que tiene que ser como una cadenita". "Procuren no coser muy apretadito, porque se ve muy feo." "El remate es lo más importante porque después, con las lavadas, se zafa el hilo." "Mientras dan las puntadas recen una oración. Así su mami se dará cuenta de que lo bordaron con amor."

Ni coser ni cantar

Yo procuraba seguir las instrucciones al pie de la letra pero, desafortunadamente, Dios no me llamó por el camino de la costura. Las florecitas me salían horribles; las hojitas, en lugar de que se vieran alargaditas, parecían cuadradas; en la parte de atrás de la costura, se veían los nudos gordos; siempre se me enredaba el hilo; etcétera.

Tres veces me deshicieron mi cepillero, y tres veces me tuve que quedar a coser; de lo contrario, no lo terminaría para el 10 de mayo. "Si no te aplicas más, jamás acabaremos." "Recuerda que todavía lo tengo que lavar y planchar. A mamá no le gustaría recibir una costura mal hecha, sucia, arrugada." "No sé por qué tu aguja siempre está pegajosa." "Ignoro por qué el hilo, en tus manos, se hace tantas bolas." "Más que un cepillero, parece un trapo de cocina usado." "Por no concentrarte, varias veces te cosiste la costura con la falda. Además, mira cómo está la primera M en relación con la segunda." "El tronco de la rama está demasiado grueso por las puntadotas que hiciste." "¿Cuándo se ha visto que la corola de las flores sea morada? Para eso tenías tu madeja de amarillo."

"Ahora, dime: ¿cuántas veces te he explicado que para que puedan entrar los cepillos no se deben coser las bolsitas a la costura?

Tienes que poner tu manita para hacerle un huequito, ¿entiendes?", me preguntó irritadísima la monja dos días antes del 10 de mayo. Esa noche no pude dormir. Me la pasé rezando a todos los santos para que me iluminaran en mi costura y pensaba angustiadísima: "Mi mamá se va a burlar de mí. Mejor nada más le regalo los cepillos para bolear los zapatos. Además, a mi mamá esas cosas ni le gustan; siempre dice que son muy cursis. Yo jamás he visto que en mi casa se graseen los zapatos. Mi papá siempre se da grasa con un viejito en la avenida Reforma. No, mejor no le regalo nada".

"Además, se van a burlar de mí mis hermanas. Ay, pero ¿y la calificación? Voy a reprobar. Me van a poner cinco, y eso me va a bajar todavía más el promedio. Si lo hubiera hecho bien me hubiera subido, porque ya tengo otro cinco. ¿Qué hago?", me preguntaba con un nudo en la garganta. Al otro día llegué al colegio sumamente triste y deprimida. "Hoy vamos a envolver el regalo de mamá. Les voy a pasar su costura. En seguida les distribuiré un pliego de papel de china; cuando terminen les entregaré dos pedacitos de Scotch", nos dijo la madre, mientras sacaba de una canasta todas las costuras. Cuando llegó a mi lugar, me cerró el ojo y me dijo muy quedito: "Ya no te preocupes. Tu costura te quedó preciosa".

Por un momento pensé que soñaba que mi monja me decía esas palabras, pero al ver el cepillero me di cuenta de que era cierto. Las flores y las hojas se veían muy bien bordadas; las ramas y la inscripción: "Te amo, mamá", estaban compuestas. Limpio y planchadito, el bordado lucía todavía más. Me puse feliz; tomé el papel de china y, con toda la delicadeza del mundo, envolví el regalo del Día de las Madres, al mismo tiempo que le daba gracias a Dios por tener una monja tan buena y comprensiva.

Vida regalada

Creo que ese 10 de mayo cayó en sábado. Recuerdo que cuando bajé a desayunar tú estabas hablando por teléfono. Ay, mamá, ¿nunca has calculado cuántas horas de tu vida has pasado con la bocina del teléfono en la mano? Para no molestar, decidí tomar mi leche y comer mi huevo. Mis hermanas seguían dormidas. De pronto apareció mi papá y vio que había puesto tu regalo sobre la mesa. "¿Por qué mejor no se lo das?", me preguntó. "No, mejor espero a que cuelgue", le dije sintiéndome muy orgullosa de mi costura.

Si no me equivoco pasó cerca de una hora y tú seguías comentando el matrimonio de la sobrina de los Zubieta, al cual por cierto no te habían invitado: "El novio es un pelado y ella es horrible. Así es que tal para cual", decías concentradísima. Como veía que faltaría mucho tiempo para que colgaras, opté por presentarme frente a ti y entregarte tu regalo. Y así lo hice.

Tuvieron que pasar varios segundos antes de que te percataras de mi presencia. De repente, exclamaste: "¿Qué quieres?". "Es que te quiero dar tu regalo, mamá", te dije. Acto seguido, extendiste tu brazo desocupado, tomaste el regalo, lo colocaste a un lado del teléfono sobre la mesita y me guiñaste el ojo, como diciéndome: "Al ratito lo veo".

Como quería que lo abrieras me quedé frente a ti. Pasaron otros dos segundos y súbitamente dijiste: "Ay, niña, no estés moliendo. Luego lo veo". Me fui corriendo con un nudo en la garganta. Subí a mi cuarto, me metí en la cama y me cubrí toda con las cobijas. "¡No le hubiera regalado nada!", pensaba mientras sentía cómo me rodaban las lágrimas.

Después de rezar, el lunes, lo primero que nos preguntó la monja fue qué habían dicho nuestras mamás de los cepilleros. "A mi mami le gustó mucho", dijo Sofía. "A mí me felicitó", agregó Beatriz. "Mi mamá, luego luego, lo colgó en su clóset", apuntó Ana María. "Y la tuya, ¿qué te dijo?", me preguntó la madre con una sonrisa de complicidad. "Ay, le fascinó. Me dijo que era lo más bonito que había hecho. Que era una gran bordadora", le contesté, sintiéndome como esas artistas que salían en las telenovelas y que interpretaban muy bien su papel.

Estaba yo mintiendo porque no le podía decir frente a toda la clase que jamás abriste el regalo; que esa mañana te habías quedado en el teléfono casi hasta la hora de la comida; y, lo que era peor, que el cepillero todavía se encontraba envuelto sobre la mesita a un lado del teléfono. Así, mamá, se quedó muchas semanas. Jamás supe si lo abriste o si se tiró a la basura junto con otros papeles.

Quiero decirte, querida mamá, que esto no es un reproche, sino algo que tenía en el corazón desde hace mucho tiempo, ya que desafortunadamente nunca tuvieron éxito mis regalos del Día de las Madres. Tal vez esta carta sí la leas; por esa razón quiero decirte ahora que si supiera coser, te lo juro que bordaría en una gran manta una inscripción que dijera: "Te amo, mamá". Ahora que ya soy adulta he comprendido que entre madre e hija lo importante es el perdón y la comprensión.

De madres a madres

*D*esde que era niña, no había nada que me gustara más que me platicaran de su mamá. "¿Cómo es tu mamá? ¿Y te quiere mucho? ¿De qué pláticas con ella?", les preguntaba a mis amigas a la hora del recreo. Al cabo de unos años, hacía el mismo tipo de preguntas a mis pretendientes: "Oye, ¿y te llevas bien con tu mamá? ¿Cuál crees que es tu mayor trauma?". El primer día que tuve novio, le propuse ir a conocer a su mamá. "¿Para quéeeee?", me preguntó intrigadísimo. "Para que me platique de cuando eras chiquito y para que me cuente cómo era ella de niña." Recién casada, me pasaba horas platicando con mi suegra acerca de su madre. Me gustaba que me contara sobre sus gustos, de sus fantasmas, de sus desdichas y alegrías. Y ahora que soy mamá por tercera vez que puedo (y me dejan), les cuento a mis hijos muchas cosas a propósito de la mía. Y seguramente cuando sea abuelita, seguiré platicando a mis nietos de mi madre.

En otras palabras, la figura materna siempre me ha obsesionado. No en balde en una ocasión, y con toda razón, Elena Poniatowska dijo públicamente que sufría, sufro y, seguramente, seguiré sufriendo mucho tiempo este extraño sentimiento.

Sin embargo, pienso que la palabra "sufrir", actualmente y en lo que me concierne, ya no sería la más correcta. Tal vez la sustituiría por la de "aceptar". Sí, ahora esa actitud la *acepto* con toda alegría y madurez. ¿Que si esto es bueno o malo? Esa pregunta se las dejo a los psiquiatras. Antes me daba pena ajena admitir que tenía "mamitis", ahora me enorgullece confesar que la tengo. De alguna manera, siento que tanto los buenos como los malos recuerdos que tengo de mi madre, me acompañan. Y eso me gusta.

Es tal obsesión por las mamás de los demás, que siempre que se acerca el Día de las Madres me pregunto por algunas de ciertos personajes. Por ejemplo, ¿cómo va a celebrar su día la mamá de Gloria Trevi? ¿Se lo festejará su hija? ¿Qué le regalará? ¿Le encantará "A la madre"? ¿La invitaría a comer a alguna parte? Cuando están juntas,

¿de qué platicarán las dos? También me pongo a pensar en la forma en que celebran ese día las mamás de los políticos. ¿Qué les regalarán? ¿Habrán tenido tiempo para ir personalmente a comprar el regalo, o le pidieron a sus respectivas parejas que lo hicieran? Pero lo más probable es que para ellas, el mejor regalo, sea precisamente que uno de sus hijos o hijas se convierta en candidato o candidata presidencial ¿Qué más podría pedir una madre mexicana? Por otro lado, me pregunto, si realmente van a votar por sus hijos. Puesto que la llamada "cabecita blanca" está muy superada e informada, ¿qué pasaría si una de ellas en absoluto, absoluto secreto votara por otro candidato que no fuera su hijo o su hija? ¿De qué manera hubiera analizado Freud este rechazo político? ¿Cómo le hubiera llamado a este complejo, que realmente resulta tan complejo? Tal vez las nuevas generaciones de psiquiatras mexicanos podrían estudiar a fondo estos dilemas, mismos que serían tan inusuales en nuestra idiosincrasia. Lo mismo podríamos preguntarnos acerca de las madres de los candidatos para senadores, diputados, asambleístas, etcétera. En fin, tal vez lo mejor sea no averiguar por aquello de los traumas. Se imaginan el drama; ¿qué sería el día que se llegaran a enterar? Probablemente dirían algo como: "¿Por qué, madre, no votaste por mí? ¡Por míiiii! ¡Tu hijoooo! ¡Hijo de tu sangre! Yo que fui tan buen estudiante. Que tantas satisfacciones te he dado. Yo que fui premio de oratoria, que tuve 9.99 de promedio en toda la carrera, que fui presidente de mi generación. Yo que siempre te he festejado el Día de las Madres rodeándote de amor y de cuidados. ¿Por qué hiciste esto, madre? Tus entrañas que me dieron vida. Tú, que me enseñaste a rezar, a creer en la humanidad, a luchar por la patria. ¿Cómo es posible que no hayas votado por mí? Tu hijoooo, que ha visto con dulzura encanecer tus cabellos negros. Tu hijoooo, que por las noches no dormía sin antes besar tus manos santas, enrojecidas por las duras jornadas que tenías en casa. Tú mi madre, que siempre fuiste mi ejemplo en la vida. Tú, la anciana adorada y bendecida, que inundabas con tu luz mi mirada entristecida. ¿Por qué, madre? ¿Por qué no votaste por mí, madre adorada? Escúchame bien. Mismo si el voto me favorece, prefiero morirme antes de ser presidente de la república. Sí, antes que ser hijo de una madre que no votó por él, no obstante siempre la adoró con todo su ser. ¿Por qué, madre? ¿Por qué?"

Lástima que en vida de mi madre no me hayan lanzado como candidata a la presidencia. Estoy segura que ella sí hubiera votado por mí.

Una cita aplazada

"¿Qué te parece si mejor nos vemos por allí del miércoles de la semana que viene? Perdóname pero te juro que ahora no tengo las menores ganas de verte. ¿No te importa? Sí, sí, ya sé que tú y yo tenemos cita. Ay, pero ¿sabes qué?, es que en estos momentos no te puedo recibir. Entonces, ¿qué?, ¿la posponemos? ¿Que soy una cobarde? Sin duda. Lo que sucede es que sé que nuestro encuentro será terrible. Y tú mejor que nadie lo sabe. ¿Verdad? Oye, de casualidad, ¿no serás un poquito sádica? ¿Que por qué digo esto? Porque si insistes tanto en verme es porque me quieres hacer sufrir. ¿No es cierto? Ah, ¿verdad? Prefieres quedarte callada. ¿Que entre más pronto nos encontremos mejor? Sí y no. Sí, porque de todas maneras nuestra cita es ineludible, y como vulgarmente se dice: al mal paso hay que darle prisa. Y no, porque, en primer lugar, me rehúso, y en segundo, como también se dice vulgarmente: a fuerza, ni los zapatos entran. A mi manera de ver, no deberías insistir tanto. Además, no hace mucho nos encontramos. Acuérdate, fue el martes 8 de junio a las 5:19 p.m. ¿Ya te acordaste? Fue justo en el momento en que el doctor nos anunció la terrible noticia. En esos momentos, apareciste tú; te veías tan grande y amenazante. A pesar de que éramos tantos en la salita del cuarto del hospital, quién sabe cómo te acomodaste, el caso es que todos te sentimos super presente. Como nos hacías llorar tanto, entre todos nos abrazamos, como para consolarnos. Pero era inútil, entre más te sentíamos, más padecíamos. "No puede ser", repetíamos una y otra vez. Híjole, cómo nos hiciste sufrir. Seguramente fue a partir de las 5:20 p.m., que empecé a odiarte de verdad. Te diré que de por sí ya me caías muy mal. Imagínate ahora cómo me caes. Me acuerdo que después de abrazar a mis ocho hermanos, a mis hijos, sobrinos y cuñados, entré al cuarto de mi mamá para despedirme de ella. Lo único que quise verle fueron las manos. Le di un beso en la derecha y me fui. Siempre que iba a visitarla, le elogiaba sus manos. "Parecen palomas"; "Parecen flores"; "Parecen como si acabaran de tocar un concierto de Mozart", le decía cada vez que podía. "Te las regalo", me dijo una tarde.

Desde entonces las hice mías y las guardo en las cajas de mis recuerdos personales. En seguida me fui a caminar por el corredor. Ilusamente pensé que te quedarías entre mis hermanos. Todavía no terminaba de atravesar el quicio de la puerta, cuando sentí que salías junto conmigo. Hasta me diste la mano, ¿te acuerdas? "Bueno, tal vez sea normal", me dije con la cabeza gacha. Entonces, juntas nos encaminamos hasta donde están los elevadores. Mientras caminaba a tu lado, pensé que quizá me había confundido de número de cuarto. "Como soy tan distraída, a lo mejor me metí en la suite de una señora que acababa de morir y estuve dando abrazos a una familia que ni conozco", reflexioné. Pero, de pronto, me encontré con una de mis hermanas que también estaba llore y llore. "Ni modo que las dos estemos confundidas", me dije. La abracé. De inmediato me di cuenta que también estaba junto a ti. Las dos nos pusimos a llorar dos veces más intensamente. En ese momento comprendí que cuando uno pierde a su madre, en realidad, es como si desaparecieran varias. Por eso uno llora tanto,

porque se le llora a la mamá de los siete años, a la de los doce, dieciséis, veinticuatro, treinta y dos, cuarenta y uno, y así sucesivamente hasta la edad que uno tiene. Por eso seguramente nos sentíamos tan desconsoladas. "No te preocupes —le decía a mi hermana—, ya verás cómo del cielo nos va a cuidar todavía mejor. A ver, ¿cuándo se le han cerrado las puertas a mi mamá? Nunca, ¿verdad? Y menos se le cerrarán las de san Pedro. Conociéndola como la conocemos, ya verás cómo de ahora en adelante, intercederá por sus hijos, pero con el Mero Mero. ¿Acaso no lo hizo siempre por cada uno de nosotros aquí en la tierra? Con la diferencia que el de aquí nada más dura seis años. En cambio el que está en el cielo, es eterno. Si no puede tratarlo con el Padre, irá con el Hijo o con el Espíritu Santo o con la Virgen de Guadalupe, a la que siempre fue tan devota. O bien, averiguará quién de todos los santos es el que tiene la vara más alta para dirigirse a él. ¿Entiendes? Luchona como siempre ha sido, seguramente también intercederá por sus nietos, bisnietos, tataranietos y hasta choznos. Olvídate, Lola, de ahora en adelante, cualquier problema que tengas, de inmediato se lo comunicas por medio de una oración y vas a ver cómo al ratito, te lo resolverá. Es más, seguramente gracias a ella, ninguno de nosotros terminaremos ni en el purgatorio, ni mucho menos en el infierno. Mi mamá hará todo lo posible porque toda su familia y descendientes terminen junto a ella en el cielo. No me sorprendería que al llegar al paraíso empezara a tramitar todo lo necesario para sacar a los parientes y amistades que se encuentren en el purgatorio. Nada más acuérdate de toda la gente que ayudó aquí en la tierra. En realidad, deberíamos de estar contentos de saberla allá arriba, donde seguramente pondrá en práctica toda su sabiduría. Además, imagínate con la cantidad de chismes con los que llega. Para mí que los que están en el cielo a veces se aburren. Así es que dale gracias a Dios que ya llegó mi mamá para que se diviertan un poquito. Imagina con qué gusto la va a recibir mi papá", le expliqué convencidísima a mi hermana. Acto seguido, me dio un beso, se limpió las lágrimas y se dio la media vuelta. Al verla tranquilizada, me calmé. Sin embargo, tú seguías allí pisándome los talones. Decidí entonces, y como para distraerme, empezar a hacer varias llamadas telefónicas. "¿De casualidad no tiene usted monedas de las de antes para hablar por teléfono?", pregunté a varias personas que se encontraban en un saloncito de espera especial para los familiares de los pacientes. Amablemente, las señoras accedieron a buscar hasta el fondo de sus bolsas y los señores en las de sus pantalones.

Dieciocho años

*H*oy Lolita cumple dieciocho años. Cuando se despertó, la primera cosa que se dijo fue: "¡Qué maravilla! Ya soy mayor de edad". Inmediatamente después se acordó de algo muy importante: "Ahora sí tengo que optar por mi verdadera nacionalidad". Hasta ahora Lolita tenía dos nacionalidades: la mexicana y la francesa. Al cumplir dieciocho años, estaba obligada a elegir una entre las dos. Hacía años que ya se había planteado la pregunta, sin embargo, siempre tenía la impresión de que aún faltaban muchos años para llegar a la mayoría de edad. Pero a partir de hoy, era algo en lo cual tenía que pensar seriamente. Sin duda se trataba de un dilema: siendo su madre mexicana y su padre francés, no quería ofender a ninguno de los dos, pero tampoco quería caer en falsos sentimentalismos. Deseaba hacerlo con madurez y toda objetividad posible. No obstante nunca había vivido en Francia, cada año que iba lo sentía de más en más su país. Se llevaba perfectamente bien con toda la familia de su padre. Desde que era muy niña, había convivido con ellos todos los veranos. Apreciaba la comida, la cultura francesa (estudió en el Liceo Franco Mexicano; por esta razón leía exclusivamente en francés y, muchas veces, hasta pensaba en este mismo idioma); todo lo que tenía que ver con la moda; caminar por las calles de París; era fan de varios cantantes franceses; dominaba perfectamente el idioma; pero, sobre todo, adoraba a su abuelita. Con ella aprendió las primeras canciones infantiles; a tejer al derecho y al izquierdo; descubrió personajes como Astérix, Tintin, Babar; con ella visitó los museos; aprendió a hacer soufflés; a distinguir entre un buen o un pésimo Camembert. Junto con ella, por primera vez subió a la Tour Eiffel; recorrió el Sena; subió por las mismas escaleras que tomó la reina María Antonieta para ir al calabozo; fue a conciertos de Mozart en iglesias del siglo XII; asistió a varios desfiles del 14 de julio; conoció toda la Costa Azul; y hablaba horas y horas acerca de todos los miembros de la familia: desde el bisabuelo que se fue en los años veinte a Colombia para instalar una fábrica textil, hasta a propósito de una de las hermanas (guapísima) que un día decidió ser modelo.

En otras palabras, el corazón de Lolita estaba dividido en dos: Francia y México.

¿Cómo vivía este último país? Con mucho amor y una gran identificación. Cada vez que sus estancias en Francia duraban un poquito más de dos meses, solía implorar a sus padres el regreso a México. "Es que a veces los franceses son muy difíciles. Cuando llevo mucho tiempo empiezo a extrañar el sol, a mis amigas, los taquitos de pollo que hace Carmen y la amabilidad mexicana. Por muy mala que sea, hasta la televisión mexicana extraño. Allá en Francia todo es dificilísimo. Después de haber hecho las compras para la cena, para llegar a su casa una tiene que abrir muchas puertas con todos los bultos: la del coche, la del estacionamiento, la del edificio, la del vestíbulo, la del elevador y finalmente la del departamento. Nunca he entendido por qué las puertas en Francia son tan duras para abrir. A unas porque les falta aceite, y otras porque ya son viejísimas. Y cuando ya estás en la cocina, ¿qué es lo primero con lo que te topas? Con la pilota de platos sucios de la comida. ¿Ya saben cómo? Con todos los spaguettis pegados al plato llenos de catsup, con los tenedores todos sucios de los restos de queso Roquefort. Lo más chistoso de todo es que para meterlos en la máquina para lavarlos, a chaleco tienes que enjuagar cada uno de los platos, de los vasos y de los cubiertos. Después los tienes que poner en orden y por tamaños. Entonces, mientras se están lavando, tienes que preparar la cena, poner la mesa, escuchar las noticias en la tele, contestar el teléfono, abrir la puerta, hacer la vinagreta para la ensalada, ir a la cave para buscar la botella de vino. Si se te olvidó el pan, tienes que bajar corriendo a la boulangerie a comprar la baguette. Después, abrir otra vez todas esas puertas (menos la del estacionamiento). Luego, luego llegar, cortar el pan, ponerlo en la mesa, buscar los platones para la comida, servirlos y sentarse para cenar. Te lo juro que cuando ya estás instalada, te sientes cansadísima. Sin embargo, cuando terminas, a chaleco tienes que ayudar a quitar la mesa. Guardar uno a uno cada queso en su respectiva cajita. De nuevo ordenar los platos, cubiertos y vasos. Enjuagarlos. Acomodarlos en la máquina. Lavar por separado las ollas y sartenes. Con una esponjota amarilla, limpiar perfectamente bien la cocina, para después instalarte frente a la televisión para ver un debat político, del cual al otro día, tenlo por seguro, todo el mundo hablará horas y horas. Y si no lo viste y por lo tanto no puedes hablar de él, te tachan de casi, casi retrasada mental. Olvídense, allá la vida, además de ser carísima, es dificilísima."

Hace apenas tres días, Lolita le comentó a su mamá: "El martes va a ser mi cumpleaños. Ahora sí voy a tener que decidir sobre mi nacionalidad. Híjole, con todo lo que ha pasado en México, a lo mejor me inclino por la francesa". No había nada que más le divirtiera a Lolita que provocar a su madre. Con el solo objeto de verla reaccionar, le encantaba gastarle bromas de todo tipo. Siempre y cuando no fueran personales, le divertían sus exabruptos, sus explicaciones dizque muy "psicológicas", sus análisis sobre la vida, sus disertaciones acerca de la política y sus flagrantes contradicciones. Dicho y hecho, nada más su hija pronunció estas palabras, súbitamente, la madre se sintió totalmente invadida por un nacionalismo pintado de verde, blanco y colorado. "Mira, mijita, lo que ha sucedido en México es excepcional, 'inédito', como dicen los conocedores: nunca antes habían sucedido tantas cosas. ¿Me entiendes? No porque todavía existe el problema de Chiapas, ha habido tres crímenes, secuestros, desfalcos en bancos, devaluaciones; en algunos estados, elecciones turbias, renuncias obligadas de funcionarios, cierre de empresas, incremento en el desempleo, inflación, préstamos solicitados a bancos extranjeros, órdenes de aprehensión al hermano de Salinas. No porque el expresidente se encuentre ayudando con el fin de que digan que él no tuvo nada, pero nada que ver con esta crisis económica, ni porque a Ruiz Massieu lo detuvieron en los Estados Unidos por llevar con él cuarenta mil dólares, ni porque el dólar está a más de siete pesos, ni porque la bolsa cae y cae y cae, ni porque hayamos causado devaluaciones en otras monedas, ni porque ya no vas a poder ir a Francia todos los años, ni porque tu papá no te va a comprar tu coche que te tenía prometido para que en agosto empezaras a ir a la Ibero, ni porque en la ciudad de México hay cada vez más inseguridad, ni porque ya te hemos prohibido salir hasta muy tarde en la noche, ni porque no te vamos a subir el presupuesto que te damos de 'semana', ni porque a veces veas a Zedillo en la televisión triste y cabizbajo, no porque ya no te voy a comprar tanta ropa, ni porque ya no vas a poder hablar horas y horas por teléfono con tu novio, ni porque el caso Colosio parece cada vez más complejo. Por último, no porque no sepamos hacia donde exactamente va el país, vas a decirme ahora que quieres ser francesa. Serías muy injusta porque en Francia también tienen sus problemas. No sabes toda la corrupción que han descubierto. Ahora que han intervenido tantos teléfonos de políticos se han dado cuenta que todos tienen cola que les pisen. Además, allá también tienen problemas de desempleo, de inseguridad y, encima, hace un frío espantoso. Los días amanecen todos grises y húmedos. Allá no existe la papaya, los limones chiquitos para hacer agua que tanto te gusta, la cajeta, los tacos al pastor, las tortas de La Delicia. La gente allá no es tan cool ni relax como a ti te gusta. En las playas no hay tantas olas, la arena no es finita como en Acapulco, no hay periódico *Reforma*, los alcatraces son carísimos, los taxis no se paran en cualquier esquina, los policías son muy enojones, el metro puede ser muy deprimente y, por último, las noticias allá son aburridísimas. No pasan la cantidad de cosas que pasan aquí. Allá la gente no tiene tantos temas de conversación. Los políticos no hacen declaraciones surrealistas, ni increíbles ni fantasiosas. Lo único que te puedo decir es que lo pienses bien. No quiero intervenir en tu decisión, porque vas a pensar que soy muy subjetiva. Te aseguro lo que quieras que las cosas en México van a cambiar. Esto nada más es una mala 'racha'. ¿Por qué no te esperas hasta entonces para escoger tu nacionalidad? Recuerda que en todos lados se cuecen habas. Que nadie es profeta en su propio país y que tu voto para el cambio es im-por-tan-tí-si-mo."

Lolita escuchaba a su madre toda enternecida; había algo en su voz de ingenuo y cándido. Por momentos, la oía como si estuviera lejos, muy lejos. No había duda, Lolita se estaba convirtiendo en una ciudadana mayor de edad, lista para elegir, sola, la nacionalidad que más le convenía.

Las manos de Lola

*D*espués de su voz, pienso que lo que tenía más bonito eran sus manos. Hace muchos años, tuve la suerte de verlas de muy cerquita. Estábamos en la misma mesa, en la misma boda y con la misma gente. "Mucho gusto", le dije intimidada cuando me la presentaron. Ella, mirándome de frente, extendió su mano derecha y estrechó la mía. No obstante su saludo fue firme, sentí su mano suave y cálida. Y al sentirla, así de grandota y fuerte, en seguida pensé que se trataba de una mujer generosa y sincera. Cuando retiré la mía, junto a la suya me pareció como de monja de la cocina; se veía chata y deschistada. Después me fijé en sus uñas. Eran largas y perfectamente bien manicuradas. Entonces me dije: "¡Qué bonitas manos tiene Lola Beltrán!".

Durante la comida no hice otra cosa más que observarlas. Mientras hablaba, las movía con dulzura y con fuerza a la vez. Dependiendo de lo que estaba contando su dueña, era su movimiento. Por momentos, se agitaban, se alegraban o se apagaban, según lo que expresara cada una de las palabras de Lola Beltrán. Cuando la artista dejaba de hablar, reposaban, ¡descansaban! Entonces, se colocaban ya sea sobre la servilleta o encima de la mesa. Se hubiera dicho que se habían convertido en dos alas de paloma que se acurruca, y que esperaban la voz de su ama para volver a emprender el vuelo. Y así fue. Sólo bastó que Lola Beltrán retomara la palabra para que, felices de la vida, revolotearan otra vez, frente a todas esas miradas de admiración.

Y mientras las admiraba, pensé que también eran manos de madre, que seguramente acariciaban con mucha ternura; manos de enamorada, que sabían deslizarse con pasión; manos de amiga, que ayudaban con solidaridad. Y, finalmente, me dije que eran manos de mujer, que probablemente habían luchado muchos años para ser tan inconfundibles como eran. "¿Cuántas veces se habrá acomodado el rebozo con ellas? ¿Cuántas veces se las habrán besado? ¿Cuántas veces se las habrán tomado con pasión? ¿Cuántos amigos habrán consolado? Y ¿cuántas veces se habrá secado las lágrimas con ellas?", me preguntaba

intrigada y enternecida. Aunque los manuales de buenos modales digan que es de mala educación manotear, en esa comida me di cuenta que hay de manoteos a manoteos. Los de Lola Beltrán eran ejecutados con clase y con elegancia. Ella se podía dar ese lujo porque sus movimientos correspondían perfectamente con su vitalidad, con su altura, su forma de hablar, de vestir y, naturalmente, con su gran personalidad. Sus manos gritaban a los cuatro vientos que se trataba de una señora de a de veras. Y con ese mismo estilo, vi cómo tomaba los cubiertos. Se los llevaba a la boca. Los colocaba sobre el plato. Apoyaba el cuchillo en la carne y la cortaba. Vi cómo le daba vueltas a su café con la cucharita. Todo lo hacía con una gran femineidad y con una autenticidad envidiables. Si en esos momentos alguien se hubiera atrevido a detenérselas, estoy segura que de inmediato se hubiera quedado callada, porque si su voz enmudecía, la misma suerte hubieran corrido sus manos cantadoras.

Seguramente, Lola Beltrán siempre supo que sus manos tenían algo de muy sensual, que embrujaban y fascinaban. Por eso cuando cantaba, las movía de esa forma tan suya. Por eso cuando hacían la forma de cruz, parecía que estaban bendiciendo a su público. Por eso cuando decía "tres días sin verte mujer, tres días llorando de amor, tres días que miro el amanecer", con sus tres dedos bien paraditos, imaginábamos tan bien el sufrimiento de esos tres días. Por eso se las arreglaba con todo cuidado y se ponía tanta crema.

¡Ah, cómo extrañamos esas manos que nos cantaban tan bonito! ¡Cómo las necesitamos en estos momentos en que nos dirigen otras que son débiles, sudorosas y sucias! ¡Ah, cómo las extrañan los mariachis! ¡Qué tristes están! Eran tan mexicanas esas manos, tan sensibles y auténticas.

Dicen que de repente cayó la noche sobre Lola Beltrán, y que hasta sus manos se sorprendieron. Dicen que ya no fueron como palomas blancas que vienen del cielo y que vienen bajando. Que más bien se convirtieron en pañuelos blancos llenos del llanto de todo el pueblo

mexicano que lloró su partida. Desde entonces no sabemos de ellas. Están como muertas. Están frías, pálidas y muy quietecitas. Ya no se acurrucan, ni revolotean, ni se expresan, ni cantan. Saben que la voz de su ama ya no se escucha. No obstante les pintaron y les limaron sus uñas y luego las cruzaron sobre el pecho de su ama para que se vieran bien bonitas, están desoladísimas. Dicen que hasta las vieron llorando, pero que muchos creyeron que eran las lágrimas de los admiradores de su dueña. Igual que nosotros, ellas tuvieron que despedirse de aquella voz. Porque al callarse por completo, las manos de Lola Beltrán también se callaron para siempre.

El nacimiento de Yolanda

*J*usto antes de irse al hospital, Yolanda tuvo tiempo de poner el nacimiento. A pesar de que no tenía costumbre de ponerlo, con éste sí se animó; primero, porque era muy bonito, hecho en barro, y segundo, porque venía de Tlaquepaque. Seguramente, lo puso junto con René y tal vez también estaba allí Juancho, uno de los sobrinos que más quería. Veo perfecto la escena. Imagino la casa acogedora, llena de cuadros, pinturas, litografías y muchas plantas. No obstante Yolanda nunca fue una excelente ama de casa (un día, su marido encontró un martillo en el refrigerador), todo está muy ordenadito y en su lugar; en cada rincón se respira paz. Están los tres muy cerca de la chimenea. A un ladito, está la caja de cartón llena de viejos periódicos. De vez en cuando, viene uno de los perros para olfatear el interior; tanto papel viejo, le intriga. A un lado de los ventanales de la sala, se ven dos gatos tomando el sol muy tranquilamente. De pronto, René desenvuelve uno de los bultos y le pasa la Virgen María a Yolanda: "¿A quién te recuerda? ¿No crees que le da un aire a Madonna pero en moreno?", le dice muerto de risa. Yolanda se ríe con la ocurrencia de su marido; está tan acostumbrada a ellas. Sin embargo, nunca, como en la época de su enfermedad, las había apreciado tanto. Y con sus ojos todos risueños, quita el papel a uno de los bultitos y ve que es san José. "A mí este san José me recuerda al papá de uno de mis alumnos de piano. ¿Verdad, René, que de perfil es igualito al señor Martínez?", agrega. Juancho celebra cada una de las bromas de sus tíos. Aunque parece estar muy contento, se siente triste. Ver a su tía Yolanda así de delgada y de pálida, lo deprime muchísimo. Sin embargo, a ambos les agradece su maravilloso sentido del humor.

Y mientras Yolanda y René continúan poniendo el nacimiento y haciendo chistes, Juancho observa a su tía. Primero le ve sus finísimas manos de pianista. Manos de concertista, manos de mujer sensible y bondadosa; manos de profesora de piano paciente y muy estimulante para sus alumnos (no les cobraba a muchos de ellos). Ve sus uñas sin manicurar; se ven tan naturales que hasta podrían pasar por manos de una niña, no obstante su dueña tiene cincuenta y ocho años. Curiosamente, estas mismas manos que hasta parecen de una Virgen, son capaces de manejar las herramientas más sofisticadas para arreglar todas las descomposturas de la casa. Cuando Juancho pensaba en su tía, se acordaba de lo que solía decir de ella Carlos Monsiváis: "Para mí, Yolanda es una de las pocas mujeres inteligentes que conozco". Sí, Juancho sabía que su tía era una de las investigadoras de música mexicana más importantes del país. Sabía que había escrito libros y muchos ensayos sobre la música popular del país; ensayos que se publicaron en revistas como *Siempre!*, *Nexos* y *Proceso*. Del libro *La historia popular de la música mexicana* le gustaba el capítulo del danzón: "El apogeo del danzón se inició en la ciudad de México en la década de los años veinte; sin embargo, se sabe que el danzón llegó a la península de Yucatán a fines del siglo pasado y existen pruebas de que entre 1895 y 1905 era frecuente su ejecución en todo tipo de bailes y celebraciones. Lo mismo podría decirse de la aparición de la guaracha de origen cubano y que también fue popular en Mérida desde el ochocientos". Cuando Juancho leyó el índice de este libro, no podía creer todos los temas que conocía tan bien su tía Yolanda: "Música en tiempos de don Porfirio"; "La música de la epopeya revolucionaria"; "El alma viviente de la música mexicana"; "La época de oro de la radio, el cine y el teatro"; "El apogeo de la canción romántica"; "Agustín Lara"; "Los inmortales de la canción ranchera"; "La música bailable"; "La música del rock". Además, tenía toda la colección de discos *Historia ilustrada de la música popular*, cuya investigación y textos fueron hechos por Yolanda Moreno Rivas, su tía.

"Mira, Yolanda, aquí están los Tres Reyes Magos. Éste es del PRI, éste del PAN y éste del PRD", continúa diciendo René muerto de la risa, en tanto quita de las esculturas papel y más papel periódico. A Juancho le gusta verlos pero, sobre todo, sentirlos así, así de cerquita. Hace más de trece años que observa este matrimonio tan diferente a los demás. Este matrimonio que irradia alegría. Este matrimonio tan poco convencional pero sobre todo tan feliz y unido. Sabe que su tía Yolanda adora a René. Y que René no tiene ojos más que para ella. Sabe que congenian de maravilla. Que los dos son unos apasionados de la lectura y de la música. Tal vez sea por todas estas razones que le gusta tanto a Juancho visitar a sus tíos Solís. Pero también hay otra razón importantísima: le encanta cómo se come en esta casa. Aprecia desde la manera en cómo está puesta la mesa hasta los postres que se sirven. "¿Cómo estás? ¿Qué estás haciendo? Cuéntame de tus cosas", le dice siempre su tía con una sonrisa encantadora. Esto no es raro porque Yolanda se interesa mucho por los demás. Su interés hacia los otros no es por quedar bien, es genuino. Así es Yolanda de generosa. Seguramente se debe a que siempre está en paz. Como que siempre está bien consigo misma. Y entonces, claro, emana mucha serenidad. Llevando tanto la música adentro, ¿será esto posible? En Yolanda, sí lo era, como también era posible que le diera tanto amor a sus plantas y a sus perros y gatos. Era tal la comunicación que sentía con ellos, que a veces parecía que hasta se telepateaban.

Juancho no sabía qué le gustaba más, si ir a la casa de Aguacate allá por Coyoacán, o ir los fines de semana a la casa de Cuernavaca. Ahí también se la pasaba espléndidamente bien. Siempre iba a magníficos conciertos, ya que sus tíos fueron los primeros en impulsar la Sociedad de Amigos de la Música. Además, en la casa de Cuernavaca, aparte de que siempre comía delicioso, le encantaba el yoghurt que servía su tía Yolanda. Pero, tal vez, lo que más apreciaba, eran las sobremesas, donde con otros invitados siempre muy interesantes se hablaba de todo: de política, historia, literatura y, naturalmente, música.

"¿Sabes a quién se parece este borreguito? Al joven Murrieta", le comenta René a Yolanda, muerto de la risa. Yolanda se ríe; sin embargo, empieza a sentirse un poquito cansada. Con absoluta delicadeza amorosa, le sugiere a su marido que la ayude para irse a reposar a su recámara. En esos momentos, René corre hacia ella; con toda ternura, la toma del brazo. Con un beso muy tierno se despide de Juancho y le agradece que hubiera venido a poner el nacimiento. "Nada más falta poner un poco más de heno", dice Yolanda con una ligera sonrisa. Y mientras Juancho ve a sus tíos alejarse, siente que en esos momentos se le viene toda la tristeza encima. De pronto, sus ojos se dirigen hacia el nacimiento y siente ganas de llorar.

Pero ya no hubo tiempo de agregar más heno al nacimiento de Yolanda. No importa ya que, desde un viernes 16 de diciembre, Yolanda Moreno de Solís lo está poniendo alrededor de un pesebre de verdad. A partir de entonces, se encuentra allá en el cielo, muy ocupada con estos preparativos. Además, ya le instalaron un piano para que le tocara a todos esos angelitos que no dejan de rodearla. "No nos podemos separar de ella. Es que es tan, pero tan simpática. Siempre nos está haciendo reír. Además ya ofreció darnos clases y no nos va a cobrar ni un centavo", dijo el más cachetón de todos. ¡Qué bueno que René no lo vio!, porque de lo contrario, seguramente, le hubiera preguntado a su mujer: "Oye, Yolanda, ¿sabes a quién me recuerda este angelito?".

Las angustias de Pita

Siempre que la veía llegar a mi casa, me angustiaba. De alguna manera, su presencia me inquietaba; sobre todo, cuando se presentaba sin avisar. Por lo general, llegaba después de las nueve de la noche. Había temporadas que venía hasta dos veces por semana; otras, dejaba pasar hasta tres meses. Cuando mi mamá la encontraba en la tienda de Juan de Dios, siempre llegaban juntas. "Pobre, no había nadie que la regresara a su casa", decía mi madre.

"¿Está Lola?", preguntó una noche con una particularísima voz desde el quicio de la puerta, después de haber tocado el timbre con particular insistencia. "Sí", contesté desganada. "¿Quién es?" "Es Pita, mamá." "Dile que pase." "Que, por favor, pases." Y en puntitas, se dirigió hacia el comedor. Desde lejitos, saludó con su mano enguantada. "Buenas noches, Enrique. ¿Qué tal, Lola?", preguntó en tono medio golpeado y abriendo sus ojos muy grandes. "Anda, siéntate. Ahorita te traen de cenar", dijo mi madre viéndome derechito a los ojos. Sin saludar a mi hermano ni a mi hermana, se sentó en uno de los lugares vacíos. Resignada y con absoluta cara de dolor de estómago, me encaminé hacia la cocina: "Ay, ¿por qué siempre yo? ¿Por qué invariablemente se le ocurre venir justo cuando no hay muchachas? ¿Por qué se presentará eternamente a la hora de la cena? ¡Qué casualidad!, ¿verdad? Además, ni amable es. Híjole, ¡es tan rara!... Será muy poeta pero lo grosera no se lo quita nadie. Apenas y la saludé y luego luego me dijo con un gesto de desdén: '¡No, no te me acerques!'. Como si me muriera de ganas de hacerlo. Y luego, claro, ¿quién termina por servirle la cena? Pues yo. ¡Quién más!", pensé furiosa mientras de mal modo recalentaba la sopa de fideo y el poco de arroz y carne que habían quedado.

Entre tanto, en el comedor, mi mamá platicaba con Pita de los últimos chismes de los cuales se había enterado en la tienda de Juan de Dios Moreno. Prácticamente todos los días, Pita iba a visitar a Juan de Dios, ya sea para contarle sus problemas o para venderle algunas décimas; Moreno le tenía particular cariño y paciencia. En el espléndido texto que escribió Elisa Robledo para el catálogo *Una historia de amor llamada Pita* dice ella: "Junto con tres amigos más, la pintora Olga Dondé y dos dueños de galerías, Josefa Joc y Juan de Dios Moreno, le consiguieron un cuarto en los Apartamentos Washington, pagando un año de renta adelantado". El negocio de Juan de Dios Moreno se encontraba en las calles de Hamburgo, enfrente del café Duca D'Este. Allí, en un espacio muy reducido repleto de antigüedades, colmillos de marfil, objetos de la India y tapetes persas, solían reunirse algunos representantes de la jeunesse dorée de la época (Ricardo Pintado, José Luis Vivanco, Pablo Martínez Gallardo, Carlos Nieto del Río, Lala Sevilla, Roberto Humphrey, Cucksy von Wutteaneau, Billy Braniff, Tita López Figueroa, Carmen Romano, etcétera) para comentar las fiestas más recientes, sus cuitas, éxitos, week-ends en viejas haciendas, conquistas sentimentales, traumas infantiles, escapadas a Acapulco, etcétera. "En la tienda de Juan de Dios", como todo el mundo la llamaba cuando se referían a ella, se podía una enterar de todos los chismes, noticias, rumores y especulaciones a propósito de todos los temas habidos y por haber. "Pues fíjate que en la tienda de Juan de Dios me enteré que..." era la frase de rigor de entonces justo antes de iniciar cualquier tema de conversación. Allí se comentaban: los nuevos apodos ingeniosísimos inventados allí mismo para algunos personajes muy representativos de la burguesía mexicana; de la suma exacta que había dejado fulanito de tal como herencia; de cuánto había gastado María Fé-

lix en su más reciente visita chez Dior; de los últimos chistes de los políticos; de en cuánto estaban evaluadas, exactamente, las joyas y la colección de pinturas de Lola Olmedo; de los divorcios del momento; de las relaciones extramaritales; de cuánto había costado la boda de una de las Cortina; de la lista completa de quién había ido a las misas de muerto de zutanita; de la asistencia con todo y menú del último coctel que ofreció Teodoro Amerlink; de cuánto había perdido Enrique Corcuera jugando bridge; de los nombres de los gorrones de las bodas más distinguidas; de los verdaderos orígenes de las fortunas de las supuestas familias porfirianas, etcétera. Tanto por las mañanas como por las tardes, el famosísimo Fidel, ayudante de Juan de Dios, no se daba a basto retirando y llevando tazas y más tazas de café de tantas visitas que recibía Juan de Dios Moreno, siempre con una sonrisa de oreja a oreja; y así se pasaban horas y horas muertos de la risa, haciendo grandes esfuerzos por recordar más y más chismes.

"¿Qué te pasó, Pita? ¿Por qué tienes los brazos como moreteados?", escuché desde el comedor que le preguntó mi mamá. "No es nada. ¿Quién sabe contra qué me pegué?", contestó la poeta. "Ay, qué raro. ¿No te pegaron, Pita?", inquirió mi madre. Cuando le traje la sopa, vi que efectivamente en la parte superior de los dos antebrazos aparecían algunos moretoncitos. En esa ocasión llevaba un vestido sin mangas, estampado y de tela muy delgadita; su cabello corto lucía medio ondulado y estaba teñido de rubio; sobre la frente tenía su eterno chino tan

característico. "Parece un signo de interrogación", pensé, al colocarle frente a ella su plato sopero. Y mientras Pita devoraba la sopa, mi papá la observaba en absoluto silencio desde su cabecera. "Fui a ver *Blow-up*", dijo de pronto mi hermano. "Está muy buena. Es de Antonioni y es con Vanessa Redgrave." "Voy a ir a verla", comenté. "No la vas a entender", apuntó con absoluto desapego mi hermano, en tanto le ponía un poquito más de salsa a su pedazo de carne. "Gracias", agregué con la boca llena de arroz. Mi mamá y Pita seguían platicando acerca de Corito Amor. A lo lejos se escuchaba un disco de Charles Trenet; creo que cantaba "Le jardin extraordinaire". "¿Sabes qué película quiero ir a ver? *Un homme et une femme*." "No te entiendo." "Ay, no te hagas el payaso, *Un homme-et-une-femme*." "Tienes una pronunciación pésima." "Ay, mira, mucho mejor que la tuya, fíjate." "Que mejor lo diga en español, ¿verdad, papá?" "Papá, ¿quién tiene mejor pronunciación en francés, él o yo?" "¿Verdad que yo papá?" Pero mi padre parecía estar demasiado ocupado en su mundo interior; sin contestar continuaba disfrutando de su cena. "Ya me voy a acostar. Buenas noches", dijo mi hermana al levantarse de su asiento. "Ay, acuérdate que no hay muchachas. No seas mala y ayúdame a lavar los platos, ¿no?" "Déjame mi parte y lo hago mañana en la mañana", me dijo muy seria antes de desaparecer. En esos momentos, me levanté yo también y fui a cambiar el disco. Puse "Sixteen tons", cantado por Tennesse Ernie Ford.

"¿Por qué me quitaste a Charles Trenet?", me preguntó mi mamá. "Nada más un ratito. Luego te lo vuelvo a poner. ¿Ya te traigo tu carne, Pita?", pregunté un poquito más animada gracias a la música. Y mientras cantaba: "You know sixteen tons, what do you get...", con una cuchara grande de la cocina servía en el plato un montoncito de arroz blanco (muy separado) y las últimas cuatro rebanadas de cuete en salsa de jitomate. Bailoteando me dirigí hacia el comedor; en el camino me topé con mi hermano: "También tienes pésimo acento en inglés. Mejor no cantes", me dijo. "Claro, tú eres ¡lo máximo! Eres un verdadero genio. ¡Qué bárbaro! Te lo juro que eres increíble", le dije llena de sarcasmo, tirándome completamente a lucas mientras subía las escaleras. "Ay, qué bueno que ya se largó. No lo sopoooorto..."

En tanto terminaban de cenar, poco a poco, fui quitando la mesa. En la charola primero coloqué los vasos y los platos sucios. En el segundo viaje, me llevé los cubiertos sucios, los platitos de pan, la jarra de agua y la salsera. De regreso de la cocina, traje el agua caliente para el café de mi papá y unas guayabas en almíbar para Pita. En la tercera vuelta, regresé por los platos y cubiertos sucios de Pita. Después de casi quince días sin muchachas, había terminado por adquirir una fórmula que a mi manera de ver era muy eficaz para lavar los trastes lo más civilizada y rápidamente posible. (Nunca he entendido porque las sirvientas en México se tardan horas y horas en lavar aunque sean seis platos.) Primero tiraba en el basurero los restos de comida de los platos, para después colocarlos por tamaños en pequeñas pilas a un lado del fregadero. Por separado, juntaba todas las cucharas, cuchillos y tenedores. Lo mismo hacía con los vasos y las tazas. Las cazuelas, sartenes y platos los dejaba hasta el final, así mismo muy bien ordenaditos. Una vez que todo estaba muy bien ordenadito, ponía un poco de Fab en un pocito y hacía mucha espuma; en seguida y siempre con agua muy caliente, empezaba a lavar los trastes. Toda la operación me salía mucho mejor, si estaba ejecutada con música de mi agrado o si, mientras, platicaba con alguien simpático.

Estaba yo de lo más concentrada tratando de quitar unos fideitos pegados en un plato sopero, cuando de pronto apareció Pita en la cocina. "Oye, niña, ¿no me comí mi tenedor?", me preguntó con una cara sumamente intrigada. "Perdón", le dije yo todavía más perpleja. "¿Que si allí tienes mi tenedor? ¿Que si no me lo comí?" "¿¿¿Que si no te comiste tu tenedor???" "Sí, ¿lo tienes allí?" "¿¿¿Tu tenedor???" "Ay, niña, pues, ¿que estás sorda? Sí, mi tenedor. Anda, enséñamelo para ver si no me lo comí." "Este... es que... ya los revolví todos y pues... la verdad no se cuál es el tuyo." "Ha de estar entre los demás, ¡anda, búscalo!", me ordenó, viéndome fijamente con sus ojos todos pintados con sombras azules. "Qué no ves que a lo mejor me lo comí." Me puse nerviosa; por un momento tuve ganas de ir en busca de mamá, pero desde el comedor escuchaba que se había puesto a hablar por teléfono. Desazonada como estaba empecé entonces a buscar entre los demás cubiertos. "Dale por su lado. Dale por su lado", me decía inquieta y con las manos llenas de espuma. "Ah, mira creo que aquí está. Qué tonta, no lo encontraba. Tranquilízate, Pita; no te lo comiste." "¡Qué bueno! Por un momento me dio miedo", aseveró dando la media vuelta y desapareciendo de la cocina. "¡Híjole!, pobrecita, ¿por qué pensará que se comió su tenedor? Bueno, tal vez era una broma", me dije como para tranquilizarme. Diez minutos después volvió a aparecer Pita. Y al oírla decirme: "Oye, niña, ¿de veras no me comí mi tenedor? ¿Estás segura?", di un brinco tal que mi cabeza pegó en una de las alacenas. "Ay, Pita, perdón, es que me asustaste. No te comiste tu tenedor. Ya hasta lo lavé. ¿Te acuerdas que hasta te lo enseñé? Míralo, aquí está", le repuse procurando estar de lo más ecuánime posible. "¿Cómo sabes que ése es el mío?" "Este... pues porque... es el que estaba en tu plato cuando te lo recogí yo misma. Si quieres llevártelo para que ya no estés inquieta", le expliqué con cierto temor, pensando que si en efecto se lo llevaba, mi mamá se pondría furiosa por su tenedor Christopher; éste formaba parte de los cubiertos para doce personas que había comprado en una ganga en el Monte de Piedad. "Está bien", apuntó, y salió de la cocina. "¡Híjole!, ahora sí me voy a apurar a terminar de lavar los platos antes de que regrese", me dije. A lo lejos se escuchaba la voz de Tennesse Ernie Ford cantando "In the middle of the island", confundida con la de mi mamá que por teléfono continuaba comentando chismes con Manuel Zubieta. Para borrarme un poco de la cabeza la expresión de angustia de Pita empecé a cantar, al mismo tiempo que imaginaba al pobre de mi papá tratando de hacer un poco de conversación a Pita. Estaba a punto de secar los platones, cuando de repente sentí de nuevo la presencia de Pita. "No me lo comí, ¿verdad?", me preguntó en un tono medio cómplice. "No, qué va; ya hasta lo guardé. Te lo juro por Dios, Pita, que no te lo comiste", le dije hasta amistosamente. "Bueno, ya me va a llevar tu papá. Adiós", agregó. "Ya me voy, Lola. Enrique me va a acompañar", le gritó a mi madre, quien seguía platique y platique con Zubieta. Cuando terminé de guardar todos los platos y cacerolas, apagué la luz de la cocina. En seguida fui a la sala, puse un disco de Charles Trenet y le deseé buenas noches a mi mamá, quien seguía hablando por teléfono. Subí a mi cuarto; fui al baño y, mientras me lavaba la cara con mi skin cream Noxzema que me había traído una amiga de Estados Unidos, me puse a pensar en Pita. "Seguramente, no va a dormir esta noche pensando que se comió el tenedor. ¡Pobrecita, qué angustia! ¿Y qué tal si de verdad se lo comió? Ay, qué tonta, eso es imposible. ¿Se sufrirá más en la vida siendo poeta? ¿Qué significado tendrá la sensación de haberse comido un tenedor? ¿Tendrá esto que ver con algo que le sucedió en la infancia? Pobre, ha de estar tan sola. ¿Por qué tenía los brazos como si alguien la hubiera golpeado? Creo que vive completamente sola en un departamento chiquito, chiquito por la Plaza Washington. Dice mi mamá que de joven era guapísima, que hasta la pintó Diego Rivera. ¿Cuántas veces se habrá enamorado en su vida? Yo nunca he leído sus poemas. Dice mi mamá que escribió un libro que se llama *Yo soy mi casa*; mañana a ver si lo compro en la Librería del Cristal. Tal vez allí encuentre la clave del tenedor. ¿Por qué teme comerse un tenedor, y no la cuchara o el cuchillo? Para mí que le falta mucho, mucho amor. La próxima vez que venga, voy a ser más amable. Dice mi mamá que nunca tiene dinero, que si no fuera por Juan de Dios se moriría de hambre. Bueno, ¿y por qué no la ayudan sus hermanas, no que son tan de buenas familias? Ha de ser muy difícil ser poeta, como que todo te ha de doler el doble. Cuando sea grande, no quiero ser poeta. No, yo voy a ser intérprete y viajar por todo el mundo. ¿Por qué cuando Pita camina lo hace en puntitas? Quizá siempre quiso ser bailarina. Cada vez que me la encuentro por la zona rosa, siempre está angustiadísima imaginándose que la siguen muchos perros callejeros. Una vez la vi peleándose con el chofer de un taxi. 'No le voy a pagar. No sabe con quién está tratando. Yo soy una dama', le decía a gritos. ¿Qué hará todo el día? ¿De qué cosas se acordará? ¿La habrán querido sus papás? ¿Qué soñará por las noches? A lo mejor sueña que se ahoga con tenedores. ¡Pobrecita! La próxima vez que venga a cenar le preguntaré sobre su pasado. ¡Híjole!, pero ¿qué tal si me da un supercortón? ¿Por qué no querrá que nadie la toque? ¿De qué tendrá tanto miedo? Voy a preguntarle a Juan de Dios que me platique su vida", me dije en tanto me ponía mi camisón.

Al momento de acostarme, escuché los pasos de mi papá al subir las escaleras. "¿De qué habrán platicado durante el trayecto?", me pregunté, sintiéndome ya cansadísima. "Ay, ojalá que mañana venga una muchacha. Ya no quiero lavar más platos, ni hacer camas", pensé antes de cerrar por completo los ojos.

Creo que eran cerca de las tres de la mañana, cuando entre sueños escuché que sonaba el teléfono. "Ring, ring, ring", hacía con insistencia. Como pude me incorporé de la cama y toda dormida corrí hacia el teléfono, que entonces estaba empotrado en el pasillo de la escalera. Al descolgarlo, escuché en silencio la voz de mi mamá que había contestado arriba en su recámara: "No, Pita, seguro que no te comiste el tenedor. Ya tranquilízate y trata de dormir. ¿Que cómo sé que no te lo comiste? Porque es imposible. ¿Por qué no le rezas a la Virgen de Guadalupe y luego tratas de dormirte? Adiós, Pita". Mi mamá y yo colgamos el teléfono al mismo tiempo.

Regresé a mi recámara y me acosté. Esa noche ya no pude dormir más. Se me fue el sueño pensando en la tristeza de Pita y en la mía. Las horas se me iban imaginando su soledad, mezclada con tenedores extraños que le picaban todo su cuerpo.

La salamandra

Querida Elena Garro:

*C*on todo respeto quiero dirigirte esta carta. Primero, para darte la bienvenida, y segundo, para decirte que tú y yo somos amigas desde hace mucho tiempo. Tú no me conoces pero yo sí. Pero más que conocerte te imagino, lo cual me ha bastado para que de un tiempo acá te considere mi amiga. Por esta razón me permito tutearte.

Desde que leí tus libros me dije: "Ay, pero si la conozco hace años. ¿Dónde la he visto? ¿Dónde la conocí? ¿Quién me la presentó?", me preguntaba como cuando se pregunta uno al tratar de identificar a alguien que se advierte a lo lejos en medio de una multitud. Esta sensación la corroboré cuando leí la carta que le enviaste a Emmanuel Carballo y que se publicó en *Protagonistas de la literatura mexicana*. Allí me enteré que desde que eras muy pequeña te apasionaba "el revés de las cosas"; que no querías ser escri-

tora sino bailarina o general; que tenías una tía que le daba un aire a Greta Garbo; que te encantaba hacer hogueras enormes en el jardín; que amabas el fuego; y que no tenías remordimientos. "¿Cómo? ¿Una mujer sin remordimientos? ¡No es posible!" Llegué entonces a la conclusión que eras un ser fantástico. Una salamandra, como la que se creía habitaba en el fuego.

Si mal no recuerdo, en el cuento "¿Qué hora es...?", del libro *La semana de colores*, el personaje Lucía Mitro tenía vocación de salamandra, ya que cuando era pequeña y su padre le abrió el portón, en ese entonces la estaba esperando una gran hoguera toda de oro y salió corriendo hacia las llamas. Pienso que de alguna manera, desde hace muchos años, tú también corriste hacia las llamas; por eso el mundo de tus libros es como una gran hoguera. Cuando lo penetras te deslumbra y te quema.

Quiero que sepas, Elena, que tus novelas y tus cuentos me han metido en otros días que nada tienen que ver con mis días de la semana. Me gustan más los que suceden en tus libros. Por eso, cuando los leo, me meto en ellos hasta el fondo y luego no me quiero salir. Y cuando a chaleco me salgo, siento una tristeza horrible. Y para consolarme, entonces, me vuelvo a meter dentro de tus días de colores y entonces allí me siento acompañada y contenta. Como verás, entrar y salir de tus libros para mí es como un juego dulce y amargo a la vez.

Hace muchos años que no venías a México. Es evidente que el que dejaste, nada tiene que ver con el de ahora. Aquí ya no existen los días de diferentes colores como los que describía don Flor a Eva y a Leli. Aquí ya todos son grises por el ozono. Naturalmente ya no verás tantas palmeras: ya desaparecieron. Te encuentras muchos centros comerciales, con muchas boutiques repletas de productos de importación. ¡Es otro México, Elena! Lo están maquillando como si fuera el primer mundo. A fuerzas nos quieren cambiar de mentalidad; nos quieren hacer sentir super modernos. Sin embargo, todavía verás a muchos niños vendiendo en los altos o limpiando los parabrisas. Pero si te fijas bien, sus métodos, ahora son más modernos.

Bueno Elena, ya me tengo que ir, es tardísimo. Yo te quería decir mucho más pero algo me lo impidió. Lo único que me resta es darte las gracias por todo lo que las páginas de tus libros me regalan. Nada me gustaría más que darte una caja de Olinalá para que cuando quieras, durante los días felices y grises de París, su olor te regresara a aquéllos en donde alguna vez viviste en México, cuando de pronto corrías como la música. ¿Verdad, Elena?

Tu amiga, Guadalupe

PD: Espero que en la próxima carta que te escriba no me gane la emoción.

Una carta para Rosario

Querida Rosario; no, más bien, queridísima Rosario:

*H*ace más de veinte años te moriste. "¿Ya veinte años?", imagino que preguntas desde donde te encuentras. Sí, Rosario. Te moriste allá en Tel Aviv, donde fungías como embajadora de México en Israel. No sé si sabes que fue por una tontería; mejor dicho, por una distracción. Eras muy distraída, ¿verdad? ¿O habrá sido por culpa del destino? Ya ves como siempre se está metiendo en todo. En uno de tus poemas ("Lecciones de cosas") dices que los que enseñan las cosas, te enseñaron *equívocamente*; que lo único que te dijeron los padres, el maestro y el sacerdote, era que tenías que ser buena. "Basta ser bueno. Al bueno se le da un dulce, una medalla, todo el amor, el cielo", apuntas. Tengo entendido que eso sí lo aprendiste muy bien porque desde niña siempre obedecías, dado que "la obediencia es la virtud mayor". Lo malo es que no te enseñaron a tomar las precauciones necesarias para cuando se conecta una lámpara. No, eso no lo sabías. Por eso, cuando la conectaste aquel 7 de agosto de 1974, recibiste una fulminante descarga eléctrica. En su libro *¡Ay, vida, no me mereces!*, Elena Poniatowska dice que ese día estabas solita; que en esos momentos en tu casa no había nadie y que también solita falleciste a bordo de la ambulancia que te llevaba al hospital. "Nadie la vio, nadie la acompañó. Al irse se llevó su memoria, su risa, todo lo que era 'su modo de ser río, de ser aire, de ser adiós y nunca'." ¿Sabías que en Israel te rindieron grandes honores y que en México te enterraron en la Rotonda de los Hombres Ilustres? Dime, Rosario, ¿por qué no habrá una que se llame de las *mujeres ilustres*? Le pregunto esto a mi hijo Federico, y me dice que porque al decir hombres se refiere a masculino y femenino. (Aquí entre nos, no me convence mucho su argumento.) Y hablando de este tema, quiero decirte que yo también, como tú, sufrí mucho el clima "machista" que se respiraba en mi casa. No sabes cómo me impresionó cuando leí lo que narras en tu primera novela, autobiográfica, *Balún*

Canán, a propósito de la preferencia de tus padres hacia tu hermano Benjamín Castellanos, a quien en la novela le pusieron el nombre de Mario. "¡Cómo no se muere para que a mí me quieran como a él!", dice su hermanita que en realidad eres tú. Efectivamente, se muere de un ataque de apendicitis y escuchas a tu padre decir: "¿Por qué murió el varón y no la mujercita?". Dice Elena que aunque ausente, Benjamín Castellanos siguió siendo el preferido. "Sus padres se encerraron sobre sí mismos con su dolor y la dejaron a solas con su nana chamula. Rosario oyó decir a su padre, César Castellanos, cuando ella iba a buscarlo: 'Ahora ya no tenemos por quién luchar'. Quizá en esta culpabilidad de la infancia esté la clave del desarrollo posterior de Rosario, la clave también de su vocación de escritora, la de su soledad y su desamor."

Ay, Rosario niña, cómo has de haber sufrido sintiéndote tan poca cosa. Sintiéndote, más que como una hija, como un estorbo por el solo hecho de ser mujer. Esto me recuerda lo que hace muchos años subrayé con tinta roja en tu libro *Mujer que sabe latín*: "Si compito en fuerza corporal con un hombre normalmente dotado (siendo yo una mujer también normalmente dotada) es indudable que vence. Si comparo mi inteligencia con la de un hombre normalmente dotado (siendo yo una mujer también normalmente dotada) es seguro que me superará. En agilidad, en volumen, en minuciosidad y, sobre todo, en el interés, en la pasión consagrados a los objetos que servirán de material a la prueba. Si planeo un trabajo que para mí es el colmo de la ambición y lo someto a juicio de un hombre, éste lo calificará como una actividad sin importancia. Desde su punto de vista, yo (y conmigo todas la mujeres) *soy inferior* [lo subrayado es mío]. Desde mi punto de vista, conformado tradicionalmente a través del suyo, también lo soy. Es un hecho incontrovertible que está allí. Y puede ser que hasta esté bien. De cualquier manera, no es el tema a discutir. El tema a discutir es que *mi inferioridad* me cierra una puerta y otra y otra por las que ellos holgadamente atraviesan para desembocar en un mundo luminoso, sereno, altísimo, que yo ni siquiera sospecho y del cual lo único que sé es que es incomparablemente mejor que el que yo habito, tenebroso, con su atmósfera casi irrespirable por su densidad, con su suelo en el que se avanza reptando, en contacto y al alcance de las más groseras y repugnantes realidades. *El mundo que para mí está cerrado tiene un nombre: se llama cultura. Sus habitantes son todos ellos del sexo masculino.*"

No existo

No me lo vas a creer Rosario, pero al escribir lo anterior, sentí que mis ojos se llenaban de lágrimas de puritito coraje. Me acordé de muchas cosas. Primero, de mi viejísimo sentimiento de *inferioridad*. Como tú, yo también de niña padecí la no-existencia. "No existo. No soy nadie. No es que no me vean ni me escuchen, es que no existo. Soy transparente. Si no estoy, no importa. Y si estoy, nadie sabe que allí estoy", me decía convencidísima. ¡Cuántas veces no jugaba a corroborar esta convicción! Por ejemplo, mientras mi madre hablaba por teléfono (horas y horas y horas), pasaba frente a ella y con la mano la saludaba. Pero no me veía. Volvía a pasar mucho más cerquita, pero tampoco me veía. "¡Mamá!", le decía mirándola fijamente. Y nada. "¡Aquí estoy! ¡Veme!", le volvía a decir, pero nada. Entonces me hincaba frente a ella y colocaba mi cabeza sobre sus rodillas, pero tampoco había ninguna reacción por parte de mi madre. Al cabo de un buen rato de pasar una y otra vez frente a sus ojos, terminaba por desistir y me retiraba a mi cuarto diciéndome: "Ya sabía que esto iba a suceder. No existo". Lo mismo me sucedía si salía a pasear con mis hermanas. Poco a poco dejaba que me rebasaran y, cuando ya había dos cuadras de por medio entre ellas y yo, pensaba tristísima: "Ni siquiera se han dado cuenta de que ya no estoy con ellas. No existo. Si me perdiera por completo, tampoco se darían cuenta. Quizá se den cuenta mucho tiempo después, cuando yo ya esté muy lejos. Si un robachicos me robara y empezara a gritar como una loquita, estoy segura que tampoco me escucharían. Si me machucara un coche, tal vez cuando escuchen la sirena de la ambulancia de la Cruz Roja, se volteen para ver dónde sucedió el accidente y después continuar caminando como si nada. No existo". Cuando cumplí diecinueve años, entré a trabajar como recepcionista al Banco Internacional. Las cajas y la gerencia se encontraban en un primer piso; es decir, que para subir había que tomar ya sea el elevador o la escalera mecánica, que se encontraban sobre el Paseo de la Reforma. Todos aquéllos que tomaban las escaleras mecánicas, tenían que pasar obligadamente frente a mi escritorio, que estaba justo frente a la entrada entre dos policías, el capitán Coronado y el capitán González. Mi madre era cuentahabiente y siempre subía por allí. "Allí viene su mamacita", me decía el capitán González, cuando poco a poquito veía emerger la cabeza ya un poco canosa de mi mamá. En esos momentos empezaba a sufrir. Sabía que no obstante que pasaría justo enfrentito de mi escri-

torio, no me vería. Sabía que no me iba a saludar; sabía que se seguiría de frente, sin siquiera hacerme una mínima señal con la mano. No vayas a creer Rosario que sufría por mí. Acuérdate que yo ya estaba acostumbrada a no-existir. Sufría por los dos policías, porque para ellos yo sí existía y no entendían porque para mi "mamacita", no. Sufría porque sabía que ellos sufrían de imaginarse que yo sufría. Era obvio que yo no les podía decir: "Es cierto, no me saludó, ni me miró. Pero se los juro por Dios que no me importa. Es un valor entendido entre las dos. ¿Cómo quieren que salude a alguien que no ve? Ella sabe que no existo y yo sé que para ella no existo". Entonces, me hacía la distraída. O me paraba de mi lugar, para que justo en el momento que pasara frente a mí, efectivamente, no viera a nadie. O bien, tomaba mi libro de *Anna Karenina* y, agachando la cabeza al máximo, hacía como que me encontraba totalmente sumida en mi lectura. Si me preguntaban en qué caja podían cambiar unos traveler checks, sin levantar la mirada, indicaba con el brazo, la número cuatro. Pero desafortunadamente allí no acababa el tormento; invariablemente, el "capi" González me hacía la misma pregunta: "¿No va a ir a saludar a su mami?". "¿Pasó mi mamá?", le preguntaba de lo más mustiamente. "Sí, justo cuando usted fue al tocador. Está allí, mírela, con Martita, en la caja doce." Y como buena hija obediente, me paraba de mi asiento e iba a saludarla. Y ya frente a ella, sabía que me había visto, porque siempre me decía cosas como: "Ay, ¡qué pintados tienes los ojos! No te queda para nada esa falda. ¿Por qué te pusiste esa blusa? Te ves horrible. Vine por el dinero de las contribuciones. ¿Cuándo te van a pagar? Bueno, ya me voy. Voy a ir a ver al señor Pedroza".

Para tenerlos

Ay, Rosario, qué extraña carta te estoy escribiendo. Empecé haciéndola con el pretexto de hablar de tu trayectoria y con el objeto de decirte algo muy importante y ahora resulta que te estoy contando mis recuerdos non-gratos. Pero créeme que al escribir tu reflexión no pude evitar acordarme de ellos. Bueno, permíteme contarte uno más y ya. Te lo juro que éste sí es el último. Tiene que ver con aquello de: "El mundo que para mí está cerrado tiene un nombre: se llama cultura. Sus habitantes son todos ellos del sexo masculino". Cuando murió mi padre, al otro día del entierro, se abordó el tema de su biblioteca. Entre literatura, historia, poesía, política, enciclopedias, etcétera, cinco mil libros dejó mi papá. Junto con mi mamá, recuerdo que nos reunimos todos para discutir de qué manera se iban a distribuir. "Yo creo que lo mejor es que todos sean para su hermano. Es normal, porque él es el hombre de la casa. Además, ustedes niñas, ¿para qué los quieren?", sentenció mi madre. De inmediato, mis hermanas mayores protestaron. Yo también me rehusé, pero naturalmente nadie me escuchó. Entonces decidí hacerlo con un poquito más de fuerza. "¿Qué dices?", me preguntaron por fin. "Dije que a mí me gustaría heredar algunos. Por ejemplo, los de los autores rusos." Todos me vieron con tal desprecio que, en esos momentos, con todo mi corazón deseé volver a mi estado habitual de la no-existencia. "Y tú, ¿para qué los quieres?", me preguntó mi hermano. "Pues... para... (como en mi casa desde niña se me había puesto la etiqueta de 'simpática', no me atreví a decir que para leerlos) pues... para ¡tenerlos! Nada más para tener un recuerdo de mi papá." "Pero no los vas a leer. Entonces, ¿para qué los quieres?", inquirió de nuevo mi hermano. "No, sí los voy a leer." "¿Tú?" "Sí, yo." "Eso dices. Pero luego, los vas a tener allí todos regados. Mejor que los herede alguien que sí los va a leer como mis hermanas o yo." "No, pero yo sí los voy a leer." "Pero si nunca lees. Nada más porque murió mi papá, ¿vas a empezar a leer?" Ante tantas preguntas ya no sabía qué contestar. De pronto, me dije que ellos tenían razón, que era una farsante y que nada más me estaba luciendo. "No estoy pidiendo muchos. Con uno o dos. Nada más para tenerlos como recuerdo." "Mejor pide otra cosa como recuerdo. Y deja que los libros los aproveche alguien que sí lea", me dijo una de mis hermanas. "Ay, niñas, no sean injustas. Es su hermano el que debe tener toda la biblioteca de su papá. Se llama como él. Él también es abogado. ¿Qué más les da?", nos preguntó mi madre. Finalmente, mi hermano se quedó prácticamente con toda la biblioteca de mi papá.

Amos y siervos

Bueno, ahora sí te voy a decir lo que a mi manera de ver era muy importante que te comunicara. Fíjate que el primero de enero de 1994 un grupo de chiapanecos, llamado el Ejército Zapatista de Liberación Nacional, se sublevaron. Bueno, pues desde entonces y siempre representados por el subcomandante Marcos, exigen sus derechos, los que desde hace siglos les pertenecen. "...Solos peleamos, solos morimos, fue nuestra sangre la que alumbró el 94", dijo el subcomandante.

¡Claro, un día tenía que suceder! Porque como tú misma le dijiste a Emmanuel Carballo en la entrevista que te hizo y que se publicó en *Protagonistas de la literatura mexicana*: "Los indios no me parecen misteriosos ni poéticos. Lo que ocurre es que viven en una miseria atroz. Es necesario describir cómo esa miseria ha atrofiado sus mejores cualidades. Otro detalle que los autores indigenistas descuidan, y hacen muy mal, es la forma. Suponen que como el tema es noble e interesante, no es necesario cuidar la manera como se desarrolla. Como refieren casi siempre sucesos desagradables, los hacen de un modo desagradable: descuidan el lenguaje, no pulen el estilo... Ya que pretenden objetivos muy distintos, mis libros no se pueden incluir en esa corriente [indigenista]". Más adelante, en esta misma entrevista, le aclaras a Carballo: "La única diferencia, y no es pequeña, consiste en que los indios son siervos y los blancos reservan para sí el papel de amos". Ya te contaré cuáles fueron los resultados. Antes de despedirme, querida Rosario, quiero transcribirte un poema que te escribió tu gran amigo Jaime Sabines.

Te agradezco todo lo que me has hecho reflexionar y aprovecho la ocasión para enviarte toda mi admiración. Ojalá que hubiera muchas mujeres que te leyeran para que pudieran, por fin, sentirse que sí existen.

Guadalupe

RECADO A ROSARIO CASTELLANOS

Sólo una tonta podía dedicar su vida a la soledad y al amor.
Sólo una tonta podía morirse al tocar una lámpara,
si lámpara encendida,
desperdiciada lámpara de día eras tú.

Retonta por desvalida, por inerme,
por estar ofreciendo tu canasta de frutas a los árboles,
tu agua al manantial,
tu calor al desierto,
tus alas a los pájaros.
Retonta, rechayito, remadre de tu hijo y de ti misma.
Huérfana y sola como en las novelas,
presumiendo de tigre, ratoncito,
no dejándote ver por tu sonrisa,
poniéndote corazas transparentes,
conchas de terciopelo y de palabras
sobre tu desnudez estremecida.

¡Cómo te quiero, Chayo, cómo duele
pensar que traen tu cuerpo! —así se dice.
(¿Dónde dejaron tu alma? ¿No es posible
rasparla de la lámpara,
recogerla del piso con una escoba?
¿Qué, no tiene escobas la embajada?)
¡Cómo duele, te digo, que te traigan,
te pongan, te coloquen, te manejen,
te lleven de honra en honra funerarias!
(¡No me vayan a hacer a mí esa cosa
de los Hombres Ilustres, con una chingada!)
¡Cómo duele, Chayito! ¿Y esto es todo?
¡Claro que es todo, es todo!

Lo bueno es que hablen bien en el Excélsior
y estoy seguro de que algunos lloran,
te van a dedicar tus suplementos,
poemas mejores que éste, estudios, glosas,
¡qué gran publicidad tienes ahora!
La próxima vez que platiquemos
te diré todo el resto.

Ya no estoy enojado.
Hace mucho calor en Sinaloa.
Voy a irme a la alberca a echarme un trago.

MUJERES VALIENTES, SOLIDARIAS

Tante Yvonne

Yvonne era una mujer cuya personalidad consistía en no tener nada que la distinguiera particularmente. Era callada, discreta, tímida y odiaba llamar la atención. No era ni bonita ni fea, ni alta ni chaparrita, ni gorda ni flaca; era como millones de francesas de clase media que a las 11:30 a.m. corren a la panadería a comprar su baguette. Para Yvonne lo más importante en la vida era el bienestar de su marido: cuidaba de él con sumo esmero; no le gustaba contradecirlo; no le hacía preguntas; y sentía por él una profunda admiración. Frente a los demás, siempre se "ustedearon".

A pesar de que Yvonne tenía una gouvernante, ella gustaba de hacer el aseo de la casa, lavar y planchar; aunque quizá lo que más disfrutaba era cocinar para la familia. Por las noches, después de haber acostado a sus tres hijos: Philippe, Elizabeth y la pequeña Anne, se instalaba bajo una vieja lámpara de pie. Mientras remendaba calcetines, camisas y pantalones, esperaba pacientemente a su marido. Cuando por fin llegaba, en silencio le servía su cena, para después volver a su silla y continuar remendando la ropa. Al terminar de merendar, su esposo se ponía frente a una mesa para jugar sus acostumbrados "solitarios". Tanto marido como mujer se comunicaban a través del silencio. No necesitaban hablar, les bastaba saberse uno al lado del otro.

A partir de diciembre de 1958, la vida de Yvonne y Charles cambió radicalmente. Con los años, él se había convertido en uno de los hombres más importantes de Francia. Sin embargo, Yvonne continuó con el mismo estilo de vida: discreto y riguroso. Esto lo lograba a pesar de compromisos, viajes oficiales y responsabilidades de suma importancia. Por las noches, siempre que podía, se sentaba bajo una lámpara de pie y tejía decenas de chambritas, ya no para sus hijos, sino para los niños pobres de Colombey-Deux-Eglises. Pero ¿en qué tanto pensaba Yvonne mientras tejía derecho, revés, derecho, revés, con la rapidez con la que acostumbraba? La semana entrante se cumplirán doce años de la muerte de mi hija Anne. Pobrecita, siempre fue como

un angelito. Pero ahora, gracias a ella, Charles me prometió que muy pronto se fundará una clínica para niños que también vienen al mundo tan indefensos como los angelitos. ¡Su padre la quería tanto! Le tenía tanta ternura. ¿A qué hora llegará Charles? El pobre tiene tantas pretensiones. ¿Quién me iba a decir, cuando me casé con él aquel 6 de abril de 1921, que llegaría tan lejos? Y pensar que mi padre le preguntó con cierta timidez a madame Denquin: "¿Usted cree que el novio de

Yvonne sea un hombre de porvenir? Me preguntó si su altura no va a ser un gran handicap en su vida". Y, precisamente, gracias a su altura, pero la interior, es para los franceses su general. ¡Qué curioso! Ahora recuerdo lo que me dijo aquella gitana cuando tenía dieciséis años: "Usted será casi una reina". Yo que siempre, siempre he detestado los lujos, que mi sueño dorado era tener dos vestidos de percal, uno puesto y el otro en la lavandería. El poder no me interesa; a mí lo que me gusta es tejer, cocinar y ocuparme de mi jardín. No se me esconde que, por estos intereses, muchos franceses se burlan de mí. "La pauvre Tante Yvonne", sé que llaman. Pero me tiene sin cuidado que me critiquen porque sigo haciendo mis cuentas de casa todas las noches en mi libreta, porque algunas veces voy a hacer compras a la samaritaine. Ésa soy yo, y ésa es a la que quiere Charles. Él mismo lo ha afirmado: mi amante es Francis, pero siempre estaré enamorado de Yvonne. Sí, ya sé que a todo el mundo le parezco demasiado insignificante y borrada. Pero lo que nadie sabe es que en mí esa actitud es una filosofía que siempre querré respetar. Desde pequeña, en Calais, he sido así. ¡Ah, Calais, cómo extraño sus paisajes, sus platillos, sobre todo, el dulce "cassonade"! Para mí, Calais, mis padres, mi infancia, mi adolescencia, mis hijos, pero sobre todo la cercanía espiritual que tengo con Charles, es mi mundo. También a mi madre le reprochaban su estilo demasiado discreto. Sin embargo, me acuerdo con cuánto orgullo me platicaba que había sido la sexta mujer en Francia que había obtenido su licencia para conducir. ¡Qué barbaridad, ya es tardísimo, y aún no llega! ¡Qué bueno que ya lavé sus calcetines en el lavabo! Ése es uno de nuestros tantos acuerdos íntimos, que tenemos él y yo. Bien decía Sacha Guitry, que no hay nada que dé más envidia a los demás que ver la armonía y el profundo entendimiento entre una pareja. ¿Cómo dejar de lavar los calcetines de mi marido, si para mí ése es un acto de amor? Pero estas cosas hoy en día nadie las entiende. Sin duda, yo les parezco a muchas mujeres une femme demodé. Pero así me quiere el general. ¡C'est la vie! Lo que no me explico es por qué no llega aún. Seguramente, se quedó conversando con Malraux algún asunto importante. Voy a la cocina para revisar su sopa de verduras. A él no le gusta cuando está demasiado espesa. Nada más termino esta vuelta y corro para revisar la cena de Charles… Revés, derecho, revés, derecho…

Un día le preguntaron a Charles de Gaulle quién era exactamente De Gaulle, a lo que contestó: "¿Que quién soy…? Pues usted mejor que nadie sabe, soy el marido de madame De Gaulle".

Las mujeres de ellos

¿Por qué será que las novias, prometidas, amantes, mamás y hermanas de delincuentes, narcos, matones a sueldo, etcétera, son siempre las últimas en enterarse de los líos de sus novios, galanes, prometidos, hijos y hermanos? ¿Qué sentirá una novia que está a punto de casarse, cuando se entera, ya sea por la televisión o por los vecinos, que su "amor" acaba de darle un balazo a un funcionario importantísimo? ¿Cómo reacciona la madre mexicana que le vienen a decir que su hijo está involucrado en un crimen político? ¿Qué opinan las hermanas cuando descubren que a su hermano, al cual siempre habían admirado, lo busca la ley?

Una vez hecha la averiguación respectiva, ya sea en el caso de un crimen político o el arresto de un narco, por lo general, a las primeras que entrevistan son a estas mujeres. "Cherchez la femme", solían decir los detectives franceses en cuanto se comenzaba una investigación policiaca. En efecto, siempre se cree que una mujer cercana al inculpado puede dar más y mejores pistas. ¿Por qué? ¿Porque conocemos más a los hombres, a los nuestros? ¿Porque algunas pretendemos saber leer en sus corazones? ¿Porque somos muy intuitivas? Sin embargo, en México he descubierto, no sin lamentarlo, que las últimas en enterarse de las andanzas del detenido son precisamente ellas, las mujeres de ellos.

Lidia Margarita Cepeda Reyes se llama la novia de Daniel Aguilar Treviño, homicida sentenciado de José Francisco Ruiz Massieu. Lidia Margarita era maestra en un kinder en el municipio de San Carlos, cerca del ejido Corralejo, en Tamaulipas. El jueves 29 de septiembre de 1994, ya no fue a la escuela. Por la mañana, muy tempranito, llegaron ocho suburbans con agentes de la PJF y se llevaron a la maestra con sus padres para trasladarlos a la Procuraduría General de la República. En el ejido decían que Lidia Margarita y Daniel ya tenían planes de boda. Que cuando había fiesta o baile, su novio siempre la visitaba, ya que a los dos les gustaba mucho bailar. Ya no pudieron bailar más al son de Bronco, ni mucho menos se podrán casar.

Desconozco las declaraciones de Lidia Margarita; seguramente son muy semejantes a las que hizo Olga Hernández, novia de Carlos Ángel Cantú Narváez, quien se entregó voluntariamente a la PJF, por involucramiento en el asesinato de Ruiz Massieu. "Quiero ir a México para apoyarlo y decirle que lo voy a esperar", comentó entonces, muy triste, la novia de veinte años. Olga dijo que muy pronto se iba a casar con él. Que Carlos Ángel es muy bueno, alegre y muy bailador. "Me voy a México para ganar más dinero trabajando limpiamente", le dijo Carlos Ángel a Olga. "Pero yo le decía que mejor se quedara a trabajar en la carnicería, en la que duró tres años. Yo lo voy a esperar", añadió la novia con la cara cubierta de lágrimas. Por lo pronto, Olga y Carlos Ángel, también de veinte años, tampoco se podrán casar ni podrán bailar más. Sin embargo, Olga insistió en decir que está dispuesta a esperarlo. ¿Cuánto tiempo esperan las novias mexicanas a sus novios encarcelados? ¿Veinte, treinta años? Somos tan querendonas que no me sorprendería que Olga esté dispuesta a esperarlo una eternidad. ¿Hubiera dicho lo mismo Carlos Ángel de haber sido encarcelada Olga?

Concepción, hermana menor de Carlos Ángel, señaló contundentemente que su familia apoyaría en todo a su hermano y que de ninguna manera se avergüenzan de lo que sucedió. "En ningún momento nos avergonzamos de él", dijo con toda serenidad. No se explica cómo Carlos Ángel pudo estar involucrado en cualquier tipo de asesinato. "Ese viejo méndigo [Rodríguez González] tenía como cuarenta años, y se lo llevó de aquí [a Carlos Ángel y a su amigo Daniel Aguilar] con la promesa de que iban a trabajar menos e iban a ganar más; que serían como escoltas de ese viejo y sólo le iban a quitar el saco y a cargarle el portafolio. Ahora sabemos para que se los llevó", comentó Concepción. De haber sido entrevistado Carlos Ángel acerca de un delito que cometió su hermana, ¿cómo hubiera reaccionado? No sería sorprendente que hubiera dicho algo como: "Ah, ¿síííííííí? ¿Con que eso hizo mi hermanita? No... pues yo siempre le dije a mi mamá que era una bruta, una idiota. ¡Qué bueno que la agarraron... por mensa!".

El día que fueron los agentes de la PJF por la familia de Carlos Ángel para traerla a México, Aurora Narváez, madre del cómplice de Daniel, gritó como loquita: "¡Llévenme a mí también, no me dejen aquí!".

"Voy a regañar a mi Daniel", dijo tristísima la madre del asesino confeso de Ruiz Massieu, cuando se enteró que su hijo estaba detenido. "Lo que hizo está muy mal y no tenía ninguna necesidad de hacerlo. Le voy a decir que si es hombre que diga todo lo que sabe. Él no es malo, era buen hijo, le gustaba mucho el baile y a veces la cerveza, pero no era violento. De seguro alguien lo indujo a que hiciera eso, pero no sé ni quién", apuntó la madre de Daniel. Doña Jovita se tuvo que quedar en el ejido de Corralejo: no tenía dinero para pagar el pasaje a Victoria y debía quedarse para cuidar a sus animalitos.

Es cierto que las madres siempre estamos dispuestas a decir que nuestros hijos son buenísimos, aunque nos acaben de anunciar que está en la cárcel por homicidio. Seguramente, la mamá de Al Capone siempre estuvo dispuesta a meter la mano en el fuego por la honorabilidad de su hijo. Es cierto, lo más probable es que las mamás del Chapo y de Don Neto, encarcelados por narcotráfico, hubieran hecho exactamente lo mismo. También las mamás del Chorrillo y del Bolillo hubieran negado todo de lo que acusaban a sus hijos. Cuando le preguntaron a la madre de Mario Aburto qué opinaba acerca de su hijo, lo único que pudo contestar fue: "Mario era muy tranquilo. Pregúntenle a los vecinos. ¡Que Dios lo ayude!".

¿Por qué las madres (sobre todo, las mexicanas) siempre nos inclinamos a pensar que nuestros hijos, sobre todo los hombres, son incapaces de cometer la mínima arbitrariedad? ¿Es esta actitud la que hace que con el tiempo se conviertan en verdaderos delincuentes? ¿Mientras más creemos en ellos, más se corre el riesgo de un día desengañarnos? Los hijos demasiado consentidos (y los que son muy buenos para bailar), ¿tienen más tendencia a ser delincuentes? ¿Por qué nos costará más trabajo decir: "Basta, hijito. ¡Nooooo!", que decírselo a sus hermanas? Los que ya son delincuentes de por sí, ¿se vuelven aún más porque sus novias los apapachan todo el día y están dispuestas a esperarlos una eternidad para que se casen con ellas? ¿Por qué las hermanas los admiran en exceso y siempre están dispuestas a servirles su cena? ¿Por qué las amantes les perdonan todas sus desatenciones y abandonos? ¿Cómo hubiera reaccionado doña Jovita, si en lugar de "su Daniel", le hubieran anunciado que la que estaba involucrada en ese crimen era una de sus hijas? Tal vez, lo primero que hubiera dicho sería algo como: "¿Cómo pudiste hacerle esto a tu padre, a tu hermano? Después de todo lo que se han sacrificado por ti. No me sorprende que hayas caído tan bajo. Ojalá que te den muchos años de cárcel, para a ver si así se te quita lo..."

Cuando se trata de un mexicano a punto de ser juzgado, en realidad, hay que decir: "Ne cherchez pas la femme!".

LAS RICAS TAMBIÉN PIENSAN

*E*n 1888, se creó el Consejo Internacional de Mujeres. En 1901, se adhirió a él el Consejo Nacional de Mujeres Francesas. Con esta nueva adhesión, Francia se convirtió en el décimo tercer país participante en el Consejo. A pesar de la neutralidad política de la agrupación, la mayor parte de las mujeres que lo integraban pertenecían a la clase burguesa, en ese momento conocida como "lúcida", de religión protestante y judía; las católicas prefirieron abstenerse. En muy poco tiempo, el Consejo Internacional llegó a reunir a más de veintiocho mil miembros, y el Consejo Nacional se convirtió en una institución oficialmente reconocida, hasta el día de hoy, junto con el propio Consejo Internacional que agrupa actualmente a miembros de más de setenta países.

En 1897, se publicó en Francia *La Fronde*. El primer ejemplar del primer periódico para mujeres dirigido por una mujer, Marguerite Durand, salió a las calles de París el 9 de diciembre. Entre todas las publicaciones feministas francesas y extranjeras, ninguna como este diario reunía tanta información sobre política y otros temas de interés. Los mejores artículos que se escribieron a propósito de l'affaire Dreyfus se publicaron precisamente en *La Fronde*, bajo la firma de Severine.

En 1903, se creó en Inglaterra una asociación sufragista, la Woman Social and Political Union, debido a que "el partido laboral se negaba a interesarse en los derechos políticos de las mujeres". Puesto que tanto el partido liberal como el laboral se negaron a reconocer a esta asociación, la WSPU decidió pasar a la acción directa utilizando un poco de violencia. El 6 de noviembre de ese mismo año, la primera plana de *Le Petit Journal* mostraba una ilustración a color de la marcha de un grupo de mujeres dispersadas por soldados a caballo.

En 1904, el Consejo Internacional de Mujeres, organizó un congreso en Berlín con el fin de crear otro organismo, Alianza Internacional para el Sufragio de las Mujeres. La Alianza era una federación que invitaba a todas las organizaciones que desearan afiliarse para lograr como objetivo que las mujeres pudieran votar. Con esta misma perspectiva, Jeanne Schmahl fundó en 1909 la Unión Francesa para el Sufragio de Mujeres.

Muy poco tiempo después, estas asociaciones lograron modificar nada menos que el Código de Napoleón. Para entonces ya tenía cien años pero parecía que llevaba mil, ya que en él aparecían totalmente disminuidos los derechos de las mujeres.

El primer país del mundo que otorgó el derecho al voto a las mujeres fue Nueva Zelanda, en 1893. Finlandia fue el primer país de Europa, en 1906. Un año después, las inglesas salieron a la calle para exigir su derecho al voto. Y en 1908, en Francia, las famosísimas sufragettes protestaron también por el suyo. "La sufragette era una guerrera que emprendía la conquista casi de una forma armada para exigir sus derechos políticos." Ese mismo año, decenas de mujeres invadieron lo que entonces correspondía a una casilla para votar y, como prueba de su descontento, se llevaron una urna electoral.

No me quiero imaginar todas las críticas que probablemente recibieron entonces estas mujeres, que lucharon con tanta valentía por sus derechos. Con toda seguridad, la opinión pública las trató de "histéricas", "viejas burguesas", "ociosas", "madres desalmadas", etcétera. Las más aguerridas seguro terminaron en la cárcel o en asilos para enfermos mentales. Imagino, incluso, a sus furiosos maridos encerrándolas en su recámara o en el sótano. "¡Vieja loca! ¿Cómo te atreves a exigir tus derechos? ¿Quién eres tú? ¡No eres nadie! Además, ¿de qué te quejas, si a ti no te hace falta nada? Si quieres salir, tendrás que pasar sobre mi cadáver", le han de haber gritado, furibundos, a muchas de ellas. ¿Y la prensa? ¿Qué habrían dicho los periódicos acerca de estas mujeres que se atrevieron a protestar públicamente? Tal vez algo como: "ridículas", "ignorantes", "resentidas de la sociedad", etcétera.

Curiosamente, y muchos, muchos años después, en México a las mujeres "popis" que osaron expresarse el jueves 12 de enero de 1995 en el Parque Rosario Castellanos las juzgaron de la misma manera los medios de comunicación. "Vestidas muy a la moda, armadas de sus celulares y sus bolsas Gucci, amas de casa marcharon hacia la casa presidencial para protestar por la crisis económica, mientras sus sirvientas sostenían las pancartas", decía *The Washington Post*. "En las señoras se notaba la clase, pese a ir vestidas de manera informal, a su alrededor sobresalían las revoloteantes fragancias; en sus pies era evidente el buen calzado y en su físico el perfecto atuendo", escribieron Jaime Arizmendi y Humberto Ortiz. "Mala onda —dicen las popis— las Lomas contra Los Pinos", se leía en la primera plana de *Ovaciones*. "Represión light contra vecinos de colonias residenciales", se leía en *La Jornada*. "Los ricos también lloran", comentó Javier Alatorre en el noticiario de Televisión Azteca, cuando mostraba el reportaje de la marcha.

Pero las críticas no importan, en una sociedad machista eran previsibles; unas "señoras bien", vecinas de zonas residenciales, organizadoras de una marcha de protesta, no podían causar más que extrañeza y desconfianza. Si, por añadidura, en la manifestación hubo señoras que declararon cosas como: "Yo estoy muy enojada porque ya no podré pagar las clases de ballet flamenco a mis hijos", una afirmación así no puede provocar más que risa. Pero, a mi manera de ver, todavía es más de risa la valla de granaderos que se interpuso ante las ciento cincuenta señoras delgaditas como varitas de azahar. Por otro, llama la atención que en ninguno de estos periódicos se hubiera hecho hincapié en que este grupo "popis" y "burgués", "millonetas", o lo que fuera, fuera el primero, y durante un tiempo el único, de todos los sectores de la sociedad mexicana que salía a la calle para protestar por una situación que a todos los mexicanos nos ahoga no nada más económica sino moralmente. ¿Acaso las "popis", no son también ciudadanas mexicanas con derecho a expresarse? ¿Por qué no pensar que finalmente en cada una de ellas estaba representada la indignación de un chofer de la Ruta 100, o el de la vendedora de quesadillas, o el de la costurera que trabaja a destajo, o el del contador de una empresa, o tal vez el del maestro jubilado?

Es importante hacer notar que estas señoras nunca antes hicieron algo así, ni con la nacionalización de la banca, ni con los mexdólares, ni con las devaluaciones. ¿Qué fue entonces lo que las hizo salir a la calle a manifestar su enojo? El sentimiento de indignación que padecemos todos los mexicanos. Ricos o pobres, morenos o güeritos, "popis" o nacos, todos nos sentimos en el mismo túnel negro sin salida. Durante el día, hacemos chistes; hacemos como que ya nos adaptamos a la nueva etapa de austeridad; seguimos con nuestro trabajo, pero, en el fondo, nos seguimos sintiendo confundidos y desmoralizados.

¿Qué tan sinceras y dispuestas estarán estas señoras a continuar su protesta? No hay que olvidar que la democracia también es libertad de expresión.

Ojalá que en México se pudiera crear el Consejo Nacional de Mujeres Valientes para que representara a muchas otras más, igualmente decididas e inconformes.

Se llama Rigoberta

"Te voy a adelantar dos meses de tu sueldo", le dijo la patrona a Rigoberta cuando la vio llegar con su ropa bien viejita, la misma con la que trabajó en la finca. "Me das vergüenza, ¡qué serías para mis amigos! Mis amigos son personalidades, así es que te tienes que cambiar; ¡cómo estás!", le dijo casi casi tapándose la nariz. La señora del señor tomó su bolsa de charol y muy digna salió en su coche a comprar un huipil, un corte nuevo y un par de zapatos para la nueva sirvienta que le había traído Candelaria, india también. En ese entonces, Rigoberta tenía trece años, y aunque comprendía un poco el castellano, no hablaba una sola palabra.

"¡R i g o b e e e r t a a a! ¡Rigobeeertaaa!", le gritó la señora cuando llegó del mercado donde había comprado las cosas. Tal vez, Rigoberta pensó que se estaba muriendo por la intensidad de los gritos, pero con el tiempo se dio cuenta de que ése era su tono de voz. Llegó corriendo. "Toma —le dijo la patrona entregándole un paquete—; no te compré los zapatos porque no te alcanzó con el dinero de los dos meses que tienes que trabajar." Rigoberta tomó las cosas y fue a su cuarto a bañarse y a cambiarse. Ya limpia, se fue a hacer la cama de la señora. Cuando terminó, vino la patrona a revisar su trabajo. "Repite esa cama porque no la hiciste bien", le reprochó. Dice Rigoberta: "Yo la maltrataba en mi mente. Me decía: si pudiera mandar a esta mujer a la montaña y si pudiera hacer el trabajo que mi madre hace. Yo creo que ni siquiera era capaz".

Por la noche, Rigoberta se fue a dormir a su cuarto, donde guardaban cajas, bolsas de plástico y la basura. Y se acostó en una camita, donde la otra sirvienta le había colocado un petate. Como tenía costumbre cuando trabajaba en la finca, se despertó a las tres de la mañana. Y así, despierta, tal vez se acordó de lo que había cenado: unos pocos de frijoles con unas tortillas bien tiesas. Quizá, en esos momentos, se acordó de lo que le dieron de comer al perro de la casa, blanco y bien lindo: pedazos de carne, arroz; es decir, la misma comida que los señores. "Me sentía muy marginada. Menos que el animal que existía en esa casa", dice Rigoberta en sus memorias.

Varios meses trabajó Rigoberta con esa patrona, porque "yo no era capaz de desobedecer. Y estos patrones abusaban de toda mi obediencia. Abusaban de toda mi sencillez". Además, Rigoberta tenía que pagar los dos meses que la señora había gastado en su ropa. Finalmente, Rigoberta regresó a su casa porque uno de sus hermanos le vino a avisar: "Papá está en la cárcel".

Seguramente el viernes 16 de octubre de 1992, veinte años después, esta misma patrona (mucho más vieja) estaba viendo, como todas las noches, la televisión. Es probable que cuando terminó la telenovela de las siete, mientras el locutor anunciaba quién había recibido el premio Nobel de la Paz, haya reconocido la imagen a todo color de Rigoberta y exclamado con voz de pito: "¡Quéeeee! No es cierto. Es que no puede ser posible que esa india que tuve de sirvienta en mi casa ahora sea premio Nobel de la Paz. Pero si no sabía hablar castellano, ni sabía leer ni escribir. Pero si dormía en el cuarto de los cachivaches. Pero si es una india quiché. Yo he de haber comido muchos tamales. No es posible y estoy alucinando. Es que ¡no es cierto! ¡Vieeejo! ¡Vieejo!, ven rápido. Mira quién ganó el premio de la Paz. ¿Te acuerdas de aquella india que trabajó al mismo tiempo que Cande? Sí, sí, sí, Rigoberta. Bueno, pues Rigoberta Menchú ahora es una personalidad. Habría que hacerle una cena en su honor. Ahora es una personalidad, ¡como nuestros amigos! ¿Te das cuenta?".

Ahora sí que sirvientas vemos y premios Nobel no sabemos...

Danielle y François

Cuando François Mitterrand presentaba a su esposa con señores burgueses y católicos, decía con su característico humor ácido: "Les presento a mi mujer, laica, demócrata y socialista".

Más de cincuenta años vivieron juntos François y Danielle. Parece increíble imaginarla sin su François, su amigo y confidente de toda la vida.

¿Cómo se conocieron? ¿Qué se dijeron al estrecharse la mano? ¿Cómo fue su vida de casados? ¿Cómo fueron envejeciendo juntos? ¿Qué tipo de relación mantenían al final de la vida de François Mitterrand?

Todo empezó una noche de marzo de 1944. François se encontraba en el departamento de su hermana en la calle Campagne-Premier, en compañía de unos amigos. Entre ellos, estaban los Munier y los Finifter. De pronto, todos en coro le piden a Christine que toque el piano y a Patricia que cante. Finalmente, después de varias súplicas, las dos se animaron. Con una espléndida voz Patricia empezó a cantar "Les pecheurs de perles", mientras Christine la acompañaba con absoluta destreza. Súbitamente, los ojos de François se fijaron en un marco de plata que estaba sobre el piano. "¿Quién es esa mujer tan bonita y tan fresca?", dijo de repente Mitterrand. "Es mi hermana", contestó Christine, en tanto seguía tocando el piano. "¡Quiero conocerla, quiero... quiero casarme con ella!", exclamó el joven de veintisiete años, de bigote fino y perfectamente bien recortadito. Todos se rieron y comenzaron a burlarse del héroe de la Resistencia, quien en el fondo seguía sintiéndose el "irresistible seductor de señoritas de provincia".

Esa misma noche, Christine le escribió a su hermana: "¡Ya te encontré un novio! Para que te lo presente, te invito a mi casa para las próximas vacaciones de Pascua". Unos días después, Danielle ya estaba bien instalada en el departamento de la rue Campagne-Premier.

El primer encuentro fue en el restaurante Beulemans en Saint-Germain. Pero, ¡oh, decepción!, no funcionó tan bien como se lo imaginó la hermana mayor de Danielle. François llegó con un viejo abrigo y un sombrero francamente ridículo (desde joven, Mitterrand tenía una enorme debilidad por los sombreros; a lo largo de sus catorce años de mandato cambió de estilo más de diez veces; decían que según su estado de ánimo era su sombrero). Ese día, su bigote se asemejaba demasiado al de Rodolfo Valentino, y por añadidura su pelo tenía exceso de brillantina. Para colmo, su actitud resultó más burlona y ácida que de costumbre. Esto, naturalmente, molestó muchísimo a Danielle. "Pero ¿quién se cree, Dios o qué?", le preguntó después a Christine. (Curiosamente, durante su gobierno, los enemigos de Mitterrand siempre le reprocharon que se sintiera como un verdadero dios; no hay duda que "genio y figura hasta la sepultura".) Sin embargo, Morland, como le decían sus amigos, quedó encantado con la joven. Y el verse ligeramente desdeñado por Danielle, fue suficiente para que se aferrara todavía más en su conquista. Semanas más tarde, el 28 de mayo, pasa por Cluny; la visita y hace todo por conquistarla.

Entonces, Danielle iba y venía con su bicicleta, frente a los ojos de los alemanes, para ir a curar heridos e informar a la Resistencia. A pesar de sus diecinueve años, Danielle es una mujer muy seria, tal y como era su padre, monsieur Gouze, profesor de liceo conocido por duro y laico.

Y mientras Danielle aparentemente seguía resistiéndose, ella cae en los brazos de François y acepta casarse con él en cuatro meses. Fue así como uniéndose a una Gouze, que Mitterrand entra de lleno a una familia de izquierda, sí, de hueso colorado. Años más tarde, Danielle insistía en decir: "La socialista soy yo, François es mitterrandista".

En una ceremonia discreta, finalmente, el 28 de octubre de 1944, François y Danielle se casan en la iglesia Saint-Séverin. Como invitados, sólo asisten sus íntimos amigos. Todos, sin excepción, encontraron a la novia, además de "ravissante", muy "enamorada" de este hombre de convicciones firmes, lúcidas y realistas.

En 1945, François Mitterrand, además de ser director, escribía en la revista *Votre Beauté*, propiedad de L'Oreal, que quería transformar en una publicación literaria. Se da cuenta que es muy difícil cambiar la orientación de la revista y decide irse porque "no corresponde a mis puntos de vista literarios", le dice a los propietarios. Y, mientras en el primer número de 1946 Mitterrand escribió el editorial (que más bien olía a política que a perfume, como dice Pierre Péan, autor del libro *Une jeunesse francaise*): "¡Feliz año nuevo, buen año! Parece una banalidad, me diría, y coincidiría con usted si 1946 se pareciera a los años anteriores. Pero, al contrario, resulta diferente a los otros. Antes que nada, nos trae una nueva república, más audaz, más joven —la otra tenía setenta y un años. Nos trae una nueva constitución. Nos trae el cese de los combates, cuyo final nos estaba costando muerte tras muerte. Nos trae una promesa de organización mundial. Este año que viene nos aguarda un hombre cubierto de gloria, cuyo pasado es responsable ante el futuro. Por lo tanto, es sobre algo 'nuevo' y 'razonable' que este año de 1946 debuta", dice Danielle, quien se encontraba en cama deprimida y muy triste. Seguía llorando la muerte de Pascal, su primer hijo, quien había muerto a los tres meses de nacido.

Con más tiempo disponible (y sin dinero), Mitterrand se dedica de más en más a la política. Entre tanto, y para distraerse, Danielle trabajaba hasta cinco horas al día en la encuadernación de libros. A los veintitrés años es esposa de ministro. Así como Mitterrand siempre conservó su personalidad, igual pasó con Danielle, la misma mujer, tímida, discreta y austera. En mayo de 1981, Danielle se rehúsa a vivir en la casa presidencial. "¿Quién tendría ganas hoy por hoy de vivir en un palacio?", se

preguntaba. Tiene dos hijos: Jean-Cristophe y Gilbert; dos casas: en la rue de Bievre y en la rue Latche; y un marido que nada más tenía una sola idea en la cabeza: ser por segunda vez presidente de la república.

Durante su matrimonio, François y Danielle tuvieron muchas dificultades de todo tipo; sin embargo, juntos siempre supieron superarlas. Socialmente, siempre aparecieron juntos. Así como juntos y con los años también supieron mantener una relación más que amorosa, fraternal, llena de complicidad, confianza y amistad. Danielle tiene su propia fundación, France Libertés, y una asociación que se ocupa de los oprimidos. La prensa norteamericana la llama: "la princesa de los kurdos".

Esta pareja jamás se decepcionó el uno del otro. Por ejemplo, cuando explotó l'affaire Mazarine (la hija natural de Mitterrand), con la frente en alto dijo Danielle: "Este asunto nada más nos concierne a él y a mí. Pero ya verán cómo dentro de unos meses habrá muchas niñitas que serán bautizadas como Mazarine. Es un nombre precioso, ¿verdad?". En una de sus entrevistas apuntó: "Con él [Mitterrand] no me aburro jamás. Hace cincuenta años que estoy orgullosa de ser su mujer".

Y así de orgullosa seguramente lo recordará todos los días, hasta que llegue el día en que estén juntos otra vez…

ADRIANA

*A*driana y yo tomábamos el mismo camión del colegio. Si mal no recuerdo, creo que era el número siete. A las 7:00 a.m., teníamos que estar enfrente de Larín, en la esquina de Río Sena y Río Nazas. Adriana vivía en el número 43 de Río Sena y la de la voz en el 24 de Río Nazas, así es que nada más teníamos que caminar unos pasos. Recuerdo que mientras esperábamos a que pasaran por nosotras, con absoluta cara de almohada, la nana de Adriana salía a la calle, perfectamente bien uniformada, y agitada le decía cosas como: "Ay, niña, se te olvidaba tu torta". "¿Te das cuentas que te ibas sin tu mochila?" "Aquí está tu trabajo que hiciste ayer. Luego no estés llorando para que te lo lleve el chofer hasta el colegio." "Que dice tu mamá que si llevas la calificación firmada." Adriana era la típica niña bien que vivía feliz de la vida en una jaula de oro pendiente de un balcón elegantísimo; su casa estaba decorada con espléndidos muebles Chippendale estilo mexicano, pinturas y estofados coloniales, servicios de plata de Ortega.

En el Colegio Francés del Pedregal, Toti, como todo el mundo la llamaba, era una de las alumnas más famosas. Primero, porque era la menor de las cinco hermanas Luna Parra, y, segundo, por su propia personalidad. Cuando Adriana iba en secundaria, que es cuando más la recuerdo, se le conocía porque a pesar de que era sumamente rebelde, era muy educada y respetuosa, tanto con las monjas como con los maestros. Era conocida porque formaba parte del Club de Periodistas y escribía en *Temple*, la revista del colegio que contaba de un marcianito que un buen día llegó a México. Entre sus compañeras era la Chica Solidaria. Por ellas, robaba exámenes; organizaba huelgas de alumnas; abogaba por las "reprobadas"; defendía a aquéllas que no pagaban puntualmente su colegiatura; escribía cartas de amor para las enamoradas; planeaba escapadas; organizaba kermeses, partidos de beisbol y quemados, en donde era campeona, colectas para las misiones, rifas, fiestas para los maestros, etcétera. Y por si todo, todo esto fuera poco, Adriana tenía muchísimo pegue.

Por las tardes y fines de semana, desfilaban por las puertas de su casa una hilera de pretendientes; todos ellos como de anuncio de Ralph Laurent. Llegaban a visitarla con su tan muy doradito, su blazer azul marino con botones dorados, pantalones de gabardina, calcetines de rombos y loafers, jóvenes como Luis Creel, Eduardo, Bayo, Legorreta, Juan Sánchez Navarro Redo, Freddy van Beuren, Pepe Ortiz de la Huerta, Rico Medina, etcétera. Por lo menos una vez cada quince días le llevaban gallo. Entonces, a Adriana la invitaban a todas las bodas, showers, fiestas, tardeadas, charreadas, días de campo, etcétera, que organizaba la jeunesse dorée de la época. Tal vez el éxito de Adriana radicaba en que era de las pocas niñas bien que se atrevía a romper con uno que otro canon establecido de la burguesía mexicana a la que pertenecía. Por ejemplo, al final de las reuniones sociales le gustaba cantar con guitarra las canciones de Chavela Vargas; su preferida era "El corrido del caballo blanco". Le apasionaba discutir acerca de la historia de México pero muy en particular de la época de la Revolución. Cuando sus padres le preguntaban a la hora de la comida, siempre servida por un mozo implecablemente vestido con su filipina: "¿Cómo se apellida el chico con el que vas a salir? ¿De quién es hijo? ¿Quién es su papá y quién es su mamá? No te damos permiso porque no conocemos a su familia", Adriana sentía que se le revolvía el estómago. Más que el estómago, era la conciencia lo que se le revolvía. Si algo odiaba Adriana eran los convencionalismos, los prejuicios sociales, los clasismos absurdos pero, sobre todo, la injusticia.

Y mientras le seguían llevando serenatas, comprando corssages de orquídeas en Matsumoto para ir a las fiestas, asistía a las posadas a que invitan las happy few y salía retratada en la sección de sociales de algunos periódicos, Adriana se cuestionaba sobre la lucha de clases, las causas de las guerras, las diferentes religiones, etcétera. Lo que entonces Adriana tal vez no sabía es que al formularse tantas preguntas tan "excéntricas" para una niña bien, de alguna manera estaba desdorando su propia jaula de oro, no obstante siguieran viviendo en el interior de una grandota que parecía más sólida e inamovible que las mismas pirámides de Teotihuacán.

Y los años pasaron y pasaron, hasta que finalmente la jaula de Adriana ya por completo desdorada, se cayó y se rompió para dejarla escapar libremente. Tuvieron que pasar años antes de que aprendiera a volar correctamente. Cuando de vez en cuando la veían a lo lejos sus parientes y amigos, decían para sus adentros: "No va aguantar. ¡Está loca! ¡Es rarísima! De todos nosotros es la más diferente. Ya no hablamos el mismo idioma. Quién sabe qué mosca le picó, etcétera". Y mientras volaba y volaba padeció la soledad, la incomprensión, la falta de recursos económicos, los desamores y todo tipo de decepciones. Sin embargo, había algo en su interior que cada vez la hacía más fuerte y luminosa. Pero, claro, esto nada más lo entienden los que son fuertes y luminosos internamente.

Muchos años pasaron desde entonces. Hoy no hay nada que le guste más a Adriana que dormir en la hamaca de la casa de algún pescador. Mientras con toda suavidad se balancea bajo una luna redonda como un queso holandés, quizá se acuerde de su nana Margarita, cuando la despertaba en una cama llena de encajes de tira bordada para ir al Colegio Francés; o de los ojos verdes de Freddy van Beuren, o de las tardeadas del Jockey, o del día en que fue a montar al rancho de los Sánchez Navarro y el caballo no la obedecía. De todo esto se ha de acordar con una nostálgica sonrisa en los labios. Pero seguramente en lo que más piensa es que tuvo que volar muchos, muchos kilómetros para que un día sus compañeros la propusieran como precandidata para diputada por el PRD, porque como ellos mismos dicen: "Adriana ha participado exitosamente en el eterno problema del sector pesquero de la costa grande de Guerrero y Michoacán. Así, también fue la primera persona que acudió, comisionada por *El Nacional*, cuando fuimos reprimidos el 27 de febrero de 1990 en Los Achiotes y El Limón, Zihuatanejo, donde hubo muchos heridos, dos desaparecidos y asesinaron a Florentino Salmerón García". Adriana dejó de ser niña bien, para convertirse en una mujer de bien.

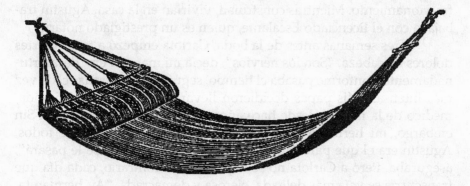

CARTA ACLARATORIA

$\mathcal{Q}$uerido Rafael:

Como te habrás dado cuenta por la fotografía que te envío, me casé. Sí, hace unos días contraje matrimonio con Agustín Palomino. ¿Te acuerdas de él? Te lo presenté en Zacatecas hace tres años, en aquel día de campo que organizaron las Reyes. Entonces, Agustín era novio de mi hermana Carlota. Cuando vine a ver a mis padres, hace cuatro meses, Carlota y Agustín se acababan de comprometer. En la casa todos estábamos felices por ella, ya que Agustín había sido su único novio y amor por más de diez años. La fecha de su matrimonio se fijó para el 28 de agosto, día de san Agustín. Varias veces acompañé a mi hermana con Esthercita, la costurera que le estaba haciendo su vestido. Las Reyes le hicieron un shower. Durante más de tres semanas, todos en la casa nos dimos a la tarea de redactar las invitaciones y de distribuirlas personalmente. A partir de ese momento, empezaron a llegar los regalos. La familia del gobernador, quien por cierto sería uno de los testigos por parte de Agustín, les envió un juego de té en plata precioso. Conforme pasaban los días, iban llegando de más en más regalos, felicitaciones, telegramas, etcétera. Con muchos sacrificios, mis papás le compraron a Carlota como regalo de bodas un terrenito en el nuevo fraccionamiento. Mientras construían, vivirían en la casa. Agustín trabajaba con el licenciado Escalante, quien es un prestigiado notario.

Tres semanas antes de la boda, Carlota empezó a tener fuertes dolores de cabeza. "Son los nervios", decía mi mamá. Pero, desafortunadamente, conforme pasaba el tiempo, seguían las migrañas cada vez más intensas. Mis papás decidieron llevarla con el doctor Miranda, médico de la familia desde hace años. "No tiene nada", aseguró. Sin embargo, mi hermana seguía sintiéndose muy enferma. De todos, Agustín era el que parecía más sereno y optimista. "Ya se le pasará", aseguraba. Pero a Carlota no se le pasaba. Al contrario, cada día que transcurría se veía más delgada, ojerosa y demacrada. "Ay, hermanita, la felicidad me está matando", me comentaba por las noches. Una mañana ya no pudo levantarse. "Hermanita, ve a buscar mi vestido de novia. Me dijo Esthercita que hoy estaría." La obedecí. Cuando llegué, mi padre estaba esperándome en la puerta. Desde que lo vi, supe que algo terrible había pasado. "Carlota murió", me dijo llorando como un niño. No lo podía creer. Corrí a su cuarto. Allí estaban mi madre y Agustín sollozando a los pies de la cama de Carlota. Al verla así de pálida y sin vida, sentí que yo también me moría. Al otro día de su entierro, soñé que me decía: "Hermanita, no lo dejes solo. Te pido, por favor, que te cases con él. Estoy segura de que llegarás a amarlo tanto como yo". Como comprenderás, Rafael, no podía defraudar a Carlota. Primero, hablé con mis padres y estuvieron de acuerdo. Después, se lo planteé a Agustín; dijo que él también la había soñado pidiéndole lo mismo. Finalmente, nos casamos el 28 de agosto como estaba previsto. Hasta la fecha, salvo mis padres, nadie sabe en Zacatecas que Carlota se fue al cielo, y que yo, su hermana gemela, tomé su lugar. Espero que me entiendas y que un día llegues a perdonarme.

Nunca te olvidará y te amará para siempre,
Margarita de Palomino

MUJERES DESDICHADAS

QUERIDA SANDRA:

*C*uando tenía catorce años, te escribí una carta que jamás me atreví a mandarte. En el cajón de mi buró la guardé durante muchos años, metida en un sobre sin dirección. Un día, junto con otras (que tampoco llegaron a su destino), la rompí. Si mal no recuerdo te decía: "Querida Sandra: ¡Eres mi máximo! He visto todas tus películas: *A Summer Place, Imitation of Life, Tammy Tell Me True,* y la que se me hizo la mejor, *Come September*. Eres mi artista predilecta. Me gusta tu estilo, tu forma de vestir, tu pelo. ¿Cómo le haces para estar tan guapa. Aquí entre nos yo quisiera parecerme a ti. Me peino igual que tú, con muy crepé de 'avión' y con ondas a los lados. Me depilo las cejas como tú. No hace mucho me compré unos pantalones verdes igualitos como los que sacas en la película de *Tammy*. Tengo un amigo que dice que dizque está enamorado de ti. Que tú eres su mujer ideal. Que porque eres ingenua y muy sexy a la vez. En el colegio tengo muchas amigas que también se quieren parecer a ti. (Somos como tú, chicas teenagers.) Ya me imagino, tu vida ha de ser ¡padrísima! ¿Qué se siente abrazar (y besar) a Troy Donahue y a John Gavin? Ha de ser ¡lo máximo! Sé que eres hija única (¡qué padre!), y que antes de casarte con Bobby Darin (ya compré el disco de "Multiplication") vivías con tu madre en un departamento en Beverly Hills. Y también sé que estás filmando una película de terror. Me muero de ganas de verla. Bueno, Sandy (así te dicen, ¿verdad?), espero que sigas triunfando en el cine y que seas muy feliz con Bobby Darin. ¿Es cierto que ya quieren tener un baby? Salúdame a tu mamá. No sé por qué me la imagino muy linda y muy tierna (así como tú). Si un día vienes a México, soy capaz de pararme de pestañas (ja-ja) para conocerte personalmente. ¿Sería mucha molestia si me mandas una foto tuya? Te lo juro que la pondría en mi cartera. Bueno, ahora sí, adiós. Tu fiel, fiel admiradora (fan), Guadalupe".

La carta que ahora te escribiré, desafortunadamente, nada tiene que ver con la anterior. Me temo que ésta será muy triste, pero mucho más afectuosa, y, sin duda, corresponderá más a la realidad. Hace unos días compré el semanario *People*, en cuya portada sales fotogra-

fiada a todo color. "Look at me, I'm Sandra Dee", se lee en letras gigantes. Y es exactamente lo que he hecho desde que la tengo; no hago más que mirar a Sandra Dee, que nada tiene que ver con mi Sandra Dee. En esta fotografía veo una mujer infinitamente triste. Sus ojos parece que están a punto de llorar, o bien, que han llorado desde hace más de veinte años, tiempo durante el cual no supimos más de ti. Pero ahora, después de haber leído todo lo que cuentas en el extensísimo reportaje que te dedica el semanario, comprendo esa mirada tan desconsolada que tienes. ¿Cómo no ibas a tenerla, si desde que eres niña has ido acumulando kilos de tristeza? Cuando tenías cinco años, tu madre se divorció de tu padre, un borracho empedernido. En ese entonces, cuentas que tu mamá tenía veintitrés años y trabajaba como secretaria. Durante varios años fueron muy felices las dos solitas, hasta que en cuarto año de primaria, según tú, te pasó algo terrible: tu busto empezó a desarrollarse. Dos años más tarde, tenías que usar brassier talla 34 D (86D). Esto naturalmente a tu mamá no le gustó, entonces decidió vendarte. Dices que seguro era porque no quería que crecieras; por eso, a partir de entonces, te puso vestiditos de terciopelo de niña chiquita, y siempre con el busto vendado. En 1950, tu madre se casó con Eugene Douven, un hombre cuarenta años mayor que ella. Y claro, como a ti te hacía falta un padre, de inmediato te encariñaste con él. Lo malo fue que él también de ti, pero de una forma muy enferma. Sinceramente no puedo imaginar a una niña de once años instalada en la cama, en medio de su padrastro y de su madre. Dices que esto se convirtió en una rutina y que, evidentemente, el marido de tu madre abusó de ti sexualmente. Tampoco me puedo imaginar cómo ella nunca se quiso dar cuenta de lo que realmente te estaba sucediendo. ¿Tú crees que era una forma de complacerlo, o bien, de quitárselo de encima? Qué tan importante ha de haber sido la opinión de tu padrastro, para que tomaras la determinación de imponerte una dieta rigurosísima por el solo hecho de que te comentó cuando tenías doce años, que estabas engordando un poquito. En esa época, le ordenas a tu cerebro que dejes de tener apetito y empiezas con la anorexia. Te rehusas entonces a comer, para ya no tener tanto busto y darle gusto así a los dos. No obstante, te pones cada vez más bonita. Y a los catorce años, eras modelo de revistas para teenagers, y ganas hasta setenta mil dólares en 1956; te contratan los estudios Universal y los MGM; empieza entonces tu carrera como artista. Comienzas a triunfar mucho. Sin embargo, y a causa de la presión de tu madre y de los compromisos en el cine, la anorexia continúa empeorándose. Entonces, medías un metro sesenta y cinco y pesabas cincuenta kilos. En 1960, te casas con Bobby Darin; la noche de bodas es un verdadero fracaso, no puedes olvidar a tu padrastro. Tienes seis abortos, debido a la destrucción de tu cuerpo por las drogas y el alcohol. Y finalmente nace tu hijo Dodd. Te divorcias. Y cuando muere Bobby Darin en 1973, te sumes en unas depresiones terribles. En 1988, murió tu madre y sientes que de alguna manera tú también te moriste. La bebida y las pastillas, son lo que aparentemente te sostiene, a pesar de que en esa época llegaste a pesar treinta y ocho kilos. ¡Pobrecita Sandra, cuánto has de haber sufrido!

Pero desde que empezaste a ir al psiquiatra, es decir, hace siete años, ya no bebes y te reconciliaste con la vida. ¡Qué bueno que Dodd, que tiene treinta y siete años, te cuida y te anima! Aunque todavía pesas cuarenta kilos, sé que con un tratamiento especial vas a engordar. Sandra, lo único que te puedo decir es que ahora como nunca soy tu fan, porque ahora sí estás luchando por lo que es mucho más importante y que estás aprendiendo a quererte y a aceptar que todavía eres Sandra Dee, la heroína de millones de exadolescentes que todavía se acuerdan de ti. Te mando todo mi cariño y admiración, Guadalupe.

Un ángel guardián

*C*incuenta y tres años tuvo que esperar Rose Beuret para casarse con el "dios Pan", como le decían a Auguste Rodin. Cincuenta y tres años se pasó Rose consumida por un sufrimiento secreto, mientras esperaba a su compañero, a quien llamaba: "Señor Rodin o mi señor". Con toda paciencia, aguardaba a que volviera de su taller o de sus escapadas con Camille Claudel. Cincuenta y tres años tuvo que soportar los comentarios de los amigos del escultor en relación a su persona. "Pero si es una simple costurerita." "Pero si es de lo más ignorante del mundo." "Pero si es como su criada." "Pero si es tan primitiva, tan torpe y bruta." Cincuenta y tres años tuvo que tolerar las llamadas "dulces consoladoras" del maestro. Entre alumnas y amantes, la pobre de Rose, aparte de la pasión de Rodin por Camille, tuvo que aguantarse relaciones amorosas que su compañero sostuvo con: Helene de Hindenburg, Gwen John, Sophie Postolska, la duquesa Claire de Choiseu, la bailarina norteamericana Loe Fuller y Georgette D. Hasta unas relaciones homosexuales tuvo que soportar esta mujer tan entregada a un hombre que tanto la hiciera sufrir.

Pero ¿quién era Rose, esa mujer que "había aprendido a no quejarse y a soportar la dureza de la vida", esa mujer "tan reservada y tímida"? Quién mejor que ella para contestar este enigma: "Soy de la tierra de Juana de Arco [aldea de Vecqueville]. De donde las mujeres sabemos luchar por lo que nos pertenece. Allí las mujeres son combativas, pero, sobre todo, saben esperar".

La vida de Rose no nada más estuvo llena de sinsabores y de largas esperas. Todos los domingos, Rodin venía a buscarla para ir a caminar por la campiña o a almorzar en una hostería. Seguramente, esto matizaba el sufrimiento que causaba el correo cada vez que llegaba con cartas de amor firmadas por las "alumnas" del maestro. Esas tardes de domingos le ayudaban a olvidar sus soledades atroces; recordaba con nostalgia la primera etapa de su vida con el artista: entonces él era un humilde moldeador-estuquista y ella una costurera.

Mientras llegaba el domingo, se acordaba de cuando, con toda su alegría, se encargaba de las labores de la casa. Nada le gustaba más a Rose que cocinarle sus platillos predilectos. ¡Cuántas veces no hicieron el amor sobre la mesa de la cocina! ¡Cuántas veces no le sirvió como modelo hasta la madrugada! ¡Cuántas veces no la despertaba a mitad de la noche y le decía: "Desnúdate tengo que esculpir"! ¡Cuántas veces no lo descubrió en su taller haciendo el amor con sus alumnas! ¡Cuántas veces se sintió humillada por las largas ausencias del maestro! ¡Cuántas veces tuvo que soportar los inviernos sin calefacción porque no había dinero!

La aparición de Camille Claudel

En 1886, Rose tuvo un hijo al que Rodin nunca reconoció pero sí dio su nombre de pila: Auguste Eugène Beuret. (Este hijo con el tiempo se convirtió en un hombre inútil, borracho y resentido.)

Rose tenía una memoria privilegiada. Sabía exactamente las fechas en que el espíritu de Rodin se había apartado de ella; la que más le hacía sufrir al evocarla era la de agosto de 1883. Ese mes, particularmente caluroso, había llegado a París una muchacha, como diría uno de sus amigos, "de frente soberbia sobre dos ojos magníficos, de ese azul profundo tan raro de encontrar en otra parte que no sea en las novelas; con aquella gran boca, que era más orgullosa que sensual; aquella poderosa mata de pelo castaño, el verdadero castaño, que los ingleses llaman *auburn*, que le caía hasta el lomo. Un aspecto impresionante de valor, de franqueza, de superioridad, de alegría. Alguien que ha recibido mucho, procedente de un medio burgués donde la cultura es transmitida y respetada". Esa muchacha se llamaba Camille Claudel. Tenía veinte años y Rodin cuarenta y cuatro.

A partir de ese encuentro, Rose supo que su compañero trabajaba pensando en Camille. Cuando descubrió una de sus mayores obras, *El beso*, sabía que aquellos senos y piernas no eran suyos; que éstos pertenecían a Camille, y, sobre todo, que *El beso* estaba inspirado en todos los que él había sellado en otros labios. Pobre Rose, sabía demasiado, y sin embargo seguía sin saber qué es lo que realmente pasaba en el corazón de su amor. Había días, no obstante, que sentía que su señor la quería y la necesitaba. Rose representaba en el hogar, lo que Camille en el taller, es decir, una necesidad.

En 1890, Rodin viajó a la Turena con Camille Claudel para investigar sobre los personajes de Balzac, cuyo monumento le habían encargado. Desde allí escribió a Rose: "Mi querida Rosita [hipócrita, digo yo], escríbeme siempre a Tours, a la posta restante, no te enfades [¡háganme el favor!] y sé lo bastante amable como para estar bien; sabes que pienso en ti [¡todos son iguales!], que eres obediente cuando quieres y cuando deseas hacerme feliz. Sigo trabajando y tengo todavía tarea por algún tiempo".

En efecto, Rodin estaba trabajando, porque para él la mujer debe ser, además de "dulce y santa", "sembradora divina que hace brotar en nuestro corazón, nuestro genio y nuestras fuerzas". Y, sin duda, Camille le generaba todas esas fuerzas que el artista necesitaba. Siete años tuvo Rose que soportar esta pasión.

En su vejez, hablando de las mujeres, en su libro *Les cathedrales de France*, Rodin escribió acerca de las que desempeñan "el papel de ángel guardián del hogar [...] indomable cuando defiende su nido [...] hablo de seres sencillos, verdaderos y sanos, muy vivos; de esas mujeres predestinadas a la alegría y al sacrificio, a las que nosotros amamos y a las que hacemos sufrir. En la hora de la cólera cuando hemos abusado de su paciencia, de ellas brotan relámpagos y voces proféticas cuyo acento nos sorprende y se graba en nuestra memoria y que resurgirán de súbito cuando sea necesario, para llamarnos al cumplimiento del deber! [¡háganme el favor!, ¿verdad que esta declaración nos recuerda muchas cosas a las mexicanas?]".

El 28 de enero de 1917, Rose y Auguste se casaron. No obstante, Rose había dicho a sus amigos: "Si el señor Rodin no quiere, no hay que forzarle". La pareja estaba rodeada por algunos amigos íntimos y su hijo, a quien Rodin siempre sintió demasiado lejano; sin embargo, a él y a su esposa Nini los contrató como guardianes de su propiedad, a pesar de que ambos estaban entregados a la bebida y vivían en un desorden indescriptible. En las mesas se colocaron ramos de flores blancas para dar un aire de fiesta. Mientras la ceremonia se llevaba a cabo, en un asilo para locos no lejos de París, atrás de unas rejas lloraba una mujer que seguía pensando en su único amor; era Camille Claudel, que entonces tenía cincuenta y tres años.

Dos semanas después de esta fiesta, Rose murió con una sonrisa en los labios. Alguien de su familia dijo que parecía un ángel guardián, que nunca la había visto ni tan serena ni tan feliz. Otros dicen que más bien parecía una obra esculpida por las manos amadas de su señor.

Un destino, una vida, una muerte

*S*i una gitana le hubiera leído la mano a Diana Laura cuando era adolescente, y le hubiera dicho algo como: "Ésta es la línea del matrimonio, ¿la ves? Te vas a casar con alguien muy, muy importante. Vas a tener dos hijos. Aquí dice que vas a quedar viuda muy joven. La de la vida es muy corta. Se ve chiquita. Eso quiere decir que no vas a vivir muchos años", seguramente se hubiera echado una carcajada de incredulidad y habría pensado que esa mujer era una charlatana, de ésas que andan por ahí tratando de sacar dinero. Y, sin embargo, la gitana tendría razón.

Cuando conocí a Diana Laura, su marido presidía el PRI. Me pareció ella tan natural que no pude evitar decirme que tanta naturalidad correspondía tal vez a una cierta artificialidad. Conforme más la fui conociendo, me di cuenta de mi prejuicio. Diana Laura no nada más era natural, sino chistosa, espontánea e inteligente.

En ese primer encuentro, me llamó también la atención la relación que percibí entre ella y Luis Donaldo. "Se siente una complicidad entre ellos. Se han de divertir mucho juntos. Además se ven super enamorados", me dije. Después me enteré de que a pesar de que había estado muy enferma, quiso absolutamente tener otro bebé; Mariana, quien entonces tenía apenas unos meses.

Otra de las manifestaciones que me hizo descubrir a una Diana Laura sensible y delicada fue la carta que me envió el 10 de junio de 1993, con motivo de la muerte de mi madre. Escribió con tinta color sepia en uno de sus párrafos: "No existe palabra alguna que pueda remplazar a un ser querido, sin embargo, no podemos permanecer ajenos a tu pesar". Esas palabras por más sencillas que parezcan, me empezaron a acercar a una mujer que apenas empezaba a conocer. De todas las coronas y arreglos florales que recibió mi mamá en Gayosso, de Sullivan, los alcatraces que mandó Diana Laura se dispararon por originales y bonitos.

Unos meses después, el 28 de noviembre, Luis Donaldo Colo-

sio se convirtió en precandidato oficial a la presidencia de la república por el Partido Revolucionario Institucional. Por primera vez en mi vida, me dio gusto el dedazo. Cuando iba a visitar a mi mamá ya muy enferma, siempre me decía: "Ojalá que el próximo presidente sea el mechudito. Me gusta porque se ve muy sincero y muy buena gente". Les escribí una carta para felicitarlos y decirles: "Si mamá viviera estaría feliz. Luis Donaldo Colosio era su tapado". Los dos me contestaron para agradecerme las felicitaciones.

Unas semanas después del destape, me habló María Eugenia Moreno. La presidenta de la revista *Kena*, donde colaboraba mensualmente desde hacía mucho tiempo, me pidió un texto donde hablara de Diana Laura. No me costó trabajo escribirlo. La quise imaginar desde que era niña, cuando decía que quería ser presidenta de la república. También imaginé su primer encuentro con el maestro de la Universidad Anáhuac, en la carrera de licenciatura en economía. Escribí: "Una buena mañana, mientras Diana Laura resolvía un problema que les había puesto el maestro acerca de un caso del multiplicador keynesiano, de pronto, alzó los ojos y se topó con unos que la miraban fijamente y muy bonito. Enseguida bajó los suyos y, por más que trataba de concentrarse en su examen, ya no podía. Sentía la cara hirviendo y, lo que era peor, se la imaginaba más roja que la blusa que llevaba ese día. Finalmente, y haciendo unos esfuerzos enormes, terminó de resolver el examen y se lo entregó al maestro. Éste la vio con esa su mirada y muy quedito le dijo: Muchas gracias. En tanto Diana Laura bajó las escaleras, sentía que el corazón le hacía ¡bum, bum! A partir de ese día, estudió con más entusiasmo e interés. Durante mucho tiempo, guardó en su corazón un secreto que no le confesó ni a su mejor amiga. Cada vez que veía a los ojos del maestro Luis Donaldo Colosio, sentía que los suyos ya no le pertenecían".

Unos días después de que se publicó en el número de enero de 1994, María Eugenia Moreno y su hija, Gina Urueta, nos invitaron a comer a Griselda Álvarez, quien también había escrito un texto acerca de Diana Laura, y a mí para festejar el reportaje que se le había dedicado a la esposa del precandidato oficial a la presidencia por el PRI. La cita era a las 2:30 p.m. en el San Ángel Inn. Ese día, Diana Laura se veía radiante, feliz. "¿Sabes que de verdad me hizo bum, bum el corazón? Pero no fue cuando conocí a Luis Donaldo, fue la primera vez que me invitó a salir. Cuando lo conocí, ni me gustaba. Yo creí que a él le llamaba la atención otra compañera. Después me enteré de que llevaba muchos meses pensando en mí, pero que no se atrevía a invitarme a salir", nos dijo abriendo unos ojos encendidos llenos de chispas.

El tema de los primeros encuentros fue pretexto para que Griselda Álvarez nos platicara cómo conoció a su marido. Después, Diana Laura nos platicó lo que las mujeres le gritaban a Luis Donaldo durante la campaña. Recuerdo que en medio de la conversación, de pronto preguntó Diana Laura: "¿Y si el voto no favorece a Luis Donaldo?". Creo que era la primera vez que la esposa de un candidato a la presidencia por el PRI se hacía este tipo de preguntas. Esto me impresionó mucho. Pero más aprecié la naturalidad y la frescura con la que Diana Laura nos lo preguntaba.

A fines de febrero, me llamó por teléfono para ver si íbamos con Germán Dehesa. "Dicen que el espectáculo está buenísimo", me dijo entusiasmada. Su voz se oía muy animada. "Acabo de darle el baño a Mariana. No sabes lo bonita que se ve con su mameluco amarillito. Cada día está más cachetona", me dijo orgullosísima. Finalmente, no pudimos ir a ver a Germán Dehesa, a causa de la pesadísima agenda de su marido. Volvimos a hablar a principios de marzo. "Cuando regresemos de la gira de Tijuana, ahora sí nos vemos, conste, ¿eh?", me sugirió siempre con su tono natural y desenfadado. Naturalmente, después de esa llamada, no volví a saber de Diana Laura sino hasta mediados de abril. Con una voz apagada y muy delgadita me dijo: "Gracias por tu carta. Oye, estoy que me lleva la tristeza. ¿Por qué no te vienes mañana por la tarde?". Colgué el teléfono y me quedé callada mucho tiempo frente al aparato.

Al otro día llegué a la cita. Una muchacha vestida con su uniforme de cuadritos azules y blancos me hizo pasar a la sala. Sumida entre grandes cojines en un sofá inmenso, con un vestido negro tejido de St. Jones muy bonito, Diana Laura se veía como una niña desamparada. "Está muy bonito tu sillón", le dije por decirle algo. "Te lo regalo. Te regalo todo lo que está aquí. A mí ya no me sirve para nada", me comentó mirándome con sus ojos sin pintar y con unas pestañas largas y tristes. "Luis Donaldo, Luis Donaldo", empezó a gritar. En esos momentos, se me encogió el estómago. En seguida, apareció su hijo, más pálido que una hoja de papel. "Tienes que hacer tu tarea, mijito. Prométeme que la vas a hacer." El niño me veía con desconfianza. Tenía ganas de decirle: "¿Ya estás harto de las visitas, verdad? ¿Ya quieres que todo el mundo deje en paz a tu mamá, verdad? ¿Ya no quieres oir hablar ni de muertos; ni del PRI, ni de Lomas Taurinas, ni de nada, verdad?". Lo único que me limité a hacer fue sonreírle como una mensa. Una vez que se fue Luis Donaldo chico, Diana Laura me dijo: "Yo ya no creo en nada ni en nadie". Hablamos mucho tiempo. Aprecié tanto que no hubiera llorado, que no me haya dicho palabras como: "Por algo Dios manda estas cosas. Lo importante son las manifestaciones de cariño que han tenido para con Luis Donaldo", etcétera. La sentía de carne y hueso. No vi a la mujer de un político recientemente asesinado. Vi a una mujer profundamente triste, sola y confusa. A Diana Laura no le daba pena que la vieran con sus debilidades y limitaciones. No le daba pena que le vieran su coraje y su frustración. Diana Laura no era simuladora, ni era la típica señora convencional, ni se tomaba en serio, ni nada. En esos momentos, Diana Laura era la viuda de un hombre al que amaba profundamente, con dos hijos muy pequeños que había que sacar adelante a como diera lugar. "Ya la gente empieza a verme como a un personaje. ¿Te das cuenta que un señor me escribió que yo ya no me pertenecía que le pertenecía a México?", me preguntó con su cara como de niña de diez años.

Al despedirme, me dijo: "¡Qué bonito chal!"; se lo regalé. Era como si le dejara un abrazo largo y cálido.

Después de esa visita vi varias veces más a Diana Laura. Siempre me preguntaba por los últimos chismes políticos. Hablábamos mucho de su hijo: "Oye, mamá, ¿te vas a volver a casar?". "Pues si tu papá desde el cielo me ve muy triste, lo más probable es que me mande un galán", le dijo con toda su gracia, escondiendo toda su tristeza de madre. "Oye, mamá, ¿por qué no eres senadora?" "Porque por el momento no quiero hacer política." "Oye, mamá, ¿por qué no te lanzas como candidata a la presidencia?" "Porque yo ahorita lo que quiero es ocuparme de ti y de tu hermanita. Por el momento ésos son mis planes."

Poco a poco, en nuestros últimos encuentros fui rencontrando a la Diana Laura fuerte, graciosa y animada. "La otra noche, a las tres de la mañana, me sentí tan triste que creí que me iba a morir de tristeza. Tenía ganas de hablar con alguien. Pero no puedo. Con mi teléfono intervenido no pude decir todo lo que tengo en el corazón. Además, no les quiero dar gusto que me oigan así de mal. Pero, en unos días, eso ya no me va a importar. Me voy a Europa. Estoy feliz. Le van a hacer un homenaje a Luis Donaldo en Austria." Después, y gracias a *Proceso* del 18 de julio, me enteré que frente a un ciento de amigos que acompañaron a su marido durante su estancia en el Instituto Internacional de Análisis y Sistemas aplicados en Luxemburgo, en las afueras de Viena, había dicho: "Me quitaron el sentido de vivir de la manera más brusca. Éramos una pareja tan bien consolidada... no lo amé más porque sencillamente no me dieron tiempo para hacerlo". Ese mismo día, 15 de julio, también dijo: "El señor Aburto y sus compañeros involucrados han tenido la suerte de contar con una persona de la Comisión de Derechos Humanos que desde el principio ha estado a su lado cuidándolos y protegiéndolos de que no les vaya a pasar nada, cosa que desafortunadamente no tuvo mi marido... me gustaría saber quién se preocupó por los derechos humanos de Luis Donaldo".

La última vez que nos vimos fue cuando vino a cantar a México Nana Mouskouri. Fuimos juntas al Auditorio Nacional. En tanto empezaba el espectáculo, vino mucha gente hasta su lugar para saludarla. "Venimos a darle las gracias por el ejemplo que nos da", le dijo una señora. "Queremos felicitarla por su entereza y su dignidad", le comentó un señor muy correcto. Diana Laura les sonreía a todos. A todos los saludaba, mirándolos a los ojos. "Gracias", decía entre intimidada y satisfecha. "A Luis Donaldo le encantaba Nana Mouskouri. Muchas veces poníamos su música. Su predilecta era 'El canto a la libertad'", me dijo justo antes de que saliera la cantante griega. Y mientras Nana cantaba "Una lágrima fortuita", vi las suyas rodar. Percibí que sufría tanto que hasta tuve la impresión de que su cuerpo emitía un extraño sonido. "¡Qué horror, es de puritito dolor!", pensé mortificadísima. Tuve ganas de abrazarla, de consolarla, pero no me atreví. Lo único que hice fue tomarla del brazo y darle unas palmaditas. Nunca en mi vida había palpado un brazo tan delgado como el suyo. Era tan flaco, pero tan flaco, que hasta miedo me dio que se me deshiciera entre las manos. Lo que en esos momentos sin duda estaba deshecho, era el corazón de Diana Laura. Seguramente, le estaba diciendo a Luis Donaldo: "Espérame, que allá voy. En unos meses nos vemos. Allá donde nos encontraremos, podremos amarnos sin presiones, sin grillas, sin intrigas y con mucho tiempo nada más para nosotros. Espérame que allá voy".

Ahora que Diana Laura está en el cielo, tal vez con lo primero que se topó fue con una angelita-gitana, que al leerle las líneas de la mano, le dijo: "Ésta es la línea de la eternidad. A partir de ahora, vivirás feliz al lado de Luis Donaldo, eternamente".

La chica del suéter

*E*sa mañana, Julia se despertó más bonita que de costumbre. Se ve en el espejo con su camisoncito de algodón; se gusta, se sonríe y hasta se guiña un ojo. En seguida, ve la hora en el reloj de su buró y se da cuenta de que ya es tarde; sus clases de mecanografía empiezan a las 10:00 a.m. Pone el radio y se mete a bañar, y mientras escucha "Night and Day" se lava sus maravillosas piernas ligeramente bronceadas. Sale del baño con una toalla como turbante en la cabeza y con otra pequeñita alrededor de su cuerpo; se vuelve a mirar en el espejo y entorna sus ojos como Greta Garbo. "I want to be alone", dice con una voz sensual, imitando la famosísima frase que dijera la actriz. Inmediatamente después se dirige hacia su clóset y, entre blusas y suéteres, saca uno color mandarina. Es un suetercito adorable, de mangas cortitas y muchos botoncitos en la parte delantera. Después busca su falda blanca de algodón que compró en una tiendita en Los Angeles. Cada vez que se la pone, oye la misma cantaleta: "Niña, esa falda te queda demasiado apretada", en la voz de su madre. Pero como ella no está, porque se fue a trabajar muy tempranito, Julia aprovecha su ausencia para ponérsela. "Mi mamá es muy anticuada", piensa mientras se pone su bras y sus calzoncitos. Esa mañana decide no usar fondo. "Con este calor, ¡qué horror!", se dice. Por último, se pone su suéter. "¡Ups!", exclama, "creo que engordé un poquito. Ha de ser por las malteadas", reflexiona no sin tristeza. Se mira una vez más en el espejo. Ve su cuerpo. Más que verlo, admira sus senos voluptuosos, su cinturita y sus pequeñas caderas, que parecen sonreir a todo aquel que se atreve a admirarlas. Le parece tan bonito su cuerpo que se lo imagina plasmado en una de las páginas de esas revistas de estrellas de cine que tanto le gusta hojear.

No, no había duda, aquel suéter color mandarina le daba un aire particularmente sensual. Además de quedarle muy apretadito, ya que era dos tallas menos que la suya, el color y el corte le realzan el busto de una forma particularmente llamativa. Se pinta la boca de color anaranjado (exactamente del mismo tono que su suetercito) y con el mismo lipstick se pone unas chapas muy coquetas.

Así, echando chispas con su suetercito y su falda, se fue caminando hacia la academia. Todavía no avanzaba ni dos metros, cuando empezaron a escucharse chiflidos y claxones de jóvenes que no podían dejar de admirar a aquella chica tan provocativa. Cada piropo que recibía, Julia lo contestaba con una sonrisa pillina. Entre más la miraban los peatones, más se sentía complacida. "Yo creo que hoy todo el mundo está tan contento como yo", se dijo poniéndose cada vez más derechita.

Al llegar a la academia, ya no la dejaron entrar. "Too late", le dijo una maestra narigona y anteojuda. "Too bad", respondió Julia alzándose de hombros. Y abrazando sus libros y sus blocks de taquigrafía, atravesó la calle y se dirigió al Hot Café, la cafetería de moda de entonces. Allí, sentada frente a la barra, pidió su malteada de fresa. En tanto la saboreaba, de pronto, se le acercó un señor muy elegante de sombrero y le extendió su tarjeta personal: "Perdone la impertinencia. Mi nombre es Billy Wilkerson, editor del *Hollywood Reporter*. Me gustaría tener una entrevista con usted. ¿Podríamos encontrarnos en dos días en este mismo lugar y a la misma hora? Créame, no se arrepentirá". Julia lo miró entre intrigada y desconfiada. Pero como esa mañana estaba tan de buen humor, le sonrió y le pregun-

tó si conocía a muchas actrices de cine. "A muchas. Pero eso no es lo importante. Ahora lo que importa es que usted conozca a Mervin LeRoy. Estoy seguro de que harán muy buen contacto." Julia dijo que sí, que si ese señor tenía que ver con la industria cinematográfica, de mil amores aceptaría la cita. Se dieron la mano y Julia guardó la tarjeta en su libro de mecanografía. A punto de salir de la cafetería, el señor Wilkerson se voltea y mirando hacia Julia le dice: "¿Podría usted venir a la cita con ese mismo suéter? Es que el color mandarina le queda precioso". "Ay, pero no es muy elegante", repuso la joven. "Pero es único", agregó Wilkerson.

De Julia a Lana

Dos días después, cuando la maestra narigona y anteojuda de clase de mecanografía pasó lista, por el nombre de Julia Jean Mildred Frances Turner, nadie respondió; lo repitió, y un muchacho con la cara llena de barros contestó: "Ese mango de mujer tampoco vino hoy". Todos se rieron. La maestra narigona-anteojuda dio un golpe en el escritorio con su regla y los alumnos se callaron.

¿Dónde estaba Julia Turner? Nada menos que en la oficina de uno de los productores y directores más famosos de Hollywood, Mervin LeRoy. Después de una breve entrevista, Julia, enfundada en su suéter color mandarina, firmaba un contrato. Antes de despedirse, le dijo el productor-director: "Te cambiaremos el nombre, te pintaremos el pelo de rubio en tono cenizo, te enseñaremos a caminar, a hablar con corrección, a actuar, te instruiremos, tendrás que hacer natación, tomar clases de dicción, te maquillaremos, te cambiaremos tu peinado, y lo más importante: siempre te vestiremos con suéteres y vestidos dos tallas más chicas que la tuya. A partir de ahora te llamarás Leonore. No, ese nombre no es bonito. ¿Lurlene? No, tampoco. Lana. ¡Eso!, Lana Turner. Suena muy bien". Mientras tanto, su madre la esperaba afuera de los estudios en un taxi. Corría el año de 1937, y Julia apenas tenía diecisiete años.

¿Se dan cuenta de que lo que le cambió la vida a Julia fue el suetercito dos tallas más chicas que la suya? ¿Se dan cuenta de que si esa mañana de agosto, en lugar de ponérselo, se hubiera puesto una blusa de cuadritos rosa, su vida no habría cambiado tan radicalmente? ¿Se dan cuenta de que si su mamá hubiera regalado ese suéter a la Salvation Army, porque efectivamente ya le quedaba muy apretado a su hija, probablemente el señor Wilkerson no se habría percatado de ese encanto de mujer? ¿Se dan cuenta de que si esa mañana la profesora narigona-anteojuda de mecanografía no le hubiera dicho a Julia "too late", no habría ido a tomar su malteada de fresa y nunca habría conocido al que más tarde la contrataría para actuar en el cine? ¿Se dan cuenta de que si en lugar de estudiar taquimecanografía, Julia hubiera estudiado algo como canto, posiblemente la academia no estaría ubicada frente al Hot Café y con seguridad nunca habría tenido ese encuentro tan fortuito? ¿Se dan cuenta de que si la madre de Julia no hubiera decidido ir a vivir a Los Angeles, después de que asesinaron a su marido durante una partida de póker, su hija nunca habría sido descubierta por aquel señor? ¿Se dan cuenta de que si esta madre tan sufrida no hubiera ido a buscar a su hija a la casa de adopción donde se encontraba la pobre de Julia después de que su padre murió, habría sido imposible que fuera a aquella cafetería? ¿Se dan cuenta de que si la mamá de Julia no le hubiera comprado a su hija aquel suéter color mandarina, nunca habríamos tenido la idea de escribir acerca de la vida de Lana Turner?

No hay duda de que el azar, en el caso de la vida de esta actriz, jugó un papel determinante; a partir de que se le descubrió con ese suetercito, se le empezó a llamar "la chica del suéter". Pues bien, cuando salió de su oficina "la chica del suéter", Mervyn LeRoy llamó a Groucho Marx: "Ya encontré a la sirenita que buscabas. Cuando la conozcas te vas a ir de espaldas", le dijo satisfecho de su hallazgo. Al escuchar esto, Groucho movió sus gruesas y tupidas cejas y le preguntó: "¿Cómo se llama la playa donde tengo cita?". "No, Groucho, no estoy bromeando. Contraté a una chica maravillosa. Le pedí que te buscara el próximo lunes. Se llama Julia. Perdón, Lana, Lana Turner." "¿Y cómo voy a reconocer a ese ángel con cola de pescado?", inquirió Groucho, en tanto movía sus ojos de un lado a otro. "No hay pierde. Llevará un suetercito color mandarina. Te prevengo. El suéter está a punto de reventar", agregó. "A ver si no explotamos juntos", dijo Groucho antes de colgar el teléfono. En seguida, llamó a Zeppo: "El lunes te invito a pescar sirenas".

Rica y famosa

Los Hermanos Marx fueron los primeros actores que conoció personalmente Lana Turner. Y la Metro Goldwyn Mayer los primeros estudios donde trabajó en forma. A partir de ese momento, se le empieza a ver tanto en fiestas como en los night clubs de moda: Trocadero, Ciro, etcétera. En 1937 y 38 participa en nueve películas en papeles secundarios, de reparto. Poco a poco, Lana Turner comienza a ser pretendida por hombres como Robert Stack, Fernando Lamas, Mickey Rooney y Tyrone Power. (En muchas de las entrevistas que le hicieran a "la chica del suéter", llegó a decir que "el amor de su vida" había sido Tyrone Power. "Tenía una forma de besar única. Nunca olvidaré la ternura y al mismo tiempo pasión con la que besaba." Sin embargo, nunca se casaron.)

A pesar de que pronto vinieron los éxitos tanto cinematográficos como sentimentales, la vida de Lana Turner no fue nada fácil. No obstante ser una mujer bellísima y muy atractiva, nunca llegó a ser la gran actriz que hubieran deseado sus directores. Después de la muerte de Jean Harlow en 1937, toma su lugar como "símbolo sexual". A finales de los cuarenta y principios de los cincuenta, Lana Turner llegó a ser una de las actrices más famosas de Hollywood.

Durante los cuarenta años que trabajó en el cine, participó en cincuenta y cuatro películas, gracias a lo cual se convirtió en una de las mujeres más ricas de Estados Unidos. Claro que sus maridos contribuyeron mucho a esta fortuna.

La Turner se casó ocho veces. Sí, ocho veces. No obstante, en una entrevista, la actriz dijo que para ella el sexo no era tan importante. ¿Cuántas veces se hubiera casado si efectivamente lo hubiera encontrado interesante? ¿Veinte? ¿Treinta veces? Cuando me enteré de estos ocho matrimonios, me puse a imaginar lo complicada que debió ser la vida de Lana: ocho maridos, ocho señores, ocho esposos, ocho amantes, ocho novios, ocho pretendientes, ocho machos. Imagínense ustedes la cantidad de batas de hombre, tal vez olvidadas, que tendría en su clóset. ¿Habrá conservado todos los pares de pantuflas? ¿Qué habrá hecho con los cepillos de dientes que olvidaban los que partían? ¿Y las corbatas?, ¿las guardaba todas? ¿No se hacía bolas con los nombres? ¿Cómo recordaba a quién de todos le gustaba el jugo de naranja o el de toronja? ¿Se hacía líos con los desayunos? A lo mejor, al primero le gustaba desayunar hot cakes y el tercero los odiaba con todo su corazón. ¿Tenía ocho pasaportes con sus ocho nombres de casada? ¿Cómo se acordaba a cuál de ellos le gustaba que le hicieran piojito y cuál prefería que le sobaran los pies? ¿Cómo hacía con los cumpleaños? ¿Se confundía de fechas? ¿Mandó a hacer los pasteles de las bodas con el mismo pastelero?, entonces, ¿se habrá hecho millonario este señor? ¿La casó siempre el mismo juez? ¿A quién de todos quiso más? ¿Tenía un álbum de fotos para cada uno? ¿Cuál de los ocho maridos fumaba puro y cuál pipa? Cuando se encontraba en la intimidad con alguno de ellos, ¿comparaba sus cuerpos? Puesto que se casó ocho veces, ¿tuvo entonces ocho suegras? ¿Con cuántas cuñadas tuvo que relacionarse? ¿Tenía ocho argollas y ocho anillos de compromiso? ¿Tuvo ocho casas diferentes? ¿Conservó siempre la misma cama para todos?

Los ocho

Seguramente, muchos de ustedes se han de morir de ganas de saber quiénes fueron estos ocho afortunados que tuvieron el privilegio de despertarse entre los brazos de Lana Turner.

Pues bien, a lo largo de veintinueve años, fueron... Pero empecemos por orden.

A los diecinueve años, es decir, en 1940, se casó con el maravilloso músico Artie Shaw. Por entonces, Shaw estaba relacionado con Judy Garland; probablemente ella no tenía suéteres color mandarina, el caso es que Artie la dejó por Lana Turner. Pero el matrimonio apenas duró cuatro meses.

Dos años después, también vestida de blanco, pero en el juzgado, se casó con el restaurantero Stephen Crane, dueño de una cadena de restaurantes donde servían especialidades hawaianas (poco tiempo después se convertiría en marido de Martin Carol), no obstante que no

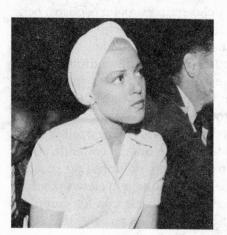

estaba divorciado. Con él, Lana tuvo su primera y única hija: Cheryl. Veintiún meses después se divorció.

En 1948, se casó con el multimillonario Henry J. (Bob) Topping, hijo del Rey del Estaño. Bob era un extravagante, un conquistador de mujeres. El día de su boda puso un brillante de cinco quilates en una copa de martini. "He aquí lo que me pediste para beber", le dijo a Lana. El brillante era tan grande, que la actriz pensó que lo que se encontraba en el fondo de la copa era un hielo. "Te lo pedí sin hielo", apuntó Turner. "No es un hielo, es la prueba de mi amor", contestó el novio. La artista lo miró intrigada, al mismo tiempo que metía sus deditos en el interior de la copa. "Oh, my darling, you are so sweet!", exclamó la novia con su brillantote en el dedo. (Para aquellas que ya compraron su suetercito color mandarina dos tallas más chico, ahora ya saben lo que tienen que pedir como aperitivo cuando se lo pongan: un martini. Don't forget it.) Cuatro años, ocho meses después, también fracasó este matrimonio.

En 1953, Lana se casó con su cuarto marido, Lex Barker; el protagonista de las películas de Tarzan de esos años. Pues bien, este marido le salió bien maloso; maloso en serio. ¿Por qué? Porque en varias ocasiones quiso abusar de la hija de Lana Turner, quien entonces nada más tenía diez años.

Más adelante, verán de qué manera esto empezó a traumar a la pobre de Cheryl. Un buen día, la hija ya no pudo más, y se lo contó a su madre. "Te me vas de aquí, pero de inmediato. No te quiero volver a ver nunca más", le dijo Lana a Barker. Veinte minutos después, el que se creía no nada más Tarzán, sino su mamá, desapareció con todo y cepillo de dientes. (Aquí hago un paréntesis y pregunto si no se habrá llevado al mismo tiempo una de las batas de los otros tres exmaridos; o, tal vez, una de las piyamas.) Muchos años después de esta separación tan dolorosa para la actriz de *The Postman Always Rings Twice*, cuando Barker murió en 1973 de un infarto en una calle de Manhattan, Lana Turner señaló en una entrevista: "Me pregunto por qué tardó tanto en morirse ese señor".

El quinto marido de Lana fue Johnny Stompanato. Es a partir de este matrimonio, que empiezan los verdaderos problemas para una de las actrices más famosas de Hollywood de la década de los cincuenta. Johnny Stompanato era lo que se conoce como un "pésimo bicho". Más que un "pésimo bicho", era llanamente un gángster con conexiones en la mafia. Stompanato maltrataba mucho a la pobre

de Lana. Como era sumamente celoso, todo el tiempo la abrumaba con sus celos absurdos.

El 4 de abril de 1958, desde su recámara, Cheryl escucha que su madre y Johnny están discutiendo. Él le está gritando cosas horribles. La discusión se originó porque Lana no tenía ganas de que la acompañara a la entrega de los Oscares. "¡Vamos a terminar! ¡Vamos a terminar", gritaba desesperada vestida con una bata de satín blanco. Sobre su cama se veía el vestido de gasa azul que se pondría esa noche. "Ya no te quiero Johnny. ¡Déjame en paz!", decía la artista llorando. De pronto, Johnny saca una navaja. En esos momentos, Cheryl, de catorce años, entra a la recámara y ve la escena. Tiene miedo. Llora, pero nadie le hace caso. Johnny y Lana siguen peleándose. La niña corre hacia la cocina (donde, por cierto, dicen que nunca había puesto los pies) y toma un cuchillo. Vuelve a la recámara de su madre y, como si una voz omnipotente se lo hubiera ordenado, le clava a Johnny el cuchillo en el estómago. El gángster cae de bruces y la alfombra rosada se cubre de sangre. Y mientras Lana trata de salvarlo dándole respiración de boca a boca, muere. Diez minutos más tarde, el timbre de la residencia de 730 North Bedford Drive en Beverly Hills suena. Cada vez suena más fuerte. La niña abre la puerta y entran los policías. En seguida llegan la prensa, los detectives, las ambulancias, los doctores y muchos mirones que quieren saber quién mató a quién.

El juez William B. McKesson exoneró a Cheryl porque "nunca tuvo un hogar, porque nunca tuvo una madre ni un padre que se ocuparan realmente de ella y porque lo único que quiso la niña fue salvar a su madre".

El Hollywood terrible

Aunque Lana hizo todo lo posible por conservar la potestad de su hija, Cheryl se fue a vivir con su abuela. Más de doscientas mil cartas de apoyo recibió la actriz para que conservara a su hija. Pero la pobre hija, para entonces, ya estaba muy perturbada. Cuando cumplió diecisiete años, se vio obligada a entrar en una clínica psiquiátrica. Allí pasó diez meses. No fue sino hasta 1981 cuando se reconcilió con su madre. En 1988 escribió un libro terrible que se llama *Detour. A Hollywood Story*. Este libro trata acerca de los amores de su madre, de la muerte de Johnny, pero, sobre todo, de las terribles depresiones y soledades de la autora.

Curiosamente, la película de Lana Turner que más éxito tuvo fue *Imitation of Life*, filmada en 1959, cuyo guión trata precisamente de una actriz muy famosa que sacrifica, entre otras cosas, el cariño de su hija por su carrera profesional.

Ahora, Cheryl es una mujer de negocios muy próspera. Desde hace muchos años vive con una amiga: "Ella me hace muy feliz, no necesito a nadie más", asegura. (Me pregunto si alguna vez su madre la perdonó por haber matado a un hombre que tal vez la hacía sufrir mucho, pero del cual, en el fondo, estaba profundamente enamorada.)

No hay duda de que el medio cinematográfico es terrible. A raíz de la muerte de Johnny, Hollywood comienza a proponerle más papeles y guiones de películas que tenían que ver, precisamente, con este tipo de problemas. Después de este quinto trágico matrimonio, Lana aún se casó con tres hombres más: Fred May, propietario de ranchos, el empresario Robert Eaton, y el hipnotista Ronald Dante.

En 1966, Lana Turner todavía participa en *Madame X*, en una de sus mejores actuaciones; hace televisión, de vez en cuando cine, y se retira definitivamente en 1983.

Lana Turner era muy creyente. Curiosamente, también creía mucho en los zapatos. Tenía quinientos pares de zapatos. No es que estas dos creencias estén relacionadas. O tal vez sí. Se podría decir que para muchos, la artista parecía un ángel, un guardián del Señor, pero que al mismo tiempo, siempre fue una mujer con los pies en la tierra.

Lana "encuentra a Dios" gracias a la ayuda espiritual de su peinador, Eric Root; guiada por él supera el alcoholismo y encuentra una cierta paz en su vida. La fortuna profesional y personal tan fluctuante de Lana, la enseñó a permanecer alerta a los peligros de vivir desbordando su propia imagen. Como dijo una vez: "Es injusto culpar de esto a Hollywood. Es, más bien, consecuencia de todo lo que tiene que ver con el gran éxito y el éxito repentino. Ese éxito es lo más peligroso que puede ocurrirle a una... no hay nada más devastador".

Lana Turner murió a los setenta y cinco años, de cáncer en la garganta. Su secretaria particular dijo que la actriz había vivido gracias a tres cosas: "Antes que la verdad, imagen. Antes que la realidad, fachada. Pero, sobre todo, orgullo, mucho orgullo".

En efecto, fue con mucho orgullo que salió a la calle aquella mañana del verano de 1937, con su suetercito color mandarina dos tallas más chicas que la suya.

Ella es la tristeza

*A*lgo tiene su voz que provoca, con la mucha melancolía, un sentimiento que no me inspiran otros cantantes. Se diría que su voz viene de otro tiempo, de otra dimensión. No obstante parecer muy antigua, en momentos esa voz resulta del todo intemporal. Muchas veces pensé que su voz tenía, entre otros poderes, uno muy extraño: te saca toda la tristeza. Sí, se los aseguro; yo ya hice la prueba. Hace muchos años; me acuerdo que era domingo como hoy. No sé por qué esa tarde estaba triste, el caso es que puse el único long play que había en la casa. Me senté en el sofá, cerré los ojos y me dispuse a escuchar a Edith Piaf; y, mientras la oía, empezaron a rodar por mis mejillas unas lagrimotas igualitas a las de las heroínas de los comics norteamericanos. "Ay, pero ¿por qué estoy llorando tanto?" Y la oía, y lloraba y lloraba. Lloré por lo que no había llorado a los diez años, a los catorce, a los diecisiete. Lloré con la misma tristeza de cuando murió mi mamá grande. Lloré por mi primera decepción amorosa. Lloré porque reprobé el tercer año de primaria. Lloré por aquella injusticia que me hizo madame Josephine en el Colegio Francés. Lloré por la tristeza que me provocaron películas como *City Lights* y *Jeux interdits*. Lloré porque en ese momento no tenía novios, ni pretendientes, ni amigos. Lloré porque me dio miedo que nadie me fuera a pedir que me casara con él. Por eso, lloré como una María Magdalena: según yo, me quedaría para vestir santos. Lloré porque nunca fui a la universidad. Lloré por todos los que estuvieron en campos de concentración. Y lloré porque era domingo y estaba solita en mi casa llorando. Y llorando y llorando me fui acordando de viejas y nuevas tristezas. Y cuando escuché los dos lados del disco, no se pueden imaginar ustedes lo bien que me sentí: estaba en paz conmigo misma. Recuerdo que después de guardar el disco, me polveé la nariz y, feliz de la vida, me fui a pasear a la zona rosa.

Para escuchar a Edith Piaf como se debe, hay que disponer de mucho tiempo. Si una está dispuesta a esa terapia —dejarse ir y echar afuera toda esa tristeza que la acompaña desde chiquita—, ya sabe lo que tiene que hacer. Ésta es una época en que todo está supuestamente prohibido: fumar, circular, manifestar, prohibido esto y lo otro, con todo respeto, les digo que está terminantemente prohibido escuchar a Edith Piaf a la carrera, como de paso o como fondo musical. Esa voz es para escucharla despacito, con todos los sentidos.

Comienzo triste

"Abajo de un farol, frente al número 72 de la calle de Belleville, nació mi hija", contaba el padre, Louis Gassion. Él era acróbata, y especialista en caminar de manos. La madre de Edith cantaba por las calles. En los primeros años, a la niña Edith la educó su abuela materna. Esta mamá grande tan original le hacía beber vino porque, según ella, el agua podía acarrearle enfermedades. Con el tiempo, monsieur Gassion la llevó con la abuela paterna. Louise, como se llamaba, tenía un prostíbulo en Berner, Normandía. En esa época, Edith perdió la vista a causa de unas cataratas. Durante tres años estuvo completamente ciega. "Siempre he pensado que ese tránsito en la más completa oscuridad me dio una sensibilidad diferente. Más tarde, cuando quería escuchar bien, 'ver' correctamente una canción, cerraba los ojos."

Un día, la abuela Louise, con sus alegres alumnas (señoritas encantadoras, llenas de ternura para los hombres incomprendidos), trajeron el milagro. ¡Sí, un milagro! Santa Teresita del Niño Jesús quiso que Edith no nada más viera con los ojos del corazón, sino con los de verdad. Desde ese momento, creció en ella una verdadera devoción por esta santa, y que jamás abandonó.

"Mi conservatorio es la calle. Mi inteligencia, el instinto", decía Edith Piaf. Desde los nueve años de edad empezó a cantar por las calles y cafés de París. Su padre siempre la acompañaba; él recogía en su cachucha el dinero de los peatones. Después continuó ella sola. Un día fue a buscar a Simone, su media hermana. "Mamá, vengo por ella, a partir de ahora vivirá conmigo", le dijo. "Momone", como le decía a su hermanita, se fue encantada con Edith. Simone se convirtió en la encargada de recoger el dinero que le daban a Edith mientras cantaba. Simone acabó por volverse la sombra de Edith; todo lo hacían juntas. Dormían juntas en la misma cama, comían juntas, trabajaban juntas y juntas se divertían como un par de niñas traviesas. Pero conforme pasaba el tiempo, Edith se transformó en una señorita; a tal grado que un buen día le dijo: "Mira, Momone, te presento a mi novio. A partir de ahora, dormiremos los tres juntos". Y nueve meses después, en lugar de tres, fueron cuatro, con la hija de Edith. Eran pobrísimos en esa época e imposible alquilar un segundo cuarto. Por esta razón, el padre de Edith decidió quitarle a la hija. "Contigo se morirá de hambre." Palabras premonitorias las del padre. Meses después de llevarse a Marcela de dos años, murió de meningitis. Su madre tenía diecinueve y ni un solo centavo para el entierro. "¿Qué puedo hacer? ¿Con qué dinero voy a enterrar a mi hija?" Desafortunadamente, la respuesta y solución a su problema las encontró en un esquina parisina cualquiera. Esa noche, Edith no le cantó a los peatones ni a su novio, ni a Simone, le cantó al oído a un señor que conoció diez minutos antes.

De la Mome Piaf a Edith Piaf

La muerte de su hija marcó terriblemente a Edith. Continuó cantando por las calles de París pero ahora con una irreparable dosis de tristeza. En un cabaret de Pigalle, una noche conoció a Louis Leplée, propietario del Garny's, que entonces estaba mucho de moda; fue él quien le puso el apodo de la "Mome Piaf". Después de escucharla, la contrató para su cabaret. La víspera de su presentación, Edith casi terminó de tejerse un vestido negro. Digo casi porque le faltó la manga derecha. La mujer de Maurice Chevalier tuvo a bien prestarle una mascada para que se la pusiera como manga. Por fin, Edith aparece en escena. Se veía chiquita, muy chaparrita, con su vestido tejido en lana negro, con una manga en mousseline color violeta. Para colmo, esa noche Edith tenía muy mal semblante. Pero eso al público no le importó. Fue su voz la que de inmediato impactó. Ese 6 de abril de 1936, sucedió otra desgracia terrible para la pobre de Edith: "Papá Leplée", como Piaf llamaba al propietario del Garny's, fue asesinado.

Y de la noche a la mañana, Edith se encontró de nuevo en la calle sin un centavo. Fueron días dificilísimos. Entonces, aceptaba cualquier tipo de contrato, hasta que conoció a Raymond Asso. Raymond empezó a componerle sus canciones, gracias a las cuales el ABC, el music-hall más conocido de entonces (allí cantaba Charles Trenet), la contrató. Y, otra vez, a Edith le empezó a ir bien. La cantante dejó las calles para entrar en el mundo del espectáculo; ya no fue la Mome, sino ¡Edith Piaf!

Se dice mucho que Edith no era bonita; sin embargo, tenía unos ojos preciosos, de un color violeta muy particular, una sonrisa tiernísima, como la de una niña desamparada. Dicen que los hombres no podían resistirla, que cuando Edith sonría, todos caían a sus pies. Con su estilo ingenuo de niña buena, Edith se enamoró de todos los hombres que conoció. No, Edith no podía vivir sin un hombre a su lado. Y el hombre que caía en sus brazos debía ocuparse de ella las veinticuatro horas del día. "Eres una mujercita muy demandante", le decían sus amores. El actor Paul Meurisse conoció a Edith, le gustó, pero él no podía darle tanto amor a lo largo de las veinticuatro horas como exigía Edith. En esos años, Edith tuvo un confidente, un amigo entrañabilísimo a quien le contaba todas sus cosas. "Mi poeta", lo llamaba; nada menos que Jean Cocteau.

Edith tuvo muchos amores, pero del que se enamoró perdidamente fue del boxeador Marcel Cerdan. Sin lugar a dudas, ése fue el gran amor de su vida. La primera vez que lo vio fue en Nueva York en 1947. Ella tenía treinta y dos años, y él, un año menos. Durante dos años, vivieron un verdadero idilio de amor y de éxitos profesionales.

La derrota definitiva de Marcel

El 21 de septiembre de 1948, en Nueva York, después de ganar el campeonato del mundo, Marcel se dirigía al Versalles donde Edith

daba un recital que le había ofrecido con todo su corazón. Esta mujer tan pequeñita, de físico tan insignificante, cuya voz no dejaba de sorprender a todo el mundo, era el orgullo de Marcel. Un año después, Marcel perdió el campeonato. Mucho le reprocharon a Edith Piaf esta derrota. "No es una buena influencia para él. Todas las noches salen a los cabarets. Es demasiado posesiva y él está demasiado enamorado", decía el manager de Marcel. En octubre de 1941, Marcel y Edith quedaron de encontrarse en Nueva York. "Tomaré el primer barco que salga de Marsella", le telegrafió el boxeador. "Mejor viaja en avión; muero porque me estreches en tus brazos", le telegrafió también Edith. Marcel la obedeció. ¡Pobre!, tanta obediencia le costó la vida. Su avión cayó y, junto con él, el corazón de Edith. Cuando la cantante se enteró del accidente, sintió que se le venía el mundo encima. "No, no puede ser. Fue por mi culpa. Yo le dije que se viniera en avión. ¡Marcel! ¡Marcel!", lloraba en su camerino. No obstante su desesperación, esa misma noche salió a escena, y cantó a un público norteamericano con el corazón completamente deshecho.

Y en homenaje al boxeador, esa noche del 27 de octubre, Edith cantó una de las canciones más bonitas de su repertorio: "El himno del amor". "Ahora voy a interpretar una canción únicamente para Marcel Cerdan", dijo con un enorme nudo en la garganta. "Si un día la vida te separa de mí. Si mueres, que esté yo lejos. Si me amas, no me importa. Ya que después de ti, también yo moriré. Tendremos para los dos una eternidad. En el azul de toda la inmensidad. Y en el cielo ya no habrá problemas. Ya que Dios reúne a los que se aman."

Nunca se repuso de la muerte de Marcel Cerdan. Nunca llegó a vivir otra vez una pasión semejante. Nunca encontró otro hombre al que considerara como su igual. Sin embargo, Edith pasó su vida esperando ese amor. Dicen que padeció intentos de suicidio, curas de desintoxicación, otra cura de sueño; que tres veces cayó en coma hepática; que sobrevivió a dos crisis de delirios, siete operaciones, dos bronco-pulmonías, un edema pulmonar.

Éxitos, el final

Todas las canciones de Edith hablan de amores que terminan mal. De alguna manera, cantan su propia vida. De allí que cante con generosidad y tanta pasión. "Cuando canta, parece que se arranca el alma", escribieron entonces los críticos. Una vez que adquirió más confianza en ella misma, empieza a escribir sus propias canciones. Dicen que "La vida en rosa" es una de ellas, sin embargo, tengo entendido que se la compuso un español. "Toma, te la regalo", le dijo en una ocasión que la escuchó cantar en un cabaret. Otro de sus grandes, grandes éxitos es "No lamento nada". Cuando Charles Dumont, entonces un tímido pianista, le llevó la música que compuso para la canción que escribió Michel Vaucaire, Edith exclamó: "Pero si esa canción soy yo. Es mi testamento". En diciembre de 1960, la estrena en el Teatro Olimpia de París.

No obstante que Charles Dumont es su músico, se involucra con él en una relación amorosa. Él tiene treinta y dos años y ella catorce más. Cuando se termina la historia de amor, Edith Piaf suprime de su repertorio "No lamento nada"; sin embargo, el público se la exige y Edith tiene que complacerlos.

Un nuevo hombre aparece en su vida. Es moreno y también mucho más joven que ella. Juntos interpretan la canción "¿Para qué sirve el amor?". Él es griego y tiene veintisiete años; ella, cuarenta y siete. Su nombre original, Theopanis Lamboukas, se convierte en Theo Sarapo, lo que quiere decir en griego "te quiero". Enamorada de Theo, como creía estarlo, se siente revivir. "Ya puedo morir ahora, he vivido dos veces." El público los ovaciona. Se casan el 9 de octubre de 1962; y lo que son las cosas de la vida, tampoco esta felicidad le duraría mucho tiempo a Edith. Le queda nada más un año de vida. Para ese tiempo, cantar se había convertido en un calvario para ella. Maltrecha como estaba por la droga y el alcohol, con las manos completamente deformes por el reumatismo, la cara abotagada por la cortisona, había momentos en que ya no tenía fuerzas; varias veces se desmaya en el escenario. Sin embargo, la razón de su vida era cantar. Edith subestimaba su enfermedad y trataba de vivir intensamente su segundo amor; multiplicaba sus giras por todas partes del mundo. La última vez que apareció en público fue en febrero de 1963 en el Teatro Bobino. Y el 11 de octubre, a los cuarenta y ocho años, Edith Piaf muere con una sonrisa en los labios para Theo.

Dos millones de personas, en su mayoría mujeres, acompañaron al cortejo fúnebre hasta el panteón del Père Lachaise. Quien la haya escuchado aunque sea sólo una vez, nunca la olvidará.

Marilyn

*D*iez días antes del 4 de agosto de 1962, día en que fuera encontrada muerta Marilyn Monroe, se llevó a cabo en la Casa Blanca, a las 22:30 horas, el siguiente diálogo entre el entonces presidente de Estados Unidos, John Fitzgerald Kennedy, y tres hombres del Servicio Secreto norteamericano, cuya identidad pidieron que no se descubriera. Revivamos la escena: los cuatro se encuentran sentados alrededor de una mesa ovalada. Sobre ella aparecen algunos jugos de frutas, bebidas gaseosas, whisky y gin. Durante las dos horas que duró la conversación, ninguno de los cuatro fumó. Como tampoco ninguno de ellos tomó notas. El que se identificó como KR hablaba en nombre de los tres agentes. En una pequeña habitación, a unos metros de la oficina del presidente Kennedy, se encuentra oculto su hermano Robert, procurador de Justicia. La charla incluyó diversas preguntas. De ellas nos interesan las siguientes:

KR: Señor presidente, durante estas últimas semanas, ¿ha vuelto a ser usted amante de la señora Monroe? Quiero decir, ¿de la actriz Marilyn Monroe?

JFK: Así es. Digo, sí.

KR: ¿Es de su conocimiento que su hermano Robert ha vuelto a ser amante de esta mujer? Quiero decir, de la señora Monroe.

JFK: Mi respuesta es sí. Sí es de mi conocimiento.

KR: Señor presidente, ¿se enteró usted a través de su hermano o de esta dama?

JFK: Sea usted tan amable de llamarla Marilyn Monroe. ¿Acaso no ha visto usted alguna de sus películas?

KR: Señor presidente, debo repetirle la pregunta, ¿fue a través de ella o a través de su hermano?

JFK: No me gusta esta pregunta.

KR: A mí tampoco.

JFK: ¿Está usted seguro?

KR: Sí.

JFK: Mi respuesta es: a través de ella.

KR: Señor presidente, la señora Monroe desde hace meses mantiene una relación estable. El hombre del que estamos hablando es amigo íntimo de uno de los abogados de Jimmy Hoffa [líder del Sindicato de Camioneros y enemigo mortal de Bob Kennedy].

JFK [interrumpiéndolo]: Aquí mismo, Edgar Hoover, director del FBI, me contó la historia. ¿Qué quiere? Son de esas cosas... Cómo decirle... Desafortunadamente, sí... Pero así es la vida.

KR: Señor presidente, ¿le ha dicho la señora Monroe que está escribiendo su autobiografía?

JFK: No, lo ignoraba. Pero esto es una excelente noticia. Toda actividad que pueda ayudar a superar la difícil etapa por la que está atravesando... Ve usted... Estoy seguro que comprende lo que quiero decir.

KR: Claro. Claro. La señora Monroe no está escribiendo su autobiografía. La palabra "escribiendo" es inexacta. De hecho, la está dictando...

JFK: ¿Sí?

KR: La está dictando. Lo que quiero decir es que la va a dictar.

JFK: ¿Y entonces?

KR: La persona de la cual le hablaba parece estar muy interesada en ese documento. A tal grado, y después de nuestras averiguaciones, que incluso quiere filmar a la señora Monroe dictando... en fin, contando su vida.

JFK: Entiendo. Es algo como un nuevo papel, ¿no es cierto?

KR: Exactamente. La película provocaría un escándalo.

JFK: ¿Qué propone?

KR: Queremos su acuerdo para actuar de tal manera que la película no se filme.

JFK: ¿Y qué más?

KR: Es todo, señor presidente. Nada más su acuerdo.

JFK: ¿Nada más mi acuerdo?

KR: Esta noche.

JFK: ¿Dijo esta noche? ¿Ahorita? ¿Aquí? ¿Mi acuerdo aquí? ¿En este momento?

KR: Sí. Sí.

JFK: ¿Y después de que lo tengan?

KR: Nos iremos.

El presidente se pone de pie. Rodea la mesa. Toma del hombro a KR y lo acompaña a la puerta. Los otros los siguen.

JFK: ¿A dónde se dirigen ahorita, a esta hora?

Sin respuesta.

JFK: ¿Van a ver al vicepresidente?

Sin respuesta.

JFK: A Lyndon [B. Johnson] no le gustan las actrices, ¿verdad?

Silencio.

JFK: Después de todo, ¿qué nos importa Lyndon Johnson. No es el tema, ¿verdad?

Cuando se separa de ellos, dando la media vuelta, todavía tiene tiempo de decir "Que Dios los proteja". Esto lo escucharon decir dos de los tres hombres del Servicio Secreto. Pero el tercero asegura, todavía hasta la fecha, que lo que dijo fue:

"Que Dios la proteja".

"Esa noche, los dos hermanos no hablaron más. Una mucama y un guardaespaldas los encontraron sentados frente a una mesa, en completo silencio, como si reflexionaran profundamente. Son las 6:30 de la mañana y afuera se eleva un sol brillante sobre la capital. Diez días más tarde, encuentran muerta a Marilyn Monroe. Quince meses después, asesinan a John Fitzgerald Kennedy. ¿Los mismos asesinos? La respuesta es sí. Tiempo después, le toca la misma suerte a Bob. La muerte reunió a los que la vida había unido y después desunido."

Treinta y cinco años después de esa noche, aún nos duele el profundo abandono en que murió Marilyn.

La reina del silencio

*E*l 18 de septiembre volvería a cumplir años; dada su manera de ser y estilo de vida, ¿cómo lo hubiera celebrado? Lo más probable es que para ella sería otro día más de soledad y melancolía. Bueno, tal vez ya despierta se acordó de esta fecha; quizá, hasta se le dibujó una sonrisa en sus finísimos labios descoloridos. A lo mejor, recostada todavía en su cama, frunció ligeramente sus cejas escasas y se dijo con resignación: "¡Qué horror, un año más!".

Para Greta Garbo el tiempo era su peor enemigo, y un desafío que la obsesionó a lo largo de su vida. Tal vez, lo único que realmente le gustó a Greta fue su intimidad, la independencia, el silencio y su inseparable amiga, la soledad. Pocas cosas disfrutó hasta el final de sus días como las largas caminatas diarias que solía hacer por Madison Avenue y Central Park en Nueva York, lugar donde vivió desde 1941 en el quinto piso del 450 de East 52th Street. "Estos paseos son sólo una huida. Cuando ando sola, pienso en mí y en el pasado." ¿De qué tanto se acordaría en tanto caminaba metida en su gran abrigo color mostaza, con la cabeza cubierta por un sombrero y con unos anteojos oscuros que le cubrían prácticamente toda la cara? Tenía tantas y tantas cosas qué recordar. Seguro hubo mañanas en que con especial ternura evocaba a su padre, Karl Alfred Gustafsson. Por muy borracho e irresponsable que hubiera sido este analfabeta hombre de campo, de oficio barrendero en Estocolmo donde vivían, Greta lo quiso entrañablemente. Keta, como la llamaban de niña, solía ir con él al kiosco de Anges Lind a comprar revistas con fotografías de actrices y actores de teatro y cine. Esos momentos de evasión les permitían a ambos olvidarse un poco de su pobreza y de sus frustraciones y tristezas; olvidarse también de los gritos de Anna Lovisa Karlsson, madre y esposa autoritaria que limpiaba, lavaba ropa o hacía de criada en hogares de familias ricas. Sin embargo, tal vez lo que tenía más presente Keta durante esas caminatas, aparte de los constantes pleitos de sus padres, era la muerte prematura de su padre. En 1920, una epidemia de gripe española hizo estragos en el barrio pobre de Södermalm en Estocolmo. El día que se enteraron de que Karl había adquirido la enfermedad, fue la propia Greta quien quiso llevarlo al hospital. Pero por falta de dinero no pudo internarlo. "Sólo el dinero podrá salvarlo", pensó la niña de catorce años. Su padre apenas podía moverse y ella no podía dejar de pensar que eran pobres, muy pobres, y que la pobreza se llevaría la vida de su padre. Al día siguiente, Karl Gustafsson murió.

De "tvålflicka" a "Greta Garbo"

Acaso también, durante sus largos paseos, Greta se acordaba de su primer trabajo. "Si realmente quieres trabajar, serás tvålflicka es decir, 'chica de la espuma'", le dijo Einar Widebäck, propietario de una peluquería de Södermalm. Tvålflicka suponía trabajar en un servicio generalizado que esperaban los hombres cuando concurrían a una peluquería. El servicio consistía en colocar la toalla bajo el cuello del cliente, preparar la espuma de afeitar y distribuirla por el rostro, limpiar las navajas y calentar las toallitas. Los clientes, por su parte, se distraían con los encantos de las "chicas de la espuma". "Tienes que darles conversación, distraerlos pero no entusiasmarlos", le advirtió el señor Widebäck a Greta. Con el tiempo, la joven se dio a querer y respetar con su patrón y los clientes, no obstante no faltaba alguno que la invitara a bailar. Pero sigamos con las evocaciones de Greta. Mientras caminaba y caminaba con la mirada hacia sus enormes pies, seguramente también recordaría a Alva, su hermana, su compañera de juegos, su amiga y cómplice en los primeros intercambios de ternura física. Ah, cómo quiso a esta hermana que murió de tuberculosis. Alva siempre quiso que trabajaran juntas en el cine de la ya Unión Soviética; "allí las actrices no tienen que acostarse con los productores; reciben salarios estables, además gozan de un gran respeto por parte del público y las autoridades", le dijo cuando Greta le anunció en 1925 que se iría rumbo a Nueva York a trabajar. Otra de las voces que sin duda debía escuchar también durante sus paseos era la de su amigo más cercano; quizá el compañero que más quiso en su vida, Mauritz Stiller. Su primer encuentro fue en el Hotel Explanade de Estocolmo. Ante ella estaba uno de los mejores directores de cine de Suecia, quien casi sin conocerla le ofrecía coprotagonizar su próxima película junto con el actor Lars Hanson. Mirándola con detenimiento, Stiller comenzó con su desbordante retórica: "Tienes una bonita figura, unos hombros gráciles, un

cuerpo estilizado, un rostro insólito, ojos hermosos, pestañas larguísi-
mas y una voz dura". Le aseguró que la película *La leyenda de Gösta
Berling* no era sino el principio; el dinero que cobrarían no sería más
que el primer eslabón de la inmensa fortuna que harían juntos. Traba-
jaría con ella día y noche. Tendrían que trabajar y estudiar incansable-
mente, quizá meses o años. Ella, por su parte, debía prometerle que
siempre le obedecería, que lo consultaría antes de tomar alguna decisión importante. Él sería su creador y maestro, y ella su gran descubri-
miento. "Eres muy joven, me temo que no entiendes, tu vida cambiará
radicalmente, ya nada volverá a ser como en los oscuros días que has
pasado con tu familia. Te crearé como si vinieses de la nada, será como
moldearte con mis manos, poco a poco irás tomando forma y no te re-
conocerás sino en el resultado de mi obra y tu talento natural. Resuci-
tarás en la creación de Mauritz Stiller y te llamarás Greta Garbo", le dijo el que sería durante los siguientes cinco años, no nada más su maestro sino su confidente más íntimo. Corría el mes de junio del año 1923.

La transformación: "I want to be alone"

Veinticuatro meses después, Stiller y Garbo viajaron juntos a
Nueva York; ahí los esperaban un publicista y un fotógrafo de la Metro
Goldwyn Mayer. Louis B. Mayer, hijo de inmigrantes judíos de Minsk,
los había contratado; su empresa pasaba por una catástrofe financiera
con la interminable producción del filme *Ben Hur* y necesitaba nuevas
caras y directores. Stiller recibiría mil dólares por semana para estar a
disposición de los estudios, más veinticinco mil dólares o el veinticinco por ciento de los beneficios de las películas que hiciese, mientras
que Greta cobraría trescientos cincuenta dólares por semana. Aunque
Mayer estaba maravillado con la belleza de la actriz, no le gustaba su
silueta. Casi no tenía busto, sus caderas eran anchas, sus tobillos, gruesos, su andar era torpe y, para colmo, sus dientes del frente estaban
muy separados entre sí. Además, tenía los pies demasiado grandes, y
apenas hablaba una palabra de inglés. En Hollywood, los estudios la
sometieron a un intenso trabajo de embellecimiento: la obligaron a una
dieta sumamente estricta; le arreglaron las manos, los pies y la denta-
dura. La fotografiaron junto a los integrantes del equipo de cross norteamericano, junto a un león, en una piscina. A su guardarropa se le tuvieron que hacer cambios radicales. "Sus vestidos no tienen la mínima
sofisticación", apuntaron los modistas después de haberlos revisado.

Le impartieron cursos intensivos de inglés, de pronunciación y de buenos modales. Finalmente, y con todas estas transformaciones, Greta dejó de ser una Gustafsson para convertirse en una verdadera Garbo. Su primer papel en el cine sería de Leonora en la adaptación cinematográfica de la novela de Vicente Blasco Ibáñez, *El torrente*; desafortunadamente no la dirigiría Stiller, sino Monta Bell, un director mediocre que jamás llegó a tener un verdadero éxito en el cine. De cualquier manera, la supervisión de Stiller se hizo presente en el rodaje y en el trabajo de Greta: "Si proyectas tu personalidad por encima del papel, quiero decir, si tu personalidad llega a dominar el papel, tampoco lograrás nada. Por medio de tu intuición, tienes que encontrar una forma de fundir tu personalidad y tus amaneramientos físicos con el alma y los amaneramientos físicos de la imaginación del autor, con el personaje que éste ha creado. Si consigues esta realidad dramática, para el espectador será tan auténtico como su propia experiencia en la vida real. En esa especie de comunión entre los dos personajes, el ficticio y el tuyo propio, puedes crear una representación inolvidable que hará temblar a los espectadores".

Bueno, pero ¿qué más recordaría Greta en esas caminatas solitarias que continuaron por más de cincuenta años? Quizá se acordaba de aquellos anuncios que lanzó la Metro Goldwyn Mayer en 1930, y que decían: "¡Garbo habla! ¡Garbo habla!". La película que estrenó con muchísimo éxito la voz de la diva fue *Anna Christie*. O bien, tal vez, le gustaba acordarse de la carta que le escribió la hija de Alexandre Dumas para felicitarla por su interpretación en la película *Camille (La dama de las camelias)*. "Considero que su actuación fue superior a las interpretaciones de Sarah Bernhardt y Eleanora Duse", le escribió. Greta había demostrado su increíble talento dramático en su capacidad para encarnar la tumultuosa vida de una cortesana francesa. La Garbo también seguía brindando buenos resultados económicos. Al fin y al cabo, la MGM no hacía más que aprovechar al máximo las condiciones del contrato que le permitía someter a Greta a un ritmo de trabajo impresionante. En esos años, se pasó el día entero en los estudios ensayando y filmando. Muy tarde por las noches, regresaba a su casa de Santa Mónica o Brentwood muerta de cansancio; sin embargo, antes de dormirse continuaba estudiando sus parlamentos. En 1937, ya se consideraba a Greta como la mejor actriz, y la mejor pagada, de Hollywood. Para entonces, ya la acosaba por completo la prensa norteamericana. "Quiero que me dejen en paz", les dijo en una ocasión a los periodistas. "¿No se cansan de inventarme matrimonios y romances? Es la 759 vez que me entero que me he casado." No hay que olvidar que Greta sufría de una timidez casi casi patológica, misma que la impedía relacionarse abiertamente con el mundo que la rodeaba. "I want to be alone", pronunció tres veces, en la obra del mismo nombre que se estrenó en Nueva York en abril de 1932, el personaje de la bailarina rusa Goulding que protagonizó Greta. Con el tiempo, esta frase se convertirá en una clave fundamental para entender la verdadera filosofía de la actriz. "Hollywood fue el único responsable de sus inhibiciones, muy pronto percibió la dificultad que suponía vivir de acuerdo con las exigencias de una imagen pública... Estoy absolutamente convencido de que ella jamás participó personalmente en la creación del mito de su soledad", comentó Eric Dimmer, psiquiatra que consultó la actriz durante seis meses entre 1939 y 1940.

La mujer de las dos caras

Después de Mauritz Stiller, tal vez la persona en la que más pensaba durante esas caminatas solitarias era Mercedes Acosta. Ella también fue su gran amor. Acosta trabajaba como guionista en Hollywood y había estado casada con un artista neoyorquino, a quien decidió abandonar para viajar por Asia, en busca de respuestas a sus inquietudes. Buda y el vegetarianismo, decía ella, fueron excelentes sustitutos de su relación afectiva. Mujer misteriosa, interesada en asuntos poco habituales en los círculos del mundo del cine, intelectualmente brillante, tierna y protectora, viajera infatigable y desbordante de anécdotas, Mercedes era fuente de excitación física y espiritual, además de una gran ayuda para Greta, tanto en sus dolores físicos como en los psicológicos.

Diré también que hubo una vivencia que tal vez no le gustaba a Greta recordar: el fracaso de su última película, *Two-Faced Woman*. Ésta sería su película número treinta y siete. Una Greta en traje de baño (no hay que olvidar que era de caderas rotundas), demostrando sus habilidades para el esquí sobre nieve, bailando con sensualidad o seduciendo a los hombres con un estilo mundano, prendieron las críticas de la Liga Nacional de la Decencia. La iglesia católica condenó la película argumentando que "ponía en peligro la moral pública". *The New York Times* dijo entonces: "El reciente intento de la señorita Garbo para introducirse en el mundo de las fantasías ligeras constituye uno de los estrenos más lamentables de la temporada". Por su parte, la crítica de la revista *Time* manifestó que la película "resulta casi tan desgarradora como ver borracha a la propia madre". Ese año de 1941, Greta no tenía más que treinta y seis años.

¿Qué pasó durante los siguientes cincuenta años en que intentó que el mundo la olvidara? ¿Qué hacía a lo largo de tantos y tantos días que tenía frente a ella? ¿Con quién hablaba? ¿Cómo ocupaba su tiempo? ¿En qué pensaba realmente? ¿A quiénes veía? ¿Qué lugares frecuentaba? ¿Qué hacía para conservar su anonimato? ¿Quiénes eran sus amigos? El anticuario norteamericano Sam Green era uno de ellos. Se conocieron en 1970 en casa de su amiga la baronesa Cécile de Rothschild, en la Riviera francesa. "Sabía poco de Garbo y no había visto ninguna de sus películas", dice Green, lo que le convertía en un candidato perfecto para su amistad. Durante una época caminaban juntos dos veces por semana. Él era una de las pocas personas con las que hablaba por teléfono. Desde un principio, Green, de treinta años, informó a Greta, entonces de sesenta y cinco, que, como anticuario que trabajaba en su casa, grababa sistemáticamente todas las llamadas telefónicas. La diva no protestó entonces, ni tampoco después. Mientras ella

viviera, las grabaciones nunca serían explotadas. Más de cien horas de conversaciones telefónicas se depositaron en los archivos de la Universidad de Wesleyan en Middletown, Connecticut. Después de la muerte de la actriz el 15 de abril de 1990, Barry Paris las reunió en una biografía titulada *Los años perdidos*.

"Con el paso de los años, Garbo convirtió el apartamento en un refugio casi uterino que se adaptaba con exactitud a sus espartanas necesidades: un lugar para esconderse, un lugar para comer y, lo que era más importante, un lugar de partida para aquellas correrías que tan esenciales eran para su mente y su cuerpo: sus paseos. 'A veces me pongo el abrigo a las diez de la mañana y sigo a la gente', dijo refiriéndose a su rutina diaria. 'Me limito a ir a donde van ellos; doy vueltas por ahí. Era una ingeniosa manera de estar sola y con gente al mismo tiempo...' En dieciocho años, jamás dio a Daum su número de teléfono. Sus conversaciones estaban limitadas por una estricta admonición: 'No me preguntes nunca por las películas; sobre todo, por qué las dejé'. Jamás hacía referencia a su carrera. Y ese tabú formaba parte de una prohibición todavía más radical: '¡No me hagas nunca preguntas!'... 'La historia de mi vida', dijo Garbo a un amigo, 'trata de puertas traseras y laterales, ascensores secretos y otras maneras de entrar y salir en los sitios para que la gente no te moleste.' La mecánica de la reclusión era la siguiente: Garbo vivía sola, atendida sólo los días laborables por la fiel Claire Koger, su ama de llaves y cocinera durante treinta y un años. Claire era suiza y tenía exactamente la misma edad que Garbo, lo que podía haberles dado una o dos cosas en común, pero en tres décadas, nunca fueron más allá de una estricta relación entre señora y empleada. Claire hacía la compra, mantenía el lugar limpio y ordenado y preparaba la cena. Su otro quehacer consistía en contestar el teléfono. Los fines de semana e incluso durante la semana, Garbo cocinaba, limpiaba y tomaba los recados con frecuencia. Con el paso de los años, la vida de Garbo se fue asemejando cada vez más a la de una ama de casa sueca y madura de la clase media... 'Había una llamada telefónica casi todas las mañanas', recuerda Green, 'en la que yo le decía dónde había estado y lo que había hecho la noche anterior. Tenías que llamar una vez, colgar y luego volver a llamar. Claire cogía entonces el teléfono sin decir nada. Tú tenías que identificarte ante el vacío, y tu nombre era transmitido a Garbo, que andaba cerca para dar a Claire la correspondiente señal, con el pulgar para arriba o para abajo'. Con los años, sus largas y ociosas conversaciones abarcaron un amplio espectro de temas que iban desde las pantallas de lámparas a las amistades en común hasta el espiritismo... Pero la finalidad solía ser concertar un paseo, en cuyo transcurso el principal deber de Green era proteger a la Garbo de los extraños, 'Oh, oh, señor Green', solía decir ella mientras deambulaban por Madison Avenue, 'aquí llega otro cliente'. Ésa era la señal para que Green se pusiera entre ella y el ofensor. 'Tenía un acusado sentido de la ironía y de la mímica y era animadora consumada', recuerda Green. 'Nunca podías comentar películas, pero de vez en cuando hablaba de sí misma como una persona que antes se dedicaba al espectáculo. Casi nunca utilizaba las palabras yo, me o mi. Decía que cuando la gente las utilizaba significaba que el tema sólo era de interés para el orador.' Asimismo, Garbo tenía la costumbre de hablar de sí misma en género masculino. 'Fumo desde que era un crío', por ejemplo. Green opina que esto no tenía connotaciones sexuales, sino que era 'una manera de alejarse' de una historia, convirtiéndose en otra persona, sobre todo cuando hablaba de Hollywood. Con el paso de los años, Garbo se fue volviendo cada vez más asexual. En sus años de Hollywood había mantenido relaciones íntimas con su coprotagonista John Gilbert, así como con la escritora lesbiana Mercedes de Acosta. En su vida posterior podría haber tenido a casi cualquier persona sobre la tierra, pero era tan reacia a la vida sexual y social que nunca buscó amantes. Divinizadas, ella y su sexualidad estaban irremediablemente enredadas en su ineludible egoísmo. Pero, irónicamente, su egoísmo iba acompañado por un amor propio muy poco acusado. Su sexualidad estaba más reprimida que desarrollada. Un amigo íntimo afirma que era 'estricta y exclusivamente lesbiana'. Otro amigo declara, todavía más convencido: 'No era lesbiana, no era *nada*'."

La última vez que hablaron por teléfono Green y Greta fue durante el otoño de 1985. La causa fue que un periodista del diario sensacionalista *Globe,* habló con el ayudante del anticuario, quien le contó todo lo que sabía acerca de esa amistad. En la portada del ejemplar del 29 de octubre, un gran titular decía: "Próxima boda de Greta Garbo, a los ochenta años". Esos días Green se encontraba en Colombia. A su regreso, y sin saber una sola palabra del asunto, llamó a la diva. Ésta le leyó la noticia y le dijo: "Señor Green, ha hecho usted algo terrible", y colgó. Él la volvió a llamar, asegurándole que no había hecho ninguna declaración a nadie. "¿Significa que ya no podremos hablar nunca más?", preguntó. "Exactamente", contestó ella. "¿Podría hacer algo?" "Sí", dijo la reina del silencio, "¡colgar!".

MUJERES DOMINANTES

¿Ángel o demonio?

*N*o hace mucho, Debbie Reynolds cumplió sesenta años. ¡Sí!, leyó usted bien, sesenta años, dos veces treinta, diez más cincuenta, seis décadas, y así podríamos seguir para volver a decir: sesenta años. En su fiesta de cumpleaños, Debbie no salió de un pastel, como lo hiciera en una escena de la película que la lanzara al estrellato *Singin' in the Rain*. ¿La recuerda? La actriz, seguramente haciendo un enorme esfuerzo, apagó las velitas de verdad de un pastel real y no de cartón como aquél de la cinta.

La primera vez que vi esta película me quedé boquiabierta. Recuerdo que no parpadeé durante toda la proyección, lo único que deseaba era que ésta no terminara nunca. Para mí, Debbie Reynolds encarnaba a la mujer buena, femenina, dulce, tierna, graciosa y monísima. Al día siguiente, me hice anchoas para peinarme como ella. Puesto que en ese entonces yo era medio cachetoncita, igual que Debbie, estaba convencida de que nuestro parecido era casi total.

A partir de 1952, año del estreno de *Singin' in the Rain*, la actriz comenzó a recibir proposiciones para filmar cada vez más interesantes. En 1955, se casó con el cantante Eddie Fisher, con quien tuvo dos hijos, Tod y Carrie. Desafortunadamente, cuatro años después se divorció, pues Eddie estaba perdidamente enamorado de Elizabeth Taylor. Esta separación provocó un verdadero escándalo en Estados Unidos. Todo mundo pensaba que Debbie era una víctima. "Ay, pobrecita, tan linda y buena que es. ¿Cómo

pudo Eddie Fisher abandonarla por ésa?", opinaban, incluso, los fans de Elizabeth Taylor.

Poco tiempo después, Debbie contrajo nupcias con el fabricante de zapatos Harry Kahl. Gracias a él, la artista puso en orden sus cuentas. Sin embargo, el esposo resultó un jugador empedernido y malgastó quince millones de dólares. Al morir, Kahl la dejó en la miseria y con una deuda de dos millones de dólares. En 1984, el empresario norteamericano Richard E. Hamlett, cuatro años menor que ella, se convierte en su tercer marido. "Quiero construir mi vida de nuevo. Cuando se tiene fe y sentido del humor, se puede sobrevivir a todo", declaró.

Hasta aquí, la imagen angelical y sufrida de la pobrecita Debbie Reynolds, porque la actriz también posee otra cara más bien diabólica. Este aspecto se descubrió gracias al libro que escribió Carrie Fisher, su hija. *Postcards from the Edge*, título de esta obra, la desmaquilla por completo. En éste, Carrie la describe como una persona neurótica, injusta, intransigente y sumamente autoritaria. Una de sus obsesiones es el miedo a la vejez: "No me importa sentirme vieja, lo que no soporto es verme vieja", dice Debbie, medio en broma. En el libro se señala, asimismo, el espíritu de competencia con que ve a su propia hija, quien también decidió hacer cine. La autora confiesa con toda honestidad su adicción a los tranquilizantes, adquirida porque desde los diez años su madre solía darle pastillas para dormir y así poder salir por las noches. Carrie narra, además, el problema de alcoholismo que padeció Debbie, su fragilidad emocional y su total incapacidad para dar amor.

Ciertamente, después de leer *Postcards from the Edge,* una concluye que la Debbie Reynolds de la vida real está muy lejos de la imagen que siempre quiso proyectar en el cine. Bien dice el refrán: "Caras vemos, corazones no sabemos". ¡Lástima que su cara jamás se haya parecido a su corazón!

Quiero sugerir que se proclame una ley que prohíba a los hijos de los artistas de cine escribir sobre la vida privada de sus padres, y extender esa ley a los biógrafos. No hay nada más decepcionante que conocer, después de muchos años, la verdadera personalidad de nuestros ídolos. Lo mismo me sucedió con Cary Grant, Greta Garbo, Joan Crawford, Judy Garland, etcétera. ¡No soporto que sean tan humanos!

Detrás del espejo

¿**R**ecuerdan cuando el príncipe Carlos confesó al mundo entero que había engañado a lady Di con Camilla Parker? ¿Qué tanto tendrá Camilla —"cara de caballo", como la llaman en Inglaterra— y así convencer al príncipe para humillarse, arriesgándose a perder su futuro como rey de Inglaterra?

Hace sesenta años, millones de ingleses se planteaban esta misma pregunta pero con otro príncipe de Gales y con otra inspiradora de grandes pasiones, la norteamericana Wallis Warfield, de cuarenta años, dos veces divorciada. No habían pasado once meses de su coronación, cuando el flamante rey de Inglaterra, Eduardo VIII, anunció que abdicaba por amor a una mujer. Las malas lenguas de entonces decían que nunca antes un hombre había renunciado a tanto por tan poco...

Con todo el dolor de nuestro corazón aceptamos que, desgraciadamente, tenían razón. Después de que esta historia de amor nos hizo soñar tanto, ahora resulta que la duquesa de Windsor no era aquella mujer dulce, apasionada y entregada que suponíamos. En el libro *The Last of the Duchess*, la periodista Caroline Blackwood nos muestra quién era realmente Wallis, del otro lado del espejo.

Después de todo, esta pareja, que provocaba tantos suspiros, no vivía dentro de un cuento de hadas como nos lo hicieron creer, sino en el interior de una telenovela llena de angustias, reproches, celos y silencios larguísimos. En 1950, trece años después de haberse casado, Wallis se enamoró perdidamente de un playboy estadunidense y bisexual llamado Jimmy Donahue, uno de los herederos de la fortuna Woolworth. En muy poco tiempo se convirtió en compañero inseparable de sus viajes a Nueva York. Parece que Jimmy tenía un curioso sentido del humor y que Wallis era su mejor público.

Tanto en el jet-set de París como en el de Londres, la anécdota más contada era lo que acostumbraba hacer Jimmy siempre que se encontraba en una cena muy elegante. Su mejor chiste consistía en acercarse a la mesa, abrir la bragueta de su pantalón, mostrarse a plenitud sobre el plato y exclamar: "Tienen ante sus ojos una maravillosa clase de salchicha". El único que no se reía de las ocurrencias de Jimmy era el duque, pero no decía nada. Callaba y bebía. Cinco años después, Wallis y Jimmy decidieron romper su relación. Al cabo de una década, Jimmy fue encontrado muerto, a causa de una sobredosis, en el espléndido departamento de su madre en la Quinta Avenida.

Entre otras debilidades de la duquesa, se contaba su pasión por las joyas y por la ropa (cuando viajaba llevaba consigo más de treinta maletas). A pesar de todos sus lujos (sirvientes, mascotas, fiestas, viajes), decían que el duque era codísimo, y que odiaba dar propinas.

En 1972, después de una agonía atroz, muere el duque. A partir de ese año, la duquesa decide encerrarse en una casa inmensa, en París. En medio de una soledad absoluta, Wallis envejece, acompañada sólo por sus recuerdos y por su eterno mayordomo. La única persona que tenía derecho a verla era una abogada que la cuidaba (la tenía encerrada en su recámara), Suzanne Blume. Cuando Wallis tenía aproximadamente ochenta años, la visitó uno de sus amigos íntimos. "Está irreconocible. Todo su cuerpo estaba negro. Parecía un changuito. No sé por qué la alimentaban a través de una pipa que tenía en el interior de la nariz", dijo impresionadísimo.

La duquesa de Windsor murió a los ochenta y nueve años, el 24 de abril de 1986. Dicen que sus últimas palabras fueron: "¿Dónde están mis joyas?".

Mamá grande

*C*uando Porfirio Díaz gobernaba en su tercer periodo presidencial, en uno de los mejores hospitales de Irlanda, nació Rose el 22 de julio de 1890. "¿Está sana, doctor?", preguntó inquieta la madre al pediatra. "Esta niña vivirá más de cien años", respondió el médico. Los felices padres se miraron y sonrieron incrédulos.

Aquella niña, que parecía tan pequeñita y frágil al nacer, llegó a festejar, con sus cinco hijos, nietos y bisnietos, sus ciento tres años. Mientras todos brindaban con champaña el cumpleaños de Grandma y se servían un delicioso pastel con crema chantillí y fresas, Rose miraba por la ventana de su casa de Cape. A lo lejos se veían las olas que iban y venían. Con su copa en la mano comenzó a recordar cosas que creía ya se le habían olvidado. Lo primero que le vino a la memoria fueron sus padres. De pronto los extrañó con toda el alma y lamentó celebrar su cumpleaños en una absoluta orfandad. Enseguida, a través del cristal de la ventana, descubrió a las monjas que tuvo en el Sagrado Corazón de Blumental, Holanda. "Gracias a ellas fortalecí mi fe en Dios. Si no hubiera sido por Él, yo ya me hubiera muerto de tristeza", pensó. De repente, frente a sus tristes ojos azules apareció la sonrisa del único hombre que conoció en su vida: Joseph, su marido. "Vine a felicitarte por tu cumpleaños", escuchó que le decía en su imaginación. "Ay, Jo, quiero decirte que muy a pesar mío te guardo mucho rencor. Por tu culpa hace mucho que dejé de creer en el amor. ¡Cuántas veces me engañaste! ¡Cuántas no te encontré en compañía de mujeres! No, no quiero que me felicites. Tampoco fuiste un buen padre. Para ellos fuiste muy mal ejemplo. Vete, Jo, no te quiero ver", se decía Rose con una profunda melancolía. Poco a poco se le fueron apareciendo sus tres hijos que murieron. Primero Joseph, Jr., muerto en un avionazo el 14 de agosto de 1944. Luego siguió John, asesinado en Dallas en 1963. Y por último vio a Bob, balaceado en Los Angeles en 1968. "¿Por qué me abandonaron, hijos míos? Me dejaron con mucho dolor. ¿Por qué no me llevaron con ustedes?", les preguntó con los ojos llenos de unas lágrimas viejas y saladas. También a través del cristal advirtió el rostro de su hija Rosemary. "¿Cómo estás, hijita mía? ¿Cómo te tratan en ese hospital para enfermos mentales? Ya no me acuerdo si moriste o sigues viva. Si vives has de ser ya una vieja como yo. En ese caso, hace poco cumpliste setenta y cuatro años. Hijita, te extraño. Hace tanto, tanto tiempo que no te veo", le dijo con el corazón. Luego Rose se vio a sí misma de cuarenta y ocho años. Su imagen llevaba un vestido blanco largo, y en la cabeza lucía una tiara de brillantes.

"¿Por qué estoy tan elegante? —se preguntó. ¿Ya no te acuerdas? Así te vestiste en abril de 1938 para ir a cenar con el rey y la reina de Inglaterra en el palacio de Windsor. Acuérdate, entonces Jo era embajador de Estados Unidos en Londres. ¡Mírate cómo estabas de bonita! ¿Te acuerdas que después de la cena, junto con el primer ministro Neville Chamberlain y lady Halifax, viste por primera vez una pintura de Van Dyck, con los cinco hijos mayores de Carlos? Te impresionó muchísimo porque te contaron que dos de ellos habían muerto muy jóvenes y que los otros tres habían sufrido enormemente sin haber nunca llegado al reinado, lo que ocasionó muchísimo terror y confusión en el reino. Esa noche no pudiste dormir, pensando en esos terribles destinos. Ay, Rose, no obstante tu profunda fe en Dios y tu gran fortaleza interna, ¿verdad que ya te quieres morir, que ya estás cansada de escuchar tanto escándalo familiar? ¿Verdad que ya no quieres saber nada de las barbaridades que hacen tus nietos? Del último chisme del que te enteraste por la enfermera: que ahora se decía que tu marido había tenido que ver con la muerte de Marilyn Monroe. ¿Verdad que ya estás harta de toda tu familia, 'del club más exclusivo del mundo', como la suelen llamar? ¿No es cierto que ya no quieres que te festejen ni un cumpleaños más?", le preguntó su propia imagen. En esos momentos, Rose Fitzgerald Kennedy dejó caer la copa y se puso a llorar con toda la tristeza acumulada en sus ciento tres años.

Mia

*D*espués de vivir juntos durante doce años, Mia Farrow y Woody Allen se separaron a consecuencia del "romance" entre Allen y Soon-Yi, hija adoptiva de Farrow y del director de orquesta André Previn. Desde entonces, Mia y Woody no han dejado de pelear por la custodia de sus hijos Stachel, Moses y Dylan.

'Desde que se inició el pleito entre ambos actores, siempre supuse que la víctima era el pobre de Woody Allen. Para mí que ella es una neurótica, pensé. No hace mucho leí una larga entrevista de Mia Farrow, donde hablaba sobre el significado de sus once hijos, diez de ellos adoptivos. Cuando terminé de leerla, reflexioné: No nada más es una neurótica, sino que es una super neurótica.

"Muchos de mis amigos dicen que soy una obsesiva con mis hijos; que mi casa parece la ONU con niños de tantas nacionalidades. Pienso que tener hijos de diversas nacionalidades es una enorme ventaja. Entre ellos se enriquecen con el intercambio cultural. Constantemente les digo que la vida no es igual para todos; que Dios no repartió las mismas cosas a todo el mundo. Mis hijos han comprendido cosas básicas sobre la vida, como el color de la gente, la diferencia de religiones... El pasado Día de Acción de Gracias, todos oramos y dimos gracias por cada uno de sus padres; pedimos también por otros padres, cuyos hijos puedan terminar compartiendo nuestra mesa. Ojalá un día pueda yo adoptarlos. El futuro económico no me preocupa, porque tengo un seguro; estoy ahorrando para ellos y los que vengan. Antes, cuando vivía con Woody Allen, no tenía ninguna seguridad. ¡Pagaba pésimo! Ahora filmaré con otros directores que seguramente me remunerarán mejor. De hecho, estoy leyendo algunos guiones y espero decidirme por alguno que valga la pena. Por el momento, estoy en vías de adoptar a un niño ciego. Cada vez estoy más decidida a proteger a los niños. Quisiera conservar siempre una familia de once miembros; es decir, cuando se vayan los mayores a la universidad o decidan vivir con sus novias, los remplazaré con otros, para tener siempre una familia de once o más miembros. Me da mucho gusto verlos crecer e independizarse. No veo por qué no pueda seguir siendo madre de una familia numerosa."

La verdad es que no sé si creerle tanta generosidad y ganas de componer el mundo. ¿No se tratará realmente de una mujer manipuladora, autoritaria, o sólo desea tener su propio mundo? Tal vez ésta fue la causa de la huida de Woody Allen y Soon-Yi. ¿A qué se deberá esa obsesión por educar almas perdidas, ciegas y maltrechas? ¿Tendré razón al decir que Mia Farrow es una neurótica? Pobre, pobrecito de Woody Allen.

María

*C*uando sea grande quiero ser como María: así de auténtica y de diferente. Si llego a su edad, me gustaría estar igual de lúcida y de entera. ¿Qué hará María para estar siempre tan entera?

Entera... bien enterita, así la vi en la televisión. A pesar de que estaba rodeada por quién sabe cuántos reporteros que le ponían sus grabadoras demasiado cerca de la cara, María los enfrentaba serena, con humor, hasta cariñosa la sentí con ellos. De hecho, se veía feliz.

Cuando María sale en la televisión, me he fijado que siempre llena la pantalla. Bueno, más que ella, los que invaden la imagen por completo son sus ojos. ¡Qué ojotes tiene María! Hay veces que hasta asustan. Pero casi siempre cautivan e hipnotizan. ¿Cuántos años llevará su mirada fascinando a los mexicanos? Seguido me pregunto si esos ojos tan admirados saben llorar. Si son capaces de llorar por las mismas cosas que solemos hacerlo los demás; por ejemplo, por viejas tristezas, por ternura, por compasión, por alegrías, por frustraciones pasadas, o, simplemente, por soledad. Los ojos de María son especiales: nunca me he podido contestar. Si un día me la encontrara, le preguntaría: "Perdone mi atrevimiento... pero me gustaría saber cuántas veces han llorado sus ojos de verdad". Seguramente, en esos momentos, con esos ojos me miraría echando chispas y desafiante, tal vez, me contestaría: "Pero ¡qué impertinencia! ¿Cómo se atreve? Y, además... a usted, ¿qué le importa?". Y yo, con mirada muy tierna, le diría: "Comprendo su irritación. Entiendo que encuentre la pregunta, además de indiscreta, sumamente excéntrica. Pero fíjese, María, que sus lágrimas me importan más de lo que usted se imagina. Ignoro la razón. No sé si alguna vez usted dijo en una entrevista que jamás lloraba. El caso es que desde hace muchos años me he preguntado acerca de sus lágrimas de verdad. Considero que llorar por tristeza o, incluso, por soledad, no es algo que deba provocar vergüenza. ¡Al contrario! Esto hablaría muy bien de usted. Denotaría que es muy humana, que, además de ser capaz de sentir, se permite expresarlo. Entiéndame, señora, yo no quiero que lloren sus ojos. De ninguna manera. Lo único que le quiero decir es que siempre me pregunté por las razones por las que podrían llorar. Por ejemplo, a mí las lágrimas que haya podido derramar Libertad Lamarque no me interesan. Nunca me importaron tampoco las de Sara García o doña Prudencia Griffel; o las de Nadia Haro Oliva. Las que deben ser, ciertamente, muy interesantes son las suyas. Además, señora, llorar es muy importante. Como bien dice el poema "Elogio a las lágrimas" de Víctor Hugo: "¡Llora! Que el llanto tiene enseñanzas que son perfumes del corazón. ¡Llora! Que el llanto tranquilo, lento, es en la noche del sentimiento dulce alborada de la ilusión".

Algo así le diría, si un día me la encontrara. Por otro lado, si efectivamente llegara a suceder ese encuentro, es evidente que María no me escucharía más de dos segundos. Si la abordara así, como la imagino, seguramente se daría la media vuelta y me dejaría sola, como loquita, recitando a Víctor Hugo. Y entonces la que acabaría llorando sería yo. Mejor que no me la encuentre. Aunque, claro, llorar es muy importante pero de ningún modo bajo esas circunstancias.

¿Por qué estoy escribiendo todo esto? Mi objetivo no era preguntarme por las lágrimas de María, más bien era contar mis impresiones de cómo la había visto en la televisión. Esa noche se veía particularmente contenta. Eso me dio gusto. Se hubiera dicho que estaba feliz por sentirse tan viva. De hecho así la vi, viva. Bueno, eso fue lo que yo sentí al ver sus ojos brillar de esa manera. ¡Parecían dos estrellas! ¡Cuántas veces le han de haber dicho esto mismo! Bueno, pero lo que quiero decir es que como en ninguna otra entrevista, en ésta me gustaron particularmente sus respuestas. Se oía sincera, auténtica. Recuerdo una en particular, aquélla en la que se refiere a que se sentía muy afortunada porque todavía no se había vuelto loca. "¿Se da cuenta?", le preguntó a la reportera abriendo sus ojos descomunales. "No me he vuelto loca", decía con su voz tan característica. Eso me gustó. Me gustó que con toda la lucidez de que es capaz una mujer de su edad, admitiera con tanta entereza que no estaba loca. No, María no está loca. Para una persona con su temperamento y vitalidad, eso es fundamental. Pero si habló de locura, es por algo. Lo más probable es que el tema le preocupe. ¿Cuáles serán sus razones? Ay, se me acaba de ocurrir algo muy importante, algo que le tengo que decir a María. Y si la llamo por teléfono y se lo digo. Ay, pero, seguramente, no van a querer pasármela; la han de cuidar mucho. Es normal. Más en estos momentos, en que todo está tan incierto. ¿Cómo podré hacer? Es que se lo tengo que decir. Y si le escribo una carta y se lo comunico. Ay, pero ha de recibir tantas. Además, no necesariamente le han de pasar todas las cartas que recibe. ¿Cómo podría hacer? Es que tengo que verla. ¡Híjole!, creo que la que se está volviendo loca soy yo. No, esto no es broma. Lo que sucede es que sí es importante que se lo diga. ¿Qué puedo hacer?

Bueno, pues no me queda más que escribírselo en este texto. Espero de todo corazón que llegue a sus manos. "Recado para la señora María Félix. Urgente. Estimada María: Con todo respeto, me permito decirle que creo tener la solución para que usted nunca se vuelva loca. Antes de que se la diga, le pido de favor que no malinterprete mi atrevimiento. Créame, mi único interés es el bienestar de su salud mental, sin olvidar, naturalmente, el de su corazón. Pienso que para evitar las posibilidades de volverse un poquito loca, no hay nada como llorar. Las lágrimas, María, hacen mucho bien. Pero, sobre todo, como decía Víctor Hugo: Para que goce de calma, cuando la angustia le oprime el alma, Dios le dio el llanto... ¡don singular! Lloran los tristes que auxilio imploran, siempre los buenos son los que lloran, ¡nunca el perverso supo llorar! Con todo afecto, una ferviente admiradora tanto de sus ojos, como de sus posibles lágrimas de a verdad."

Las verdades de María

¿Dónde habrá puesto María el espejo de tres metros, enmarcado espléndidamente en plata, con un valor de cuarenta mil pesos que le regaló Televisa por haber asistido a *La movida*? "¿Y de veras es de plata de 945 Sterling?", preguntó María con sus ojos enormes y brillantes. "¡Sí, Doña!", respondió eufórica Verónica Castro, enfundada con un vestido verde olivo que hacía lucir mucho sus caderas, más no su cintura. Y entonces, María como que quiso verse en aquella luna inmensa pero no pudo, porque estaba toda envuelta en papel celofán restiradito, restiradito. Sin embargo, las cámaras pudieron apreciar la espléndida orfebrería hecha con manos mexicanas. "Es que yo tengo lo que se llama 'la enfermedad mexicana'. Y tengo enfermedad por la plata", comentó María, a la vez que se acomodaba su esponjadísimo pelo ondulado y sedoso; igualito como lo traía en aquella escena de la película donde sale como novia de Fernando Soler.

Todo, todo brillaba en aquel Foro 11 de Televisa San Ángel. Brillaba el dorado de los muebles de la sala de la casa de María que habían llevado especialmente "para que la Doña se sintiera como en su casa", como dijo Vero. Brillaba el par de gallos de plata y vermeil de chez Tane, que hacían como que se peleaban sobre la mesa de cristal que estaba en el centro de la salita improvisada. Brillaba el marco dorado, por el cual "el gordo pagó ciento cincuenta pesos", de la pintura que Diego Rivera le hizo a la actriz. Brillaban los candelabros, las porcelanas y los brocados que se podían distinguir desde la pantalla chica. Brillaba el blusón en lentejuela negra que le bordó especialmente "un joven mexicano quien es el único que puede bordar de esa forma". Pero ciertamente lo que más brillaba esa noche en el Canal de las Estrellas, eran los ojos de María. Se veía tan feliz, tan llena de vida, tan gratificada porque como ella misma anunció al principio de su programa: "El momento de estar con ustedes ha llegado. Será fugaz, pero tendrá un toque de eternidad; de esa eternidad tan extraña que hay en mis películas, en las que todavía me ven como la que yo soy, como la que fui y como la que seré". Y esto lo dijo con tanta energía, con tanta convicción que millones de mexicanos quisimos a como diera lugar atrapar ese tiempo fugaz para poder eternizar nuestra admiración por una mujer que aunque sentimos tan lejana, sentimos que nos pertenece desde los pies hasta la cabeza. Y la veíamos y no nos cansábamos de mirarla, y de imaginar todas sus vivencias, sus amores, sus caprichos, sus viajes, sus amistades, sus caballos, sus noches al lado de Jorge Negrete, sus celos por Agustín Lara y cuando "lo cachó", los diálogos con su hijo Enrique, y sus sueños. Y mientras la escuchábamos, nos bebíamos sus palabras: "Yo aconsejo a las mujeres que permitan que sus hombres tengan otras, así podrán apreciar lo que tienen en casa". "Para ser bella, lo único que se necesita es disciplina, nada más." "La belleza está en la planta de los pies. No hay que caminar como chencha." "Con el tiempo todo se cae. Pero no hay que dejar que haya arrugas ni en la cabeza ni en el corazón." Y la Vero aplaudía con sus dos manitas bien derechitas, y seguramente pensaba: "¡Híjole, qué mujerón! ¡Es que tiene un estilacho bruto! Pero yo no me tengo que lucir, es el programa de la Doña. Esta noche, *La movida* es de ella. A la Doña hay que darle su lugar. Yo, aunque camine como chencha, soy la Vero de todos los mexicanos. Así les gusto, ni tan sofis ni aunque no sepa quién diablos es ese Genet". Y vimos llegar a Jacobo con su traje bien apretadito, al igual que el nudo de su corbata. Y se veía tan sencillo, tan a gusto, tan a sus anchas en sus espacios. La verdad es que se veía tan humano. Y cuando María dijo: "Este presidente tiene puño... ha demostrado que

tiene pantalones y blindados, ¿por qué no se los pone para rescatar esa hermosura que es el Centro?", Jacobo se reía, se limpiaba el sudor de las palmas de las manos en su pantalón super bien planchadito. Y tal vez recordó que su jefe le dijo que la Doña podía decir lo que se le diera la gana, que no en balde era María Félix. Pero cuando de verdad le ganó la risa, fue cuando María dijo los nombres de sus caballos: Chingo, Malacate, Nonoalco, Caracolero y su yegua Verga. Y el joven Murrieta ahora sí que ya no sabía ni dónde meterse. Pero gracias a Dios luego hablaron de todo. Y ¡uff!, qué alivio sintieron cuando el mayordomo de *La movida*, les trajo sus regalos: a Jacobo una escultura de una escena taurina tan grande como el Foro 11 y a Heriberto Murrieta un capote preciosísimo, color rosa mexicano. Y después que cantaron Mijares, Vicente Fernández (desde Guadalajara), Juan Gabriel (desde el Premier) y Susana Rinaldi, traída especialmente desde París, cantó María Félix, acompañada del guitarrista Rigo Alonso, traído especialmente desde Los Angeles. "Je t'aime à mourir", cantaba María en francés con su singular acento. Y cuando decía "à mourir" su mirada se iba muy lejos, hasta aquel muchacho francés, mucho más joven que María, quien le escribió la letra de esta canción, "un loco que me adoró", comentó más tarde. Y cuando le preguntaron a su hijo, Enrique Álvarez Félix, que narrara un recuerdo de su infancia, se acordó de uno tristísimo. "¿Te acuerdas, madre, cuando me mandaste a un internado al extranjero? ¿Recuerdas que me llevaste al aeropuerto? Era un 16 de septiembre. Yo no me quería ir. Porque después de haber sufrido la separación de mi padre, me fui acostumbrando a la compañía de mi madre. Fui construyendo su amor. Por eso cuando me mandó al internado, no quería irme. Y entonces cuando me despedí de ella, le dije muy quedito 'adiós, madre mala'. Y con la mano le decía adiós." Y nunca comprendimos porque esta historia causó risa a Jacobo, a Heriberto Murrieta, a la Vero y también a María, quien en ese momento fumaba un puro gordo y humeante. Y entre bocanada y bocanada, dijo de pronto María: "La educación de Quique fue una inversión porque me ha pagado con creces. Está preparando un libro con mis fotografías. Somos amigos", dijo. Y luego desapareció Quique, pero volvió a aparecer, pero ya no contó otra historia triste para que los demás se rieran mucho. Y pensamos que seguramente él sabía muchas, muchas de estas historias, pero que tal vez en *La movida* no embonaban mucho. Y de repente nos entró una como nostalgia, como melancolía, cuando se nos mostró el video de la boda de Jorge Negrete y María Félix. Ella vestida de adelita toda de blanco, y él, con su traje charro, todo de negro. Y vimos que a su boda había asistido muchísima gente. Y que los ojos de Jorge Negrete no se veían tan brillantes como los de María. "Creo que ya sabía que se iba a morir y quiso darse un año a todo dar", dijo María y todos se rieron. De pronto entró una voz femenina al foro. Era una voz super importante. ¡Híjole, era la voz de la esposa del patrón! "Te estamos viendo, María. Estás más bella que nunca. Miguel y yo estamos muy contentos. Tú eres una fiesta, María. Lástima que el Gran Jefe no te pueda ver, María", dijo la voz de Christian Martel. Y María, conmovidísima, contestó al aire a aquella voz que venía desde arriba: "Ah... sí, el Gran Jefe. Ése también tenía pantalones", comentó al acordarse de su amigo, Miguel Alemán, el padre. Y pensamos que seguramente, en la intimidad de la Gran Familia, todavía se le llama el Gran Jefe, por respeto, claro. Y Verónica Castro volvió, por treintava vez, a aplaudir con sus manos derechitas, derechitas. Y nos gustó la actitud de Ernesto Alonso mientras comentaba su amistad de cincuenta y un años con María. Y también nos gustó la Orquesta Filarmónica de la Ciudad de México, porque todos sus músicos tocaban con cara de enamorados de María. Y ya eran las tres y veinte de la mañana, y María seguía viéndose espléndida, su pelo tan esponjado, sus ojos tan encen didos, sus cejas tan perfectas; y sus joyas seguían brillando. Para entonces el foro "se habría impregnado con toda su energía y magia". Y a pesar de la hora, seguíamos escuchando las verdades de María, dichas con su fuerza y convicción. "Véanme bien, porque quizá sea la última vez", dijo de repente. Porque la verdad es que no queremos olvidar a María, ¡nunca! Pero ésa no era la última vez que la veíamos. Sabíamos que María ya estaba metida en un video; aunque, por lo pronto, sea de Televisa y después de Videocentro. Mismo que seguramente el Canal de las Estrellas pasará una y otra vez. María también está en sus películas, en sus fotografías y en los libros que se han escrito sobre ella. Tal vez, María quiso decir: "Déjenme verlos bien, porque quizá sea la última vez".

Y lo que ella no debe olvidar es que porque en todos estos años ha sabido ser fiel a su imagen, los mexicanos aimons à María à mourir.

Cuando me fui a acostar eran las 03:46. Me miré en el espejo y vi que a esa hora estaba mucho, mucho más marchita que María, que seguía en el Foro 11 cantando con los mariachis "María bonita", más bonita que nunca.

María madre

¿En qué habrá pensado María durante el viaje entre París y México? ¿De qué tanto se habrá acordado? Doce horas de vuelo son muchas, sobre todo, cuando se tiene una pena tan grande. No obstante haber viajado por un super jet velocísimo y en primera clase, debió sentir pasar el tiempo despacio, muy despacio. Dicen que el "tiempo" cura todo, pero, en una situación semejante, pienso que no alivia, al contrario, enferma todavía más el alma. ¿Cómo transcurrirá el tiempo en la conciencia de una mujer como María? ¿Se le enredará entre el pasado, presente y futuro? ¿En cuál de los tres vivirá más feliz? Así de triste como está María, los invito a imaginarla sumida en el pasado.

Va sentada del lado de la ventanilla, en las primeras filas. Lo más probable, por delicadeza de la compañía aérea, es que hayan dejado vacío el asiento contiguo al suyo. Lleva anteojos negros Armani, vestida con un pantalón negro Christian Dior y un suéter Sonia Rykel de algodón del mismo color cerrado hasta el cuello. (En la parte de atrás, en un pequeño compartimento del avión, la aeromoza colgó una gabardina Dior negra de seda, diseñada especialmente para ella.) Alrededor del cuello lleva una mascada de seda de lunares blancos y negros. Su pelo en tonos caoba no luce tan esponjado; se diría que esa mañana fue peinado con mucho desgano. A cada lado se le ven sus inseparables peinetas de carey hechas especialmente para ella. Sus ojos miran por la ventana, es decir, hacia el espacio. Hacia la nada. A través de los lentes oscuros nos percatamos que esos ojos han llorado mucho.

Ellos, que durante tantos años se lo tenían prohibido, esta vez sí no se aguantaron, y derramaron todas las lágrimas acumuladas desde hace muchos años. ¡Ah, cómo lloraron! Los ojos de María ya no se ven como esos dos luceros que hemos admirado en sus películas por tanto tiempo; se ven como apagados. Por primera vez, parecen pertenecer a una mujer que hace mucho sabe que no ha sido feliz. Sus manos venosas y muy vividas, reposan lánguidamente sobre sus piernas. Son las mismas que tenía Enrique. En el dedo anular lleva un anillo de oro en forma de serpiente. Un regalo de su hijo un Día de las Madres.

De pronto, contra el cristal de la ventanilla, se le aparece la imagen de Enrique a los quince años.

Está en su cuarto en un internado en Canadá. No sabemos si es en Ottawa o en Montreal. Poco importa. Se ve triste. Es invierno. A pesar de que son apenas las cinco de la tarde, afuera está completamente oscuro. Enrique está recostado sobre la cama. Desde allí mira fijamente una fotografía gigante de su madre, que cuelga a unos metros en la pared de enfrente. Se diría que es como un altar; como un nicho en donde está colocada una virgen bellísima. En efecto, María está guapísima. Está sonriendo y tiene unos ojos como estrellas enormes. Su hijo la mira y la mira, y no se cansa de mirarla. Está muy pensativo. Hace unas horas se enteró que no pasaría la navidad con ella. "A ver si para Reyes te voy a ver", le dijo María. "Sí, mamá, no te preocupes. Ya me organizaré con un amigo del colegio o bien me quedaré aquí con otros compañeros que tampoco se van a ir", le comentó Enrique con un nudo en la garganta.

Un día, Juan Carlos, su amigo salvadoreño, hijo de un empresario millonario, también internado en el colegio, le dijo: "Tú quieres demasiado a tu mamá. Todo el día me cuentas de ella. Cuando no te habla por teléfono estás tristísimo. Y cuando te llama, hasta te echas del barandal anunciándole a todo el mundo: Me telefoneó, me llamó desde París". "Es que no la conoces", apuntó Enrique con una gran sonrisa. "Claro que la conozco. Todo el mundo conoce a María Félix. Mi papá y todos mis tíos están enamorados de ella. Pero yo veo que tú sufres demasiado si no estás a su lado." Es curioso pero entre más le

decían sus amigos cosas de este estilo, más gusto le daba. Si de algo se sentía orgulloso era de ser hijo de una de las mujeres más bellas del mundo. Esto siempre lo supo María. Aunque le gustaba, a veces también le irritaba tanta admiración. "Cada día se está pareciendo más a mí", le comentaba a Agustín Lara. "Son igualitos", le decía el poeta, el único que se había comportado con Enrique como un verdadero padre.

Y ligada a esta imagen, de pronto aparece otra frente a María: el día en que "se lo robó" a su padre, Enrique Álvarez. Ah, cómo sufrió entonces Quique. Cuando niño siempre se sintió culpable del divorcio de sus padres. Tal vez, inconscientemente, se culpaba por preferir vivir al lado de su madre que de su papá. "Es que ella soy yo y yo soy ella", se repetía entre sueños y pesadillas. No obstante este amor filial tan posesivo, la tenía que compartir. Tal vez ya no con su padre, sino con otros hombres, admiradores, directores de cine, compañeros de trabajo, etcétera. Ah, cómo odiaba a todas aquellas personas que la distraían de su amor. Pero como Enrique, además de tener una gran sensibilidad, era muy inteligente, terminó por comprenderla, pero, sobre todo, respetarla. "Si ella es feliz así, yo también lo soy", se decía como para tranquilizarse.

Súbitamente, María cierra los ojos. Se siente cansadísima. Oprime un botón y empuja el asiento hacia atrás. Unos momentos antes, la aeromoza le había ofrecido una copa de champaña: "No, merci", contestó María con su voz particularmente ronca. Por primera vez, tiene la impresión de que su vida ya no tiene sentido. Y, también por primera vez, siente aquello que se llama remordimiento. "Tal vez lo abandoné demasiado. Pobrecito, siempre estaba solo. Y ahora también murió solo. Pero está con Dios y tuvimos momentos muy felices. Viajamos mucho. Siempre traté de animarlo en su carrera." Poco a poco, María se va durmiendo. Y entre sueños, se ve discutiendo con Enrique en la época en que éste era universitario. "Quiero ser actor, mamá", le decía con una voz muy poco débil. "¡Estás loco! Vas a ser un fracaso. No vas a servir. Sigue con tu carrera de ciencias políticas en la universidad. Con todos los idiomas que sabes, podrías hacer otra cosa." "Yo quiero ser actor." "Déjame en paz. No tengo tiempo. ¡Olvídate de esas estupideces! En esta casa la única actriz soy yo. ¿Me entiendes?", repuso furiosa su madre. Una madre que siempre estaba a las carreras. Si no estaba filmando, estaba dormida en su cuarto a piedra y lodo. En sus sesenta y dos años de vida, cuántas veces no escuchó: "Sh, sh, sh, niño, no hagas ruido. Tu mamá está descansando". Nunca la veía. Si no estaba haciendo su shopping en París, estaba con su marido francés en las carreras de caballos. Si no estaba en el Ciro's cenando con Tyrone Power, estaba en la plaza de toros acompañada por el músico poeta. Si no estaba viajando a Madrid, estaba en la Costa Azul chez los Rothschild. Si no estaba en una fiesta en Acapulco en casa de Miguel Alemán, estaba posando para Diego Rivera. Si no estaba en el Mercado de las Pulgas comprando unos camisones de lino, estaba ensayando la película *Can-Can*. Si no estaba haciéndose masajes, estaba con la modista, etcétera. Sin duda, para Enrique, María era una madre demasiado ausente. Una madre en cuya casa todo giraba a su alrededor. Teléfono que sonaba, llamada que era para la Doña. Carta que llegaba, correo que le pertenecía. Si buscaban a alguien en la puerta, era a María Félix. Y claro, no había persona con la que no se topara que no le preguntara exactamente lo mismo: "¿UUsteeeed es hijo de María Félix? Oiga, ¿y qué se siente tener una madre que es una diva?".

Y mientras María intenta dormir, nosotros nos preguntamos, ¿cuántas veces no habrá soñado con ella su hijo? ¿Cuántas veces no habrá detestado con toda su alma sus constantes ausencias? Él, que adoraba la puntualidad, ¿cuántas ocasiones no la esperó hasta dos horas para ir a uno de los homenajes a la Doña? ¿Cuántas veces no habrá sentido un cierto rubor por las cosas que se decían acerca de ella? Que si nunca fue una buena actriz; que si devoró a su hijo; que si era una madre egoísta y desconsiderada; que si era una mujer demasiado prepotente; que si gastaba demasiado en joyas compradas exclusivamente en Cartier; que si nunca hizo un donativo a México para una obra social; que si tenía un cinturón con puros centenarios de oro; que si su anillo de brillantes era el más caro del mundo; que si la había engañado Agustín Lara; que si nunca estuvo enamorada de Jorge y que por eso lo dejó morir solo en el hospital; que si por culpa del collar, la familia Negrete se vio en el necesidad de hipotecar su casa de Insurgentes; que si Berger la había sofisticado y educado; que si era una mala hermana con sus hermanas; que si se había quitado las costillas para hacerse una cinturita avispal; que si ya estaba demasiado restirada; que si tomaba sangre de toro todas las mañanas; que si estaba con un hombre demasiado joven para ella (Antoine Tzapoff) que todo el día la pintaba; que si odiaba a Dolores del Río, que si le tenía envidia; que si gastaba miles de dólares en pieles de chez Dior; que si nunca vivía en México por snob; que si esto que si lo otro...

No obstante sentirse siempre abandonado, Enrique Álvarez Félix fue su admirador número uno. Nunca le hizo un reproche. Nunca la juzgó. Tan es así, que durante años coleccionó miles de fotografías de ella, para un día hacer un libro como homenaje. Durante años recortó todas sus entrevistas. Probablemente, en un rincón muy especial de su librero, guardaba cada una de sus películas. Lo más seguro es que en la recámara de su departamento de Rubén Darío (muy cerca de la casa de María) donde murió, como en el cuarto del colegio de Canadá, también apareciera frente a la cama un poster gigante de su madre. En ese caso, a la última persona que vio antes de morir fue a María Félix. Esto lo ha de haber llenado de satisfacción pero quizá también de un poquito de tristeza. A lo mejor, mientras miraba la foto, lo último que le dijo fue: "Madre, ¿verdad que nos amamos? ¿Verdad que nos quisimos muchísimo? ¿Verdad que siempre nos necesitamos mutuamente y que cada vez que podíamos estábamos juntos? ¿Verdad, madre, que aunque no te gustaban las telecomedias que hacía siempre estuviste orgullosa de mí? ¿Verdad que nunca me vas a olvidar? Cuídate mucho. No te entristezcas porque muy pronto nos vamos a volver a ver. Adiós".

Y en tanto, el avión aterriza en el aeropuerto Benito Juárez de la ciudad de México; María se acomoda un poco el pelo. Abre su bolsa Hermes, saca su polvera y se polvea la nariz. Se ve en el espejito, se quita los anteojos y mira sus ojos más brillantes que nunca. Se gusta. En ese momento ya no piensa en su hijo. Lo único que le preocupa es la idea de encontrarse en unos minutos frente a decenas de periodistas y fotógrafos. "Mademoiselle, s'il vous plaît, mon imperméable", le dice a la aeromoza con una ligera sonrisa.

MUJERES FUERTES

GRACE

$\mathcal{E}$l pasado 14 de septiembre se cumplieron años de la muerte de Grace Kelly. Si pudiéramos hojear un diario imaginario de la princesa de Mónaco, tal vez encontraríamos los siguientes datos sobre su aparente vida colmada de felicidad.

12 de noviembre de 1928: Nací en Filadelfia. Me bautizaron con el nombre de Grace Patricia Kelly. Soy la tercera de una familia estricta y llena de principios católicos.

8 de agosto de 1935: Mi padre, de origen irlandés y prototipo del self-made man, sumamente rico y guapo, nunca está en casa. Lo peor de todo es que cuando de pronto se aparece no me mira a mí, sino a Peggy, mi hermana. Tal vez no le importe.

16 de abril de 1938: Voy al Colegio Asunción y obtengo muy buenas calificaciones. Dicen las monjas que sé actuar muy bien. En la obra *Peter Pan* me aplaudieron mucho. Lástima que no pudo venir mi padre.

20 de agosto de 1942: Dice mi tío George, actor de teatro, que tengo facultades para actuar; que tal vez cuando sea grande me convierta en una gran actriz.

17 de febrero de 1944: A mi papá le dicen Big Jack, porque es un triunfador en todo. También con las mujeres triunfa mucho. Nunca está en casa, y cuando aparece, siempre atiende más a mis otros hermanos. Siento que en esta casa hay mucha competencia por conquistar, aunque sea un poquito, la atención de mi padre. Mi madre guarda las apariencias y no quiere saber nada de problemas.

14 de octubre de 1947: Para no pedirle dinero a mi padre, he decidido ser modelo, como lo fue mi madre antes de casarse. Hace unas semanas hice unas fotografías anunciando los cigarros Old Gold. No me gusté nada. Estoy segura que cuando las vean, los lectores cambiarán de marca. Tengo muchas dificultades con mi padre.

20 de agosto de 1949: Desde hace tres semanas, actúo en una obra de teatro titulada *El padre*, de August Strindberg. Tengo la impresión que a partir de ahora tendré más oportunidades para actuar.

30 de junio de 1952: El director de cine Alfred Hitchcock me quiere contratar para tres películas. Dice que mis compañeros serán los actores James Stewart, Cary Grant y Ray Milland. No lo puedo creer. Según Hitchcock, tengo una "elegancia sexual y una personalidad que impone respeto". Lástima que mi padre no piense igual...

30 de marzo de 1955: Hoy recibí el Oscar como la mejor actriz por la película *The Country Girl*. En unos días filmaré *To Catch a Thief*. Mi padre dijo a la prensa: "De todos mis hijos, de la que menos imaginé que triunfara era Grace". Ni lo primero ni lo segundo lo puedo creer.

6 de mayo de 1955: Hoy, exactamente a las 16:00 horas, conocí al príncipe Rainiero. El periodista de *Paris Match* Pierre Galante, fue quien organizó la cita. Nunca imaginé que los príncipes de carne y hueso fueran tan encantadores; él me encantó.

6 de enero de 1956: Hoy me comprometí con el príncipe de Mónaco en mi casa en Filadelfia. Tal vez ésta fue la primera vez que sentí a mi padre un poquito más cercano.

12 de abril de 1955: Hoy llegamos a Mónaco en una yate increíble que se llama Deo Juvante.

19 de abril de 1956: Hoy es una fecha muy importante; me convertí en princesa de Mónaco y en la mujer de un hombre que quiero y me quiere. Mi padre y yo nos abrazamos, y lloramos por todo el tiempo que no pasamos juntos.

23 de enero de 1957: Fecha de nacimiento de Carolina. Hoy se realizó mi mayor sueño: ser madre.

14 de marzo de 1958: Nace mi hijo, el príncipe Alberto, primer heredero del trono. Me siento colmada.

Primero de febrero de 1965: Stephanie llega al mundo con una sonrisa. Tengo treinta y seis años y me siento feliz.

28 de junio de 1978: Casa mi hija Carolina con Philippe Junot. Espero que siempre sea feliz.

13 de septiembre de 1982: 10:05 horas, Stephanie y yo tenemos un percance automovilístico. Antes de morir, me acordé de mi padre. Tal vez nunca me quiso; tal vez nunca pudo...

Una primera dama

*E*leanor Roosevelt jamás quiso ser esposa de un presidente. Cuando su marido, Franklin Delano, ganó la campaña en 1932, se sintió profundamente confusa. La perspectiva de vivir en la Casa Blanca, la aterraba. Pero sin duda lo que más la desolaba era la idea de tener que renunciar a su independencia.

En esa época, Eleanor había logrado grandes satisfacciones como maestra, escritora y luchadora política. Era seguro que convirtiéndose en primera dama dejaría de tener una vida propia. Obligada a seguir los pasos de las otras exprimeras damas, se vería atendiendo cientos de recepciones oficiales.

"Desde mi punto de vista, me negaba absolutamente a que mi marido pudiera ser presidente", confesó en una ocasión, "sé que era puro egoísmo de mi parte. Sin embargo, nunca le dije una sola palabra acerca de mis sentimientos."

No, jamás se los comentó. A pesar de que efectivamente odiaba todo lo que tenía que ver con protocolos, la señora Roosevelt cumplió, hasta sus últimas consecuencias, con sus deberes como primera dama. Durante los años que pasó en la Casa Blanca siempre atendió personalmente la organización de tés, recepciones y cenas oficiales. Y en tanto se disciplinaba al máximo en todas estas tareas tan engorrosas, poco a poco, y sin darse cuenta, fue transformando el papel de la primera dama de Estados Unidos.

Cuando veían que se esmeraba de esa forma, sus amigos más cercanos le aconsejaban: "No dejes de ser tú misma. Síguete interesando por lo que siempre te interesaste. Sigue luchando por lo que siempre luchaste". Fue así que con el tiempo se convirtió en la primera esposa de un presidente que con toda libertad asumió la vida pública y su carrera a la vez.

Los estadunidenses nunca habían visto una primera dama como Eleanor. Ella fue la primera que abrió personalmente la puerta de la Casa Blanca a los periodistas; la primera en llevar ella misma el récord de las ruedas de prensa; la primera en manejar su coche; la primera en viajar en avión; y la primera en hacer viajes oficiales sola. "My missus goes where she wants to." "Mi vieja va a donde quiere", solía decir su marido. Pero lo más llamativo de su estilo personal de ser esposa de presidente es que fue la primera que ganó su propio dinero escribiendo, impartiendo conferencias y participando en programas de radio. Todo el mundo sabía que su salario era superior al del presidente. ¿Qué hacía la primera dama con lo que ganaba? Todo, absolutamente todo, lo destinaba a obras de caridad.

Eleanor hizo lo necesario para prescindir de choferes y de escoltas. ¡Ah, cómo hizo sufrir al Servicio Secreto! A tal grado los hizo preocuparse por su seguridad, que le suplicaron llevara siempre consigo una pistola.

"No obstante no sabía cómo usarla, acepté", escribió en una de sus tantas columnas periodísticas. "No crean que me sentía como una verdadera experta. Al contrario, me hubiera gustado haberlo sido... De hecho, no tuve oportunidad de utilizarla; pero si hubiera existido, seguramente habría sabido usarla."

Un pequeño milagro del cielo

Pero ¿quién era esta mujer que por momentos parecía como una verdadera matrona?

¿Quién era esta señora con tanta personalidad? ¿Cómo fue su niñez? ¿Cuáles sus más gratos y tristes recuerdos? Los invito a cerrar los ojos; tratemos de imaginarla cuando tenía seis años. ¿Qué vemos? A una niña de grandes ojos azules, ligeramente saltones. Ciertamente no es bonita. Además, parece tímida. Muy tímida. Vemos sus manos y ¿qué advertimos? Sus uñas. ¡Se las muerde! Deducimos entonces que es una niña nerviosa e insegura. Si nos fijamos bien en la expresión de su cara, percibimos un cierto miedo. Pero miedo ¿de qué? ¿Qué puede temer una niña de seis años?

Está jugando con su institutriz francesa. A lo lejos descubrimos a su madre. Anna Hall es una mujer bellísima. Lleva un vestido de una de las tiendas más caras de París, lo que la hace parecer todavía más elegante y distinguida. Sus gestos son delicados. Tiene facciones finísimas y un cutis como de cera. De pronto, escuchamos que llama a su hija. Le pide que se acerque. Eleanor la mira desconfiada, como si intuyera que lo que le va a decir no será agradable. Pongamos atención. Escuchemos:

"Hijita, tienes que estar consciente de que tu físico no te ayuda mucho. Por esta razón, siempre debes poner cuidado en tus modales. En mi familia siempre le dieron mucha importancia a la buena educación. Como sabes, mis antepasados firmaron la Declaración de Independencia y algunos de ellos fueron colaboradores muy cercanos al presidente George Washington. Nunca olvides tus orígenes. Mira, si eres una niña educada, tal vez tu físico pase inadvertido. Los buenos modales lo compensarán."

La niña escucha a su madre atentamente. Se diría que se bebe cada una de sus palabras, que las está escribiendo en su corazón para no olvidarlas jamás.

Seguimos con los ojos cerrados. Ahora abrámoslos. ¿Qué vemos? Vemos a Eleanor con su padre. Elliott Roosevelt es guapísimo. Es un hombre delgado con un ligero aire aristocrático. Esto no debe sorprendernos, los primeros Roosevelt datan de 1640, cuando New Amsterdam (después Nueva York) lo habitaban holandeses. Nos llama la atención esa delgadez y el porte. Puede que se deba a que Elliott es uno de los mejores polistas del Meadow Brook Country Club. Además, es aficionado a la equitación y a la cacería. La niña se ve feliz. Ya no se le nota crispada. Algo nos dice que cuando mira en los ojos de su papá se ve a sí misma bonita. En esa mirada se ve a sí misma como una niña graciosa. Por eso lo quiere tanto. Contrariamente a su madre, él la hace sentir muy linda.

Con expresión muy tierna, escuchamos que Elliott le dice: "Hijita, tú para mí eres como un milagro. ¿Sabías que cuando naciste, la noche del 11 de octubre de 1884, en el cielo había una luna llena grandota, grandota? ¿Sabías que fuiste un bebé tan chiquito, pero tan chiquito, que tu madre y yo pensamos que te ibas a morir? Por eso a veces te llamo 'milagro del cielo'.

"Cuando tu madre y yo le pedimos a mi hermano mayor, Theodore [también presidente de Estados Unidos], que fuera tu padrino, nos dijo: 'Acepto encantado. Hay algo en esta niña que me da ternura. Es tan chiquita que hasta podría metérmela en la bolsa de mi saco'."

Eleanor y la tristeza de su padre

Ya no les pediré cerrar los ojos. Al contrario, por favor, manténgalos bien abiertos; lo que narraré en seguida son los pasajes más triste

de la infancia de Eleanor. ¿Les quedó claro lo mucho que quería a su padre?

"Cuando estaba con él, me sentía plenamente feliz. Era el centro de mi mundo", escribió en su autobiografía. Aparte de ser un hombre extremadamente tierno con ella, ¿por qué lo quería tanto Eleanor? Porque sabía que en el fondo su padre no era feliz. Sabía que era sumamente conflictivo, depresivo y nervioso; que había algo en su corazón que lo ponía triste. Pero cuando más se preocupaba por él era cuando lo veía borracho. Veces hubo en que lo vio llegar a su casa tardísimo y completamente ebrio.

Cuando Eleanor todavía no cumplía cinco años, su padre se rompió una pierna. Durante ese verano, noche tras noche, Elliott gritaba de dolor. No había forma de calmarle los dolores. Eran tan fuertes que sus gritos llegaban hasta la recámara de la niña. Allí, en la oscuridad, Eleanor los escuchaba, al mismo tiempo que lloraba amargamente contra el cojín. No soportaba saber que su padre sufría a ese grado.

A partir de ese accidente, el señor Roosevelt empezó a beber cada vez más. Pero por más alcohol que ingería, la terrible molestia de la pierna se mantenía siempre viva. Finalmente, un doctor recomendó que tomara morfina. No había otra solución. Sí, se le quitaron los dolores de la pierna, pero se le avivaron los del corazón. Anna, su mujer, hacía todo por ayudarlo. Entre más le suplicaba que dejara de beber y de consumir tanta droga, más se sumía en la depresión.

Después del nacimiento de su segundo hijo, Elliott, Jr., en 1889, Elliott decidió partir hacia el sur en búsqueda de nuevos tratamientos para su pierna.

"No hago más que pensar en ti y rezar para que regreses pronto. No te olvides que tu esposa y tus hijos te queremos con ternura y que dentro de nuestras posibilidades estamos dispuestos de ayudarte lo más que podamos. Ojalá te olvidaras del alcohol", le escribió Anna. Finalmente, Elliott regresó, pero no estaba curado ni de la pierna ni de sus penas personales. No había tarde en que no se la pasara bebiendo y acordándose de puras cosas tristes.

Anna tenía una sola obsesión: mantener a la familia lo más unida posible. Convence a Elliott de hacer un viaje largo, muy largo por Europa. Durante varias semanas, la familia recorre Alemania, Austria, Italia y Francia. Y mientras todos muy unidos visitaban museos, iglesias y castillos, Anna observaba angustiada el estado físico y anímico de su marido. Por primera vez en mucho tiempo, Elliott parecía recuperar, finalmente, su equilibrio. Entonces Eleanor tenía seis años y podía disfrutar de su padre día y noche. Era feliz, sobre todo durante aquel día en que la paseó por los canales de Venecia. Se hizo pasar por gondolero. "Se puso a cantar con el señor que remaba. Adoraba su voz. Pero lo que más adoraba era la forma en que me trataba. Jamás dudé del especialísimo lugar que ocupaba en su corazón", escribió esta hija que amó tanto a su padre.

Luchadora de corazón

Más que una primera dama, Eleanor fue, durante los años en que gobernó su marido, la mujer más importante de la vida política norteamericana. Hasta la fecha, de todas las primeras damas, ella continúa siendo la personaja (en su caso, se puede utilizar el femenino) más célebre que jamás haya tenido la Casa Blanca. Es por ello que Hillary Clinton la tiene como un verdadero ejemplo a seguir.

Con todo respeto diremos que así como fue la más célebre, también fue la más fea. Pero eso sí, la más inteligente, sensible, luchona, lúcida y autocrítica: "Mi boca era sumamente grande; mis facciones toscas. Cuando me reía, parecía que tenía tres veces más dientes de lo normal; pero, por otro lado, también tenía tres veces más energía que todas las personas que conocía, salvo mi tío Ted", escribió en su autobiografía.

Esta energía poco común pone a Eleanor al servicio de numerosas actividades políticas y sociales. Todo esto lo hacía sin descuidar sus tareas como primera dama y madre de cinco hijos. Se convierte, además, en una gran colaboradora de su marido; particularmente, a partir de 1921, después del ataque de poliomielitis que deja completamente paralizadas las piernas del presidente.

La verdad es que era una pareja sumamente llamativa. Dicen las malas lenguas que cada uno tenía su vida sexual aparte. Sin embargo, en lo que se refería a sus respectivos trabajos en la Casa Blanca, eran sumamente unidos y cómplices. Entonces, todo el mundo sabía de la relación de Franklin Roosevelt con su secretaria particular, Lucy Mercer. En cuanto a Eleanor, ella mantenía una relación muy estrecha con una pareja de homosexuales. Las lenguas más malvadas aseguraron que Eleanor llevó una "amistad apasionada" con la periodista Loren Hickok.

Durante toda su vida pública, Eleanor luchó por lo que creía. Era una militante incansable que abogó por la justicia social y los derechos de las mujeres. Gracias a sus convicciones, llegó a ocupar un lugar destacado entre sindicalistas, feministas y militantes antirracistas. Con el tiempo se volvió la abogada de las causas perdidas. Por añadidura, gran comunicóloga, constantemente se encontraba con periodistas de todas partes del mundo, daba conferencias, pronunciaba discursos, hablaba por radio y, diariamente, escribía su columna "Mi Día". Todos, todos los días —nunca falló—, de 1935 hasta su muerte en 1962, la columna se publicó en sesenta y nueve periódicos estadunidenses. Sin duda, esta disciplina fue primordial para incrementar su ya muy notable popularidad.

Luchar contra el miedo

Aunque no fue, como solía referirse a ella la propaganda nazi, "una verdadera matrona", Eleanor ejerció una verdadera influencia en la lucha por los derechos de los negros. Igualmente, se ocupó de los refugiados antifascistas. Miles de ellos habían caído en manos de los nazis. Para ayudarlos, ella se ocupó personalmente de obtener su visa. Sin duda, después de 1945, fue una de las que más hicieron por la paz y por ayudar a las víctimas de la guerra. Asimismo, fue una verdadera convencida de la necesidad de la existencia del estado de Israel; sus visitas a los campos de concentración después de la guerra, la convencieron de la importancia del sionismo.

Pero de lo que estaba realmente orgullosa esta señorona era de la Declaración Universal de los Derechos Humanos, misma que estuvo a punto gracias a la Comisión de los Derechos Humanos que ella presidía. También fue delegada de su país ante la ONU.

En 1948, cuando en París se firmó la Declaración, Eleanor fue ovacionada por todos los delegados de pie. Y así como se le aplaudió en Francia, también lo fue en su propio país. Hasta sus opositores reconocieron que era una mujer excepcional. ¡Ah, cómo la criticaron, cuántas cosas afirmaron acerca de su personalidad, de su físico y de sus "intromisiones" en la vida política de su marido!

Sin embargo, uno de sus enemigos más furibundos, el senador Vandenberg, acabó confesando públicamente: "Retiro todo lo que he dicho contra ella. Realmente es ¡formidable!". Muy poco tiempo después de la presentación de la Declaración Universal de los Derechos Humanos, Eleanor era considerada como una verdadera heroína nacional.

Y siguió luchando. Durante el gobierno del presidente Truman, Eleanor intervino en favor de los derechos de los negros. Finalmente, en 1953, cuando Eisenhower está en la presidencia, Eleanor decide retirarse de la vida pública. Sin embargo, en 1961, el presidente Kennedy la nombra presidenta de la Comisión de la Mujer. Allí, en compañía de feministas prestigiadas, redobla sus esfuerzos y ánimos. Un año después muere.

"Siempre que miro hacia atrás, es decir, hacia mi infancia y adolescencia, me sorprende todo lo que tuve que luchar contra el miedo", dice Eleanor en su autobiografía. En efecto, no obstante su gran carácter, siempre tuvo que luchar contra el miedo. Seguramente, su marido nunca le dejó de repetir: "Recuerda que no hay nada que temer más que al temor mismo".

*H*ace tiempo, en la serie de televisión *Biography*, que suele programar vidas de personajes notables, vi aquél que se le dedicó a Evita Perón. En un documental original aparecían escenas de una mujer rubia peinada de chongo y siempre vestida por las mejores casas de moda francesas. No obstante se le veía en el interior de un Rolls-Royce frente, ya sea a las puertas de Christian Dior de París, o de las mejores joyerías de la Plaza, o bien mostrando a las cámaras su colección de joyas, para millones de argentinos era "la madonna de los pobres". O de "los descamisados", como ella misma los llamaba.

Asimismo, Evita aparecía vestida con impecables trajes sastre, zorros de piel y sombreros como de actriz de Hollywood de los cuarenta, recorriendo colonias paupérrimas llenas de chozas, rodeada por entusiastas masas obreras. En seguida, se le veía en una comida de ricos ganaderos, de embajadores o de militares. Y el conductor del programa continuaba describiendo a esta "señora de los humildes" como una mujer que se había entregado a los desprotegidos, a pesar de que era conocido por todo el mundo que jamás repetía un vestido y que incluso se llegaba a cambiar hasta cuatro veces al día. "Pero para esta 'madre patria', como la llaman algunos argentinos, lo más importante es 'la justicia social'", comentaba la voz en off. Lo que tal vez me llamó más la atención del documental fue comprobar que su enorme popularidad no nada más se había concentrado en Argentina, sino que trascendió hasta Europa. Después de la segunda guerra mundial, Evita viajó a España. En la pantalla aparecieron las calles madrileñas desérticas y las tiendas cerradas, con el objeto de que los españoles pudieran asistir a la gran plaza donde aparecería Evita. Vi a Franco prendiéndole en el pecho la Gran Cruz de la Orden de Isabel la Católica. Después, Evita apareció en los balcones de Palacio frente a un mar de gente que la ovacionaba como si se tratara de su misma reina. Otras escenas la mostraron rodeada por decenas de guardaespaldas, o transitando en limousine por París y ciudades de Suiza. Para terminar, apareció Evita muerta en el interior de su caja, vestida toda de blanco y su eterno chongo muy bien sujetado y peinadito; al frente, sus manos entrelazadas. Más que muerta, parecía dormida. En las últimas escenas aparecían filas interminables de personas que pasaban llorando frente a aquel féretro encristalado. Recuerdo que el conductor del programa comentó que el país se había paralizado por completo, las estaciones de radio pasaban sólo música sacra y la ciudad se había llenado de moños negros en cada uno de los faroles y balcones. Toda Argentina lloró a su Evita, muerta a las 20:25 horas del 26 de julio de 1952. Tenía treinta y tres años.

Por eso, cuando me enteré que Madonna quería filmar la película *Evita* no me sorprendió. La imaginé perfecto protagonizando a esta mujer mitad diablo, mitad ángel. Días después, me enteré por la prensa que miles de argentinos se oponían a la filmación. Seguramente eran los hijos de los antiperonistas que gritaron en las manifestaciones: "El coronel Perón arruina a la nación con su Secretaría de Trabajo y Previsión". Sin embargo, no faltaron los que apoyaban el proyecto, tanto por admiración a Madonna como a Evita.

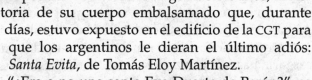

En esos días se publicó una novela que, de inmediato, tuvo un éxito enorme en Argentina. Narra, además de la trayectoria política de Evita a lo largo de siete años, la historia de su cuerpo embalsamado que, durante días, estuvo expuesto en el edificio de la CGT para que los argentinos le dieran el último adiós: *Santa Evita*, de Tomás Eloy Martínez.

"¿Era o no una santa Eva Duarte de Perón?", se sigue preguntando mucha gente. Entre ellos, la periodista de *Paris Match* Katherine Pancol, quien le dedicó todo un reportaje dentro de la serie "Destinos prodigiosos de mujeres". He aquí el cuento.

Había una vez una familia muy muy pobre: una madre y cinco hijos; cuatro mujeres y un hombre. "Ustedes no son Duarte, son Ibarguren", les decía su madre, resentida porque la abandonó un señor rico terrateniente llamado Juan Duarte. Don Juan era precisamente, un "don Juan" guapo y jovial que un día compró a Juana a cambio de una yegua y un coche marca Sulky. No obstante don Juan estaba casado y era un "respetable" padre de familia, decidió tener varios hijos con Juana: Elisa, Blanca, Erminda, Evita y Juanito. Una vez que los abandonó por completo, es decir, nunca más lo volvieron a ver, frente a los argentinos de buenos modales, estos niños se convirtieron en "bastardos".

"Bastarda" y pobre se sentía la más chica de todas las hermanas. Eva había nacido una madrugada del 17 de mayo de 1919. A pesar de su cortísima edad, se dio cuenta muy pronto de que vivía entre los miserables que padecían injusticias y rechazos por parte de los ricos. Por eso decidió dividir el mundo en dos: "los buenos y los malos"; "los mediocres y los genios". En ese tiempo, Argentina estaba considerada un país tan importante como Francia, Alemania o Inglaterra. Sin embargo, 1,804 familias eran las que poseían las tierras, las fábricas, y vivían la mitad del tiempo en Buenos Aires y la otra en París o Londres. Sobre el peso argentino estaban grabados los símbolos de la riqueza nacional: una espiga de trigo y una cabeza de bovino.

Abandonada y en la absoluta miseria, doña Juana se fue a vivir a una de las tantas ciudades perdidas que había entonces en los alrededores de Buenos Aires: Los Toldos. Se instaló en un cuarto cuyo piso de tierra asfixiaba constantemente a sus hijos, vio la manera de comprarse una máquina de coser Singer y se puso a pedalear hasta que terminaba los pantalones bombachos que le solicitaban algunas tiendas. Tanto que a doña Juana muchas madrugadas sus hijas tuvieron que cargarla hasta la cama, por todas las varices de sus piernas a punto de estallar por la intensidad del cansancio.

Encerrados no nada más en ese cuartucho miserable y maloliente, sino en ellos mismos, gracias a su madre, los Ibarguren-Duarte se inventaron un mundo propio. A pesar de su pobreza, doña Juana tenía un carácter sumamente alegre e inquieto. Además, contaba con un don especial: sabía hacerlos felices y sentirse unidos aunque no tuvieran padre ni un centavo con qué amanecer. Entre sus obsesiones tenía una que no la dejaba en paz un solo momento: casar bien a sus hijas. "A ver cómo le hago pero no vivirán lo mismo que yo", se decía una y otra vez en tanto trataba de conciliar el sueño, sintiendo las piernas más gordas que las columnas de la catedral de Buenos Aires. Por eso, no nada más se puso a coser, sino a planchar y a lavar ajeno. En sus poquísimos ratos libres, doña Juana, además, le cosía a sus hijas, con los retazos que le sobraban de las telas finas de sus clientas ricas, vestidos de olancitos y fruncidos como los que usaban las niñas bien argentinas. Asimismo, les enseñó a bailar y a cantar. "Tienen que ser graciosas, niñas. No olviden que en la vida tienen que ser audaces. Nunca se dejen humillar por nadie", les comentaba mientras pedaleaba y pedaleaba aquella máquina de coser de segunda mano. De todas, Eva era la que más prestaba atención a las palabras de su madre. "Hay que ser audaz, atreverse, jugársela. No dejarse de nadie", se decía muy quedito. Y así como había dividido el mundo en blanco y negro, así de contrastante era el carácter de esta niña fea, debilucha, pero con una piel blanca como la nieve y luminosa como la luna. Mientras que en su casa Eva era alegre, comunicativa y ligera, en la escuela era huraña, desconfiada e introvertida. "¿Por qué siempre estás tan sola? Además, te ves muy pálida y ojerosa", le preguntaba la maestra. Pero Eva no podía decirle que a veces no tenían qué comer, como tampoco le podía confiar sus largos ratos de soledad y a veces de tristeza. Sin embargo, en su fuero interno algo le decía que algún día saldría de ese cuchitril...

De la miseria a la locución

"Eva, tu suerte va a cambiar. Vas a llegar muy lejos. Tú tienes una misión muy importante que cumplir en este mundo. Hay millones de seres que te están esperando", le decía una vocecita que le hablaba desde su yo más profundo cuando tenía aproximadamente doce años. Por encima de la de su madre, esta voz era tal vez en la que más confiaba. A lo largo de su corta vida, nunca dejó de atenderla.

¿Qué hacía que Eva fuera tan diferente de sus demás compañeras de escuela? Quizá se debía a una intuición y a esa conciencia de su persona como fuera de lo común. No hay que olvidar que Eva sentía a flor de piel todo lo que le sucedía a ella y a su familia. Por eso, entre más advertía el abismo que dividía a ricos y pobres, más se planteaba preguntas. A veces se le ocurría hacérselas a doña Juana, mientras se encontraba inclinada sobre la máquina de coser. "¡Ay, niña, cuantas cosas se te ocurren! Tú lo que tienes que hacer es casarte con un hombre rico para que puedas ayudar a los pobres", le comentaba su madre.

No obstante Eva niña no era muy bonita, tenía la piel muy blanca, luminosa y hasta transparente. Así se le puso desde aquel accidente atroz que tuvo cuando era muy pequeña. Fíjense ustedes que un día, mientras jugaba alrededor de una estufa sobre la cual hervía una olla repleta de aceite, Evita se acercó demasiado a la olla y ésta se le vi-

no encima. Ya se podrán imaginar el grito de la pobrecita, toda cubierta por ese líquido tan ardiente. En ese instante, doña Juana aventó la falda de tira bordada que le estaba cosiendo a la señora Barbataburu, misma que le había encargado para ir a la comida campestre de los Montero, familia millonaria dueña de varios periódicos de Argentina. "¡Hija, hija! ¿Qué te pasó?", le gritaba a esa niña desmayada, que más que viva estaba como muerta. Como pudo la alzó en sus brazos y se la llevó corriendo a la primera clínica que encontró. Allí se pasó Evita varios días en un grito de dolor. Cuando la dieron de alta tenía toda su carita cubierta con una costra gigante que le daba un aspecto monstruoso. Días después, poco a poco, empezó a caérsele esa costra hasta que le apareció una segunda piel radiante y rosadita. "Siempre tendrás un cutis como de hada", le auguró su madre. Y así fue. Si algo bonito tenía Eva, era su piel. Sin duda, éste fue el primer "peeling" gratuito que se haya hecho en una de las colonias más pobres de Buenos Aires.

Y el tiempo pasó, y las niñas Ibarguren-Duarte seguían creciendo. Elisa, Blanca y Erminda ya se pintaban la boca, mientras que Eva, menor, por las noches le rezaba a la Virgen para que se le abultaran de más en más sus pequeños senos. ¡Qué contrastante era esta joven! Por un lado, se ponía a pensar en las necesidades de los pobres y, por otro, se prometía casarse con un hombre poderoso. Además, en lugar de haber estado pensando en esas "tonterías", lo que entonces tenía que haber hecho Eva era esmerarse un poquito más en matemáticas. Por el contrario, era buenísima en poesía. De toda su clase era la que tenía mejor dicción.

Por otro lado, no nos debería sorprender su ambición, no hay que olvidar quién metió esa idea entre ceja y ceja de "casarse bien"; a su madre la abandonó un hombre rico. ¿Había entonces que vengarse de esa clase de hombres? ¿Quería con esto reivindicar a toda la familia? ¿Por qué, si doña Juana había corrido tan mala suerte con el padre de sus hijos, insistía en que sus hijas se relacionaran con ese tipo de gente? ¿Qué significa eso de "casarse bien"? ¿En qué consiste? ¿En que el marido tenga dinero y posición social? ¿Y el amor, no cuenta el amor? "¡Ay, niña, ése viene con el tiempo! Lo importante es utilizar la cabeza por encima del corazón", le decía doña Juana a Erminda, la más enamoradiza de todas.

Gracias a la ambición y a los incipientes ahorros de esta mamá tan testaruda, finalmente la familia se cambió de colonia y se fue a vivir a una no "tan pior". Allí, doña Juana tuvo la idea genial: abrir una especie de bistró donde se sirvieran comidas para pensionados de categoría. Dicen que Jorge Luis Borges llegó a ir varias veces y que lo que más le gustaba era el bife con hierbas de olor. Pero fíjense que también dicen que el escritor argentino aseguraba que eso no era un restaurante, sino en realidad un burdel. Bueno, incluso hubo vecinos que comentaron que el "protector" de doña Juana, que conoció más tarde, era más bien su "amante". Un señor muy fornido y platicador a quien, por cierto, no le han de haber importado todas esas várices que se le fueron formando a·esa costurerita, que no hacía más que preparar a sus hijas para que se convirtieran en unas verdaderas "Gigis".

En fin, amante o no amante, el caso es que doña Juana continuó economizando de más en más dinero y logró lo que se propuso: tres de sus hijas pasaron el examen de su mami y se casaron superbien; es decir, se casaron utilizando la cabeza. Sin embargo, y según las contradicciones de Evita, ella fue la única que se rehusó. "Yo no quiero ser como mis hermanas, la 'típica señora rica de su casa'. A diferencia de ellas, yo tengo una misión que cumplir. Quiero trabajar y ganar mi propio dinero", le decía desafiante a su madre.

Y mientras llegaba ese trabajo que le daría tanta independencia y libertad, con su hermano Juan se pasaba horas y horas viendo películas en el cine o escuchando las radionovelas. Había días en que veía hasta tres películas seguidas. En esa época, su sueño dorado no era convertirse en señora de nadie, sino en estrella de cine. Su heroína era Norma Shearer. Tenía Evita quince años.

Fue entonces cuando vivió una experiencia trágica, que la marcaría para toda su vida. Una noche, mientras paseaba con una de sus hermanas que entonces todavía no se casaba, de pronto las abordaron dos niños bien, engominados, vestidos con sus trajes Príncipe de Gales con solapas anchísimas; manejaban un convertible último modelo. "¿A dónde van tan solitas?", les hubieran dicho si el ligue hubiera sido aquí en el DF, por el Paseo de la Reforma; como fue en el centro de Buenos Aires, tal vez les dijeron, con acento muy porteño, algo como: "¿Querés escuchar las brisas del Plata?".

Bueno, pero ¿dónde han de haber tenido la cabeza estas muchachas de porra? ¿Qué creen que les contestaron? "¡Ay, claro! Con mucho gusto." (¿Qué hubiera dicho un par de jóvenes mexicanas de esa época? "¡Ay, no, qué pena! ¿Qué van a pensar de nosotras?") Entonces, naturalmente, viendo la presa fácil, de inmediato los galanes se internaron en el bosque. Sí, a ese bosque tan divino, igualito al de Bologne. Y sucedió lo que tenía que suceder: ¡las violaron! Un camionero las encontró muy tarde en la noche. Las dos estaban deshechas, pálidas, llorosas y muertas de frío. Las envolvió en un cobertor y se las llevó a su madre.

El escándalo no se hizo esperar. El chisme corrió como

pólvora encendida. En todo el vecindario, el rumor iba de boca en boca: "¿Sabes que las Duarte son unas putas?". Y Eva esto no lo podía soportar. No soportaba que, en lugar de haberse hecho justicia, las insultaran, cuando ellas eran las víctimas. No podía entender cómo la gente, en vez de solidarizarse con ellas y denunciar el hecho, diera por sentado que eran "unas cualquieras", cuando en realidad habían sido vio-la-das. Era tanta su indignación y su tristeza que decidió huir. Irse adonde fuera, con tal de que no la juzgaran tan mezquina e injustamente.

"¡Llévame a Buenos Aires! Ya no me puedo quedar aquí", le suplicó a un amigo suyo cantante de tangos. Finalmente los convenció a él y a su esposa. ¿Cómo no los iba a conmover y convencer esta jovencita que parecía tan frágil y tan desprotegida? ¿Cómo no la iban a ayudar si ella había sido tan buena con ellos? Y en 1935, al fin, se fueron los tres a la capital de Argentina.

Entonces, Buenos Aires era una de las ciudades más bonitas que se pueda uno imaginar. Su arquitectura delirante y grandiosa se asemejaba a cualquier ciudad europea. Toda ella suponía prosperidad y optimismo. Sin embargo, la aparente riqueza hacía aparecer más la miseria. Entonces, los tangos lloraban más que nunca en los cafés. En

las calles se veían muchos pobres que desesperadamente buscaban un sueño. Todos los días llegaban miles de sus pueblos, esperanzados en encontrar, por lo menos, las migas de los ricos. Pero ¿y qué hace Eva cuando descubre que en su Buenos Aires hay todavía más carencias que en el barrio donde creció? Va tocando de puerta en puerta en todos los teatros con los que se topa. "Quiero ser actriz. Me conformo con un pequeño papel de extra", decía cuando le abrían. Después de mucho padecer y de tener "papelitos" de quinta, comprende que Dios no la ha llamado ni para el teatro, ni mucho menos para el cine.

"Mira, tú lo que necesitas es un 'protector', como el que tiene tu madre. Alguien que te garantice por lo menos las tres comidas. ¡Búscalo!", le ordenó la voz de su conciencia una noche de insomnio. Entonces tenía veinte años, llevaba el pelo corto, oscuro y muy chinito.

Finalmente escuchó a su voz, y no nada más encontró al "protector", sino un trabajo en una estación de radio. Corría el año de 1939...

Un encuentro, un destino

Imaginemos cómo le ha de haber comunicado la noticia a su madre: "Querida mamá: espero que la circulación de tus piernas ya no esté dando tanta lata. Espero que tu sangre, que es la mía, fluya con la misma fuerza con la que truenan las olas del Mar del Plata. ¿Te acordarás, mamá, todo lo que sufrí para obtener un buen papel en el teatro y que siempre me daban los más pequeños? Bueno, pues lo dejé, y ahora he encontrado un nuevo trabajo en Radio Belgrado. En Buenos Aires, mamá, todo el mundo escucha radio. Este aparato ocupa el lugar más importante en los hogares argentinos. Las radionovelas y los boletines son los programas que más escuchan. Cuando entras en un bar o en un café, siempre hay un radio prendido. El otro día discutí con el mesero acerca de los pobres que escondía la Argentina aparentemente rica. Él se puso furioso y dijo: 'Nuestro país es opulento y ejemplo de muchos otros'. Me enfurecí y le contesté que era una mentira. '¡Cómo no va a ser verdad, si lo dijo el radio!', me repuso. Te digo esto para que te des cuenta de lo importante que es trabajar 'en el mueble parlante', como le llaman algunos. El señor Jaime Yankelevich, dueño y director de Radio Belgrado, estuvo de acuerdo con que empezara con un radioteatro. Imagínate, mamá, que irá en el horario central y para todo el país. Lo que quiere decir ¡que me podrás escuchar! Estoy feliz porque me dará más a conoser [sic: Eva tenía una pésima ortografía], y allí sí que hay plata. ¿Cómo están mis hermanas? Veo mucho a mi hermano Juancito. Sigue igual de loco mi lindo hermano. Cuídate mucho. Salúdame a las chicas y diles que las recuerdo mucho. Te quiere. Tu hija, Eva".

Años más tarde...

Es julio de 1943 y estamos todavía en la ciudad de Buenos Aires. Hacía cuatro meses que se había producido un golpe de Estado. Entonces, el presidente era el general Pedro Pablo Ramírez y el ministro de Guerra se apellidaba Farrell; con él colaboraba un ilustre desconocido, el coronel Juan Domingo Perón.

Pienso que fue un miércoles por la mañana que Eva Duarte decidió ir a ver a su peluquero. En ese preciso momento, Perón estaba en su oficina en la casa de gobierno, revisando un reporte confidencial. Al entrar a la peluquería y después de quitarse su sombrero, dijo Eva: "Ya no quiero que me aclares tanto el pelo. Me da miedo que no me quede lo muy rubio". "¡Ésas son pavadas!", exclamó su peluquero de años. "De muy rubia te verás como una reina. Serás otra mujer. Por fin, saldrá tu belleza interna. Tendrás miles de admiradores. Conocerás al hombre de tu vida. No nada más cambiará tu imagen, sino que empezarás una nueva vida. De rubia te convertirás en un símbolo, en una diosa. Todas las mujeres querrán imitarte. Con el pelo aclarado, se te aclararán todavía más tus ideas. Tus ojos tristones, aprenderán a sonreir por el dorado de tu cabello. Tu sonrisa se iluminará. Tu tez blanca como la nieve será doblemente luminosa. De rubia te harás los chongos más sofisticados que te puedas imaginar. Te sacarán miles de fotografías. El tono de tu pelo rubio pasará a la historia", continuaba diciéndole mientras le peinaba su larga cabellera castaña clara. Entretanto, el coronel Perón seguía revisando su reporte confidencial. Evidentemente, en ese momento ignoraba que algunos meses después conocería a aquella joven de veinticuatro años. ¡Ah, destino! ¿Por qué siempre tramas encuentros azarosos, que siempre provocan desgracias que se pudieron evitar?

Bueno, pues así como Norma Jean Baker cuando se tiñó el pelo de rubio se convirtió en la inmortal Marilyn Monroe, y Catherine Dorléac al pintárselo de güero se transformó en la guapérrima Catherine Deneuve, igualito le sucedió a nuestra Eva. Gracias a la visión de su peluquero (siempre, siempre hay que escucharlos) y al aclarador de un tinte milagroso, conforme pasaban los meses la metamorfosis de Eva se fue haciendo cada vez más evidente.

Seis meses después…

El 15 de enero de 1944, la tierra tembló en Argentina. Dicen que estuvo durísimo y que, como los argentinos no estaban tan acostumbrados a estos desastres naturales como lo estamos los mexicanos, por tanto golpe de Estado, Dios les había mandado nada más a ellos el fin del mundo. Al día siguiente, los diarios y emisoras de radio sólo hablaban de la desgracia. Sobre todo la de San Juan. El terremoto había casi casi destruido esta ciudad. "Diez mil muertos, doce mil heridos e incalculables pérdidas materiales", decían los periódicos.

Y empezaron las campañas de auxilio. Sobre todo una, organizada por la Sociedad de Damas de Beneficencia. "¡Yo las ayudo!", les propuso una rubia, conductora de uno de los programas más escuchados de Radio Belgrado. ¿Quién era esa mujer tan desenvuelta, tan solidaria, tan segura de sí misma, tan simpática y tan linda? ¿Ya adivinaron quién era? Claro, la misma Eva Duarte, una de las más activas participantes. Dicen que su estilo tan vehemente y emotivo encontró el tema del terremoto a su perfecta medida. "¡Tenemos que hacer algo por los de San Juan! Ésos que viven en la miseria también son nuestros hermanos. Exhorto a todos a ayudarlos. ¿Dónde están esos artistas conocidos por su generosidad? ¿Dónde están esos ricos que no son tan mezquinos como los otros, y que siempre están dispuestos a ayudar? ¿Dónde están?", decía Eva con los ojos llenos de lágrimas, totalmente volcada en el micrófono. Tal vez, en esos momentos, apareció frente a sus ojos aquella niña pobre frente a la madre que no dejaba de coser y coser para ganar un sueldo miserable. Quizá, mientras pedía ayuda, recordaba la extrema pobreza que había en su barrio.

Gracias a todas estas campañas, tanto de las radiodifusoras como de la prensa, la colecta se hizo por todos lados. En las calles de Buenos Aires había centenares de personas que pedían su colaboración con una alcancía: "Para San Juan, señor. Para San Juan, señora", decían por la calle Florida.

Finalmente, la colecta fue todo un éxito. Para cerrarla con broche de oro, se organizó un festival en un estadio inmenso donde tenían lugar los sucesos deportivos, artísticos y políticos más importantes de entonces: el Luna Park. En el programa participarían los actores de moda, los cómicos más celebrados, los cantantes más prestigiados, los locutores más admirados y las artistas de cine más famosas.

Los boletos se agotaron; las tribunas estaban llenas a reventar. Multitudes de gente iban y venían. De vez en cuando, se asomaba Eva hacia donde se encontraba el escenario, y se le ponía chinita la piel nada más de pensar en la plata que se había acumulado. No muy lejos de donde se hallaba había un palco. Era uno de los más importantes. En unos minutos, se instalaría allí un hombre fuerte pero no nada más físicamente, sino con la "fuerza" del poder que tenía en el gobierno militar. Era el secretario de Trabajo y Previsión Social, Juan Domingo Perón.

Los que estuvieron en el festival dicen que la entrada de Perón fue apoteótica; que todo el mundo aplaudía desaforadamente. "¡Perón, Perón, Perón!", dicen que gritaba aquel mar de gente.

El acto se transmitía en cadena nacional por todo el país. Lo conducía una mujer que ya para entonces era famosísima. Todo el mundo la quería ver, aunque fuera de lejos. Cuando hizo su aparición, el estadio se caía de aplausos. ¿Quién era esa celebridad que causaba tanta histeria?

Estoy segura que muchos lectores de inmediato pensaron en Eva Duarte. ¡Qué pena, pero están equivocados! No porque estas líneas estén dedicadas a Evita, no puede hablarse de otra mujer también muy exitosa en Argentina. Aunque, sinceramente, no me resulte del todo simpática, ni carismática, sino que más bien me es antipática, tengo que admitir que esa mujer era Libertad Lamarque.

"Entonces, ¿dónde estaba Evita?", se preguntarán los lectores. Pues bien, ella no estaba en el escenario, se encontraba en un lugar mil veces mejor. ¿Saben dónde? Nada menos que en el palco principal. Sí, sí, se los juro. Se le convocó como invitada especial. ¿Y dónde creen que estaba su lugar? "¡Al lado de Perón!", acaso contestaron los que siempre creen que son de lo más perspicaces. "Wrong!"; el asiento de Eva Duarte estaba a un ladito del de... del de... ¡Libertad Lamarque!, mismo que estaba a un laditito del de Perón. Entonces, fíjense que, cuando la pesada y chillona de Libertad Lamarque se dirigió hacia el escenario porque ya iba a empezar el festival, ¿qué creen que hizo Evita? Como quien no quiere la cosa, se cambió de lugar, juntito al apuesto secretario de Trabajo y Previsión Social. Dicen que el coronel vestía un uniforme blanco y que llevaba una botas negras soberbias. (No nos queremos imaginar lo que se ha de haber creído.)

¡Híjole! El que se quedó de a cuatro con la audacia de Eva fue el señor Imbert, que también estaba en el palco y que era funcionario responsable de la radiodifusión. "Juan —le dijo de lo más confianzudo—, no sé si conozcas a la señorita [¿?] Eva Duarte. Permíteme presentártela. Es una gran entusiasta organizadora del festival. Ella trabaja en Radio Belgrado."

Y como Eva ya andaba en esos momentos un poco más rubia, dicen que el secretario le sonrió con los ojos pillines y le dijo con su charme tan característico: "Es un verdadero placer conocerla. He oído hablar mucho de usted". ¿Y qué creen que le contestó nuestra Eva? "Yo también he oído hablar mucho de usted." ¿Verdad que mejor le hubiera dicho algo más original como: "Perdón, no escuché su nombre. ¡Ah, Juan Domingo Perón! Mucho gusto"? (Para mí que en esos momentos le echó ojo. Incluso debió pensar: "Éste no se me va. Aunque esté sentado al lado de ésa, a éste yo me lo conquisto. Porque si no, ¿cómo me voy a convertir en Evita Perón? ¿Cómo me van a hacer mi obra musical y mi película interpretada por Madonna? Yo mejor me pongo trucha. No vaya a ser la de malas que me lo baje la estúpida esa".) El caso es que en seguida se pusieron a conversar. Bueno, la que en realidad no soltó el micrófono (claro, ya estaba muy acostumbrada a él) fue Eva. Parece ser que le platicó cantidad de cosas: que hacía varios años que trabajaba en el radio; que ese festival era lo más "decente" que había hecho; que le encantaba ayudar a los desprotegidos; que tenía tres hermanas y un hermano; que había trabajado en el teatro; que ella pertenecía al pueblo; que era una humilde trabajadora del radio; que no dormía pensando en los pobres de San Juan; que admiraba muchísimo a Betty Davis; que esto, que lo otro. Y bueno, estaba tan entretenido Perón, que ni siquiera escuchó a Libertad Lamarque cantar "Mi Buenos Aires querido".

Muchos años después, Juan Domingo Perón comentaría su primer encuentro: "Evita no tenía un cuerpo muy bonito. Era una típica criolla, delgada, de piernas muy delgadas y de tobillos gruesos. No fue su físico lo que me llamó la atención, fue su profunda generosidad".

Bueno, pero déjenme contarles qué pasó cuando Libertad Lamarque regresó a su lugar y vio muy instaladota a Eva Duarte, a esa "locutorcilla de quinta", a "esa arribista cursi": se le revolvió el estómago. Dicen que puso una cara de absoluta rabia. Que parecía que le iba a salir fuego por su naricita; que en esos momentos le dio tanto coraje, que hasta le quería pegar.

"Estuviste increíble. ¡Qué voz tenés!", le dijo Eva por su parte, de lo más hipócrita. "Perdóname que me haya sentado en tu lugar. Pero como dicen en México, 'el que se va a La Villa perdió su silla'." ¡Híjole, nunca se lo hubiera dicho! Dicen que la miró con los ojos desorbitados. Que se le quedó viendo con una sonrisita de la cabeza a los pies y que le dijo: "No te preocupes. Hiciste muy bien. ¡Qué bueno que entretuviste, como tú sabes hacerlo, al coronel! Debió estar fascinado..."

Lo que no sabía Eva es que, muy poco tiempo después, Libertad Lamarque se vengaría a lo "chino" de aquella "travesura".

"La madonna de los pobres"

"¡Clack!", ha de haber sonado la cachetada que dicen le propinó Libertad Lamarque a Eva Perón. O, ¿fue Evita quien se la dio a Libertad? O bien, ¿ambas se dieron de cachetadas? O, ¿Juan Domingo Perón cacheteó a las dos? O, ¿fueron ellas las que cachetearon al general? Bien a bien, ¿cómo estuvo la cosa?

Para que sepamos realmente lo que sucedió, los invito a escuchar lo que nos dice la actriz en su autobiografía: "Una cachetada es poca cosa, hay que hablar de algo más picante, vamos a decir que las motivó un arranque de celos. El resultado fue que Eva y yo nos disputábamos los favores de Perón; tan sólo de pensarlo me dan escalofríos... ¡quién podrá jamás rescatar del río toda el agua sucia de la calumnia...! Impunemente seguirá su curso a través de pueblos y países desprevenidos; y así, una vez más triunfará la infamia, dando sustanciosos frutos a los malhechores. A Perón sólo una vez en mi vida lo vi personalmente, sin saber ni su nombre; fue cuando las más importantes actrices y cancionistas argentinas fueron citadas a Trabajo y Previsión para organizar una colecta y después hacer entrega del dinero que cada una por separado, acompañadas por un soldado, había logrado recolectar pidiendo por las calles de Buenos Aires con una alcancía de lata durante dos días consecutivos y con grandes sacrificios físicos, pero felices de poder, así, ayudar a las víctimas por el terrible terremoto de nuestra querida y castigada San Juan. En aquella oportunidad fue tomada una fotografía con las actrices presentes, y en el centro de todas nosotras se encontraba un militar. Dos días después de haberse tomado aquella fotografía, por tercera vez debíamos volver a salir con nuestras alcancías y nuestros ruegos... 'Para San Juan, señor', pero... por una orden anónima, ya no lo haríamos cada una por rumbos diferentes de la ciudad sino en un solo grupo, por la calle de Florida, precedidas por un coronel. '¿Un coronel?', dije sorprendida y con disgustos, '¿qué pito toca entre nosotras un coronel?... [se los juro que así dice que dijo] ¿Para qué lo necesitamos?' De más está decir que no me presenté a la cita". Hasta aquí las palabras de Libertad Lamarque.

¿Verdad que no dijo nada acerca de la cachetada? "¿Por qué?", se han de preguntar los lectores, ansiosos de saber quién le dio a quién la cachetada. Se los juro que hasta allí llega el capítulo de la supuesta cachetada, que, finalmente, a lo que mejor, nadie se dio. Queridos lectores, por favor no se decepcionen. No es mi culpa. Ahora la cacheteada voy a ser yo por no informarles debidamente. Créanme que, por más que busqué en la autobiografía de Libertad Lamarque referencias a este tema, no encontré nada de nada. En las páginas posteriores, insiste en que ella vivía al margen de cualquier acontecimiento o actividad política o militar. Eso es todo. Bueno, si no me creen, compren el libro y busquen la página 282, van a ver que digo la verdad. Odio las mentiras. No soy mentirosa. Quizá soy exagerada, imaginativa, fantasiosa, excéntrica, pero jamás mentirosa. Si no me creen que no hay nada en el libro, pregúntenle a doña Concha, que en estos momentos está preparando en la cocina un puchero delicioso, porque no están ustedes para saberlo, ni yo para decirles, pero fíjense que estoy a dieta ri-gu-ro-sí-si-ma. Sí, sí, se los juro, tengo que llegar a pesar lo que a los veintidós años. ¿Se dan cuenta en qué estado anímico y físico me he de encontrar mientras respeto la dieta del doctor? Bueno, ¡pero ya dejémonos de chismes absurdos, de cachetadas y dietas!

A partir de ese momento, Evita y el coronel no se separaron nunca más hasta que ella murió. Y no es que haya sido, como dicen los franceses, "el coup de foudre", el amor a primera vista, lo que sucedió en ese momento es que ambos se convenían. Ella, soltera, libre, mujer luchona, generosa, arribista y sumamente entrona. Él, viudo, libre, fascinado por Mussolini y Hitler, hombre ambicioso con ganas de llegar a ocupar la silla presidencial de su país. Más que su corazón, en realidad lo que los dos escucharon fue su cabeza, su intuición. "Tú me das

tu nombre y la posibilidad de convertirme en primera dama y yo te doy mi vida, mi admiración sin límites y mi amor hacia los pobres", tal vez se telepatearon. ¿Y qué le contestó él? "De acuerdo. Tú me das tu mano, tu femineidad y generosidad, y yo, a cambio, te doy seguridad, popularidad, fortuna y poder." En otras palabras, los dos intuyen que juntos harían más cosas que separados; que juntos, cada quien por su lado, pasarían a la historia; que juntos se darían mutuamente más glamour; y que juntos formarían una pareja como las de las radionovelas que tan bien interpretaba Eva cuando trabajaba en el radio. Ella tenía veinticuatro y él cuarenta y ocho años.

El 24 de febrero de 1946, Juan Domingo Perón es elegido presidente de la república. Por fin, Eva se va a poder convertir en Evita. Dice Katherine Pancol: "Así, Evita va a poder desdoblarse de una forma más libre. Con los pobres y los 'descamisados' será como un verdadero ángel. En cambio, con los ricos sacará toda su furia y los abrumará con impuestos, injurias, etcétera".

¿Era una manera de vengarse de ellos, por haber sido ella misma una de las víctimas cuando vivía en aquel barrio tan pobre? ¡Cuántas humillaciones, tapones y sarcasmos tuvieron que padecer los ricos argentinos" (ay, qué ganas de conocerlos para escribir sobre ellos) mientras estuvieron al lado de su marido! "Los pobres se imaginan que la miseria que azota es natural. Llegan a soportarla de la misma forma que con lentitud se toleran algunos venenos. Por mi parte jamás pude acostumbrarme a 'esos venenos'. He allí, quizá, el único sentimiento inexplicable de mi vida", dijo en una ocasión Evita.

Tomás Eloy Martínez sostiene que en los seis primeros meses de 1951, "Evita regaló veinticinco mil casas, casi tres millones de paquetes que contenían medicamentos, muebles, ropas, bicicletas y juguetes. Los pobres hacían fila desde antes del amanecer para verla, y algunos lo conseguían sólo al amanecer siguiente. Ella los interrogaba sobre sus problemas familiares, sus enfermedades, sus trabajos y hasta sus amores. En el mismo año de 1951, fue madrina de casamiento de mil seiscientas ocho parejas, la mitad de las cuales ya tenía hijos. Los hijos ilegítimos conmovían a Evita hasta las lágrimas, porque había sufrido su propia ilegitimidad como un martirio".

Por otro lado, y por contradictorio que parezca, mientras Evita fue primera dama imitó y hasta admiró a los ricos. De alguna manera, quería vestirse como ellos; quería actuar como una gran dama de sociedad. Tanto que, dicen, hasta tuvo que aprender a hablar y a tomar los cubiertos.

En su libro, Eloy Martínez pone en palabras de su peluquero personal, un personaje que se llama Alcaraz: "Una vez me pidió que le enseñara cómo atender la mesa, porque a cada rato Perón se presentaba en su casa con gente importante a comer. La fui domesticando, como quien dice: 'Empuña los cubiertos por los extremos', le decía. 'Encogé los meñiques al levantar la copa.' Más adelante, este mismo personaje dice que tenía problemas de dicción. "Yo la oí decir: 'Voy al dentólogo', en vez de 'Voy al dentista u odontólogo', y 'No me alcanzan los molumentos' por 'No me alcanza el sueldo o los emolumentos'. Se fue salvando de estos papelones porque miraba de reojo lo que hacían los demás, y porque, cuando le corregían alguna palabra, la escribía en un cuaderno."

En relación a sus "descamisados" sostenía que: "Mismo con todo el oro del mundo, no se puede hacer a nadie feliz si la caridad toma forma de humillación. No hay que olvidar que lo que el hombre tiene más precioso es la dignidad. Por eso mismo quisiera que mis albergues fueran lo más lujoso posible y, mismo, excesivamente lujosos. Y cuando me preguntan si no temo que los pobres se acostumbren a vivir como los ricos, respondo que no, que no tengo miedo. Al contrario, lo que deseo es que se acostumbren a vivir como los ricos. En el globo terrestre hay suficientes ricos para que todos los hombres lo sean también. En el fondo soy una revoltosa social".

Con el tiempo, se nombra ella misma ministro del Trabajo y Asuntos Sociales. Crea la Fundación Eva Perón, misma que se encarga de atender todas las necesidades de los necesitados (valga la... qué... ¿cómo va la expresión?). Asimismo, la fundación contesta millones y millones de cartas que se reciben directamente pidiendo azúcar, medicinas, una muñeca para navidad, zapatos, una cama, ropa, pero, sobre todo, comida. En ellas, lo único que piden son cosas concretas. ¿Saben ustedes cuántas personas se emplean nada más para esta Fundación? Catorce mil. Y Evita es una de estas personas, que trabaja intensamente para que a sus pobres no les falte nada.

Y mientras su marido da órdenes y más órdenes por su lado, su mujer ordena que se construyan más albergues, más escuelas, más aulas para universitarios, hospitales, asilos y centros vacacionales lujosos para que los pobres no tengan la impresión de que les está dando limosnas. Nadie, nadie se atrevía ni podía atravesarse en el camino que Evita se había trazado. "Voy derecho y no me quito, si me pegan me desquito", parecía decirle a todo aquel que osara contradecirla. Suprime la libertad de prensa (goodness gracious!). Continuó persiguiendo a los ricos que no contribuían con las suficientes vajillas de Limoges. "Soy sectaria, no lo niego, también soy brutal", solía decir de sí misma esta santa. Inventa las pensiones, de Seguridad Social, derecho a la jubilación, el salario del ama de casa, etcétera. Con absoluto frenesí, Evita Perón se entrega a su "obra".

¿Sabía entonces que su vida sería muy corta? Seguramente lo intuía. Sobre todo cuando le pronosticaron cáncer en el útero. No, no había tiempo, y había que apurarse a como diera lugar. El poco que le quedaría se lo dedicaría a sus descamisados. De eso no había duda. "¿Y Perón?", se han de preguntar los lectores. Bueno, pues él estaba preocupadísimo. Prácticamente no se veían. Entonces, durante los fines de semana se pasa el tiempo encerando sus botas, sacándole brillo a los botones de sus uniformes, durmiéndose temprano, planchando sus pantalones, haciendo "su" mayonesa. En el fondo, deplora la intensísima actividad de su mujer. Sin embargo, no puede negar que, como consecuencia, él es cada vez popular. ¡Qué importa que vacíen la caja del Estado a causa de la generosidad de Evita! ¡Qué importa que los industriales, el ejército y la oposición hagan todo su berrinche ante las excentricidades de "la madonna de los pobres"! Entretanto, Juan Domingo Perón recibe el amor de millones de argentinos.

Ah, se me olvidaba decirles que, en ese tiempo, ya se estaban preparando las elecciones. El 22 de agosto de 1951 despega la nueva campaña presidencial. Y las multitudes le suplican al general que lance a Evita como vicepresidenta. Vacila. Sabe que tendría a todo el ejército en su contra. Por añadidura, se comienza a dar cuenta que su mujer se ha convertido en un personaje mucho más importante que él. Y comienzan los celos, la envidia, la inseguridad... ¿Qué creen que pasa después? No me lo van a creer. ¡Renuncia! Y esto, naturalmente, a Evita le cae como patada al estómago. En ese momento, hace un último discurso por el radio: "Nada más tengo una sola ambición. Que el día que se escriba esta maravillosa página de la historia de Perón, se diga: 'Al lado de Perón había una mujer que se consagró a trasmitirle la esperanza del pueblo. Y de esta mujer nada más se sabrá que era: Evita'".

Y, en tanto se preparaba a morir, llegó el día fatal. Eva Duarte de Perón murió el 26 de julio de 1952. "Algún día volveré y seré millones", dicen que llegó a decir en uno de sus últimos actos oficiales. Tenía treinta y tres años. ¿Cuáles fueron los elementos que construyeron el mito de Evita? Tomás Eloy Martínez contesta:

1. Desde el anonimato de pequeños papeles en el radio, ascendió como jefa espiritual de la nación.

2. Murió joven.

3. Fue el Robin Hood de los cuarenta.

4. Perón la amaba con locura.

5. Para mucha gente tocar a Evita era tocar el cielo; el fetichismo.

6. Se convirtió en "el relato de los dones".

7. Con sus obras y su obsesión hacia los pobres, de alguna manera, Evita Perón erigió un "Monumento al Descamisado".

JACQUELINE BOUVIER

*E*l 22 de diciembre de 1929, en la iglesia de San Ignacio de Loyola, en Nueva York, se bautizó a una niña de nariz respingada, labios generosos y grandes ojos oscuros con el nombre de Jacqueline Lee. "Creo que los tiene [los ojos] un poquito separados como los de su padre", dijo muy quedito la madre, Janet Lee, en tanto sostenía en sus brazos a su primera hija, cubierta hasta la cabeza por un ropón precioso, heredado de la abuela irlandesa. Josh Bouvier, corredor de Bolsa y con treinta y ocho años encima, era el feliz padre. Alto, musculoso y de aspecto exótico para la sociedad neoyorquina, tenía el pelo muy negro, pómulos anchos, bigote fino y oscuros ojos azules, sumamente separados. "Tiene los modales de Clark Gable", comentaban de él sus amigas. Por añadidura, el señor Bouvier tenía un bronceado que le duraba todo el año y un montón de apodos: el Jeque, el Príncipe Negro, y por el que más era conocido, Black Jack. ¿Por qué lo llamaban así? ¿Por el color de su tez? ¿Por el de su cabello? No. Así se le conoció porque inspiró grandes, medianas y chicas pasiones. Sí, Black Jack era terrible con las mujeres. Mujer que conocía, mujer que conquistaba y marcaba para el resto de su vida. Esta fuerza o debilidad, según se la quiera ver, marcaría para siempre a su hija Jackie. Aunque a la que más marcó, sin duda, fue a su madre. Después de doce años de casados, terminan por divorciarse; esta circunstancia fue determinante en la vida de Jackie.

"Me correspondía ser la inteligente"

Jacqueline tenía once años cuando sus padres se divorciaron. En esa época era una niña tímida, encerrada en sí misma. La mayor parte del tiempo se la pasaba leyendo literatura romántica. Se devoró *Lo que el viento se llevó* y las obras completas de Lord Byron, así como una biografía del escritor francés André Maurois. Comenzó a formar su propia biblioteca con libros sobre danza y continuó empecinadamente sus lecciones de ballet. Escuchaba las canciones de Judy Garland.

Cuando Jackie no se encontraba metida en su cuarto leyendo, es que estaba montando a caballo. De más niña, Black Jack le regaló un pony. Su madre montaba espléndidamente bien a caballo; era una de las mejores del club hípico y tuvo mucho que ver en el interés de su hija por este deporte. En 1941, Jackie logró una doble victoria en el concurso de equitación de la categoría junior; entonces, ella y su hermana Lee estaban educadas como las típicas niñas bien, ricas. Iban a los mejores colegios de Connecticut, pertenecían a los clubes más exclusivos, tenían institutriz, recibían lecciones particulares de ballet, las vacaciones se la pasaban en East Hampton, y, después de haber vivido en un duplex de Park Avenue, ahora vivían en un departamento en One Gracie Square. Black Jack continuó conquistando la simpatía de sus dos hijas; sobre todo por lo que se refería a la pensión que estableció en el divorcio, ésta era superior a lo que entonces marcaba la ley. Sin embargo, fue en esa época que la señora Bouvier, empezó a beber en exceso; tomaba somníferos, raras veces se levantaba antes del medio día y siempre parecía nerviosa y deprimida.

Peter Collier y David Horowitz dicen en su libro, *Los Kennedy*: "En esa época, Jackie decía: 'Lee era la guapa. Así que supongo que a mí me correspondía ser la inteligente'. El padre la había enviado a los colegios de miss Porter y luego al de miss Chapin. En el anuario escolar de éste último, Jackie había manifestado que no pretendía 'ser una ama de casa'. A sus compañeras les contaba historias sobre las proezas sexuales de su padre y convertía en un relato jocoso el episodio que su madre le había contado llorosa y doliente. Durante la luna de miel, cuarenta y ocho horas después de casarse, el padre había tenido una aventura extramatrimonial. No es de extrañar que las compañeras se alborotasen por ver a Black Jack, cuando iba a buscar a su Jackie los fines de semana".

El "tío Hughdad"

Y mientras Black Jack salía con algunas de las mujeres más jóvenes y hermosas de Nueva York, la madre de Jackie frecuentaba a Hugh Dudly Auchincloss, siete años menor que Janet Bouvier. Hugh pertenecía al jet-set neoyorquino; era riquísimo y tenía propiedades de sobra, además de barcos, coches, criados, caballos, cuadros y muchas, muchas relaciones; era socio de los mejores clubes: el Bailey's Beach y el Newport Country Club, el Metropolitan, de Washington, el Chevy

Chase Country, etcétera. Además, Hugh figuraba en la lista A del árbitro social más puntilloso de Washington. Bueno, pues, finalmente, Janet y el "tío Hughdad", como lo llamaba Jackie, se casaron.

Hugh Auchincloss solucionó varios problemas que habían acosado a Janet y a sus hijas, y las ayudó a adoptar una visión del mundo más reposada y confiada. Janet estaba en éxtasis con su nuevo matrimonio.

En 1942, Jacqueline se puso su primer vestido de noche; lo compró especialmente para la noche de navidad. Era de tafeta azul con mangas abultadas. Como zapatos, se puso unos de cabritilla dorada. Cinco años más tarde, Jackie se gradúa en la escuela de miss Porter; ese año, fue nombrada Reina Debutante.

En 1948, va a París y se inscribe en La Sorbona. Allí descubrió las raíces de los Bouvier. Entre tanto, Black Jack le hacía la corte a Sally Butler, empleada en Miami de la línea aérea Pan Am. Lee Frey, amiga de Sally, describe a la joven de Florida como "notablemente hermosa, de cabello muy largo, que Black Jack sugirió que se cortase en un estilo reminiscente del de Norma Shearer. Sally lo hizo, con lo que todavía pareció más joven. En algún momento, Bouvier viajó a California con Sally para conocer a los padres de ella. Los padres de Sally lo adoraban, pero no como esposo para la hija. La diferencia de edad los abrumaba".

En 1951, Jacqueline Bouvier se graduó en la Universidad George Washington; también ese año gana uno de los premios más cotizados de entonces, el Prix de Paris de la revista *Vogue*. John Sterling, un amigo con quien jugaba golf, la describe en esa época: "No veía a Jackie desde antes de su primer año en el extranjero. Había cambiado. Está alta e imponente, con una estatura de un metro sesenta y ocho, pómulos salientes y labios sensuales, parecía una mujer y se movía como tal. Pero seguía siendo tan fría y remota como la Jackie de antes, una absoluta princesa de hielo". Después de graduada, se establece en Washington con su padre, en lugar de Nueva York. El hábito por la bebida de Black Jack, el juego, su conducta errática, hicieron que la comunicación resultara imposible. Padre e hija discutían todo el día.

En realidad, lo que pasaba con Black Jack es que en el fondo estaba celoso del marido de su exmujer. En esa época, sintió que su hija Jackie estaba demasiado involucrada con la familia Auchincloss. Elaine Lorillard, íntima amiga del señor Bouvier, decía que seguramente de las dos hijas, Jackie era la consentida, ya que en el departamento de

Black Jack, asombraba la cantidad de fotos que había de ella. "También había óleos de Lee, pero aparentemente había más de Jackie. Se le veía por todas partes y Black Jack hablaba de ella sin parar."

En 1952, gracias al "tío Hughdad", Jackie consiguió su primer empleo como fotógrafa y entrevistadora en el *Times Herald* de Washington; empezó ganando cuarenta y dos dólares cincuenta a la semana. Una de sus primeras misiones fue entrevistar a John Kennedy, senador por Massachusetts. Una de las amigas de Jackie cuenta que le dijo después de este encuentro: "El senador es un poco don Quijote, dice que va a ser presidente de Estados Unidos cuando cumpla cuarenta y cinco años". Después de esta entrevista, Jackie le tradujo del francés un informe sobre Indochina. Tal vez por agradecimiento, John Kennedy la invita a la Casa Blanca a la toma de posesión del presidente Eisenhower. Esa noche, Jackie llevó un vestido precioso de chez Givenchy en lamé con bordados dorados. "¿De qué signo del zodiaco eres?", le preguntó John. "Adivina", le dijo Jackie con una sonrisa misteriosa. "Casi juraría que eres de Leo". Al escuchar esto, miss Bouvier no lo podía creer. "¿Cómo supiste?", le preguntó sorprendida. "Porque te gusta llamar la atención", respondió el joven senador.

Como era de esperarse, Jackie había oído hablar mucho del "clan Kennedy". La primera vez que lo enfrentó fue durante un fin de semana en Hyannis Port, en Cape Code, propiedad de la familia Kennedy. La idea de conocer a Rose, la madre del senador, la aterraba. La primera noche de la breve estancia, Jackie llevaba un vestido demasiado formal para el lugar. John y sus hermanas empezaron a burlarse de ella. "¿Dónde te crees que estás? ¿En el palacio de Buckingham?" Inesperadamente, Rose Kennedy salió en su defensa. "No sean necios, está guapísima", exclamó. Sin embargo, cuando Jackie le hizo el relato del fin de semana a Lee, su hermana, le dijo: "Entre ellos existe una competencia increíble. Cuando están juntos se atacan, se burlan unos de los otros. En realidad, parece una lucha entre gorilas".

"Me quiero casar contigo"

No obstante el amor que John Kennedy siempre manifestó a las mujeres (en la época en que se hizo novio de Jackie ya era conocido como un "mujeriego empedernido"), no era de ningún modo un romántico, al contrario, dejaba fuera todo tipo de "romanticismos" para poder lograr su único objetivo: el sexo. De sus exnovias, existen decenas de testimonios que lo muestran como un verdadero "obsesivo". Un ejemplo es la manera en que le pidió a Jackie que se casara con él. Esperó a que el *Times Herald* enviase a Jackie a Londres, para el reportaje de la coronación de la reina Isabel, para mandarle un telegrama que dijera: "Jack Kennedy". Durante el noviazgo, jamás le mandó flores ni le hizo regalos, tampoco le escribió cartas de amor. Lem Billings, uno de los mejores amigos de Kennedy dijo: "No lo veo diciendo 'te quiero' a una chica y añadiendo si querría casarse con él. El matrimonio era para él algo que le habría gustado que sucediera sin tener que hablar de ello".

Y llegó el día de la boda, el 12 de septiembre de 1953. A propósito del matrimonio, David Heyman dice en su biografía *Una mujer llamada Jackie*: "Según se informó en *The New York Times*, más de tres mil espectadores se apiñaron en St. Mary esa mañana, para poder ver al novio, de treinta y seis años, y a su novia, de veinticuatro. La policía rodeó al gentío con una cuerda de protección, y lo hizo retroceder hacia la acera de enfrente, mientras una limousine dejaba a Jackie delante de la iglesia".

Al verla aparecer en medio de esa multitud, con su vestido vaporoso lleno de encajes, todo el mundo aplaudió. Para entonces, Jackie y John ya formaban una de las parejas más famosas de Estados Unidos.

Doble personalidad

¿Por qué Jackie se casa con John, a sabiendas, que sufriría tanto como su madre con las infidelidades de Black Jack? Tal vez, la respuesta esté en la infancia de Jackie. No hay que olvidar que sus padres se divorciaron, precisamente, por esta razón. A partir de la ruptura, se forja en ella una doble personalidad. Por un lado, está la perspectiva del glamour que sabe que rodearía su vida casándose con un Kennedy. Y por otro, el reto de afrontar estos problemas de un modo diferente a como lo hiciera su madre. Jackie dependió de los hombres. Primero, de su padre; después, de John, y luego, de

Onassis. Los tres eran poderosos, seductores, ricos e inteligentes. Los tres la hicieron sufrir; sin embargo, los tres la ayudaron a proyectar una imagen muy atractiva para los demás.

Sin duda, las hermanitas Bouvier no tuvieron una infancia como las otras niñas. Lee se casó con el príncipe polaco Radziwill, de quien después se divorcia. La madre de Jackie también se casa con un personaje poderoso y rico. De alguna manera, estas mujeres construyen su destino alrededor de metas e intereses.

Más de mil doscientos invitados esperaban a los novios en la propiedad de los Auchincloss. *The New York Times* dijo que había sido una de las bodas más espectaculares en muchos años.

¿Dónde se fueron de luna de miel? Pues nada menos que a Acapulco, en casa de Miguel Alemán, en el fraccionamiento Las Brisas. "Era una de las mansiones más impresionantes que había visto en mi vida. Había un batallón de sirvientes a nuestro servicio las veinticuatro horas del día. Su playa privada era como un paraíso. Allí John y yo pasamos unos días inolvidables", dijo Jackie. Esta declaración no debe sorprendernos; en esa época, la revista *Time* publicó la lista de los diez hombres más ricos de América, y entre ellos estaba el expresidente.

"Y tu papá, ¿dónde está Black Jack?" "Oye, Jackie, estoy buscando a tu padre, ¿no sabes dónde lo puedo encontrar?", le preguntaban amigos y familiares a la novia. Jackie no sabía qué contestar. "Creo que llegará más tarde", decía con una sonrisa forzada, sabiendo, en el fondo, que no se aparecería. Pero ¿dónde diablos se encontraba Black Jack? ¿Cómo era posible que no estuviera presente el día de la boda de su hija? ¿Qué acaso no estaba encantado de que su hija consentida se casara con el senador de Massachusetts? ¿Se le había olvidado que el 12 de septiembre se celebraba una de las bodas más sonadas de entonces? Pobre, pobrecito de Black Jack, no hay que mal juzgarlo. Permítanme explicarles lo que sucedió. La noche anterior, es decir el 11, se le ocurrió invitar a cenar a un par de "conejitas". Y mientras comían unas riquísimas langostas, brindaron por la felicidad de Jackie. Fue tanta la que le desearon que terminaron —los tres— completamente borrachos en la suite de un hotel de lujo. Eran más de las cinco de la tarde cuando se presentó la camarera para hacer la habitación. "¿Qué horas son?", preguntó Black Jack con una cruda impresionante. "Son las cinco y veinte de la tarde", repuso la camarera con su plumero en la mano. "What?????" En ese momento, se levantó de la cama y corrió hacia el baño. Al verlo, la recamarera pensó: "Dios mío, cómo se parece a Clark

Gable". Cuando Black Jack llegó a la propiedad del padrastro de su hija, ya era demasiado tarde. "¿Dónde está mi hija?" "Tuvieron que irse temprano para tomar el avión a la ciudad de México", le contestó una de las damas. Para consolarse, esa noche Black Jack bebió más que nunca; pero eso sí, ya sin su par de "conejitas".

Entre tanto, Jackie iba en el avión mirando fijamente por la ventanilla. "¿Por qué no vino mi papá?", se preguntaba una y otra vez. John le tomaba la mano y le decía: "Mañana te llevaré a un lugar donde un clavadista se echa de una altura increíble. Se llama La Quebrada".

Seguramente, la luna de miel de los Kennedy-Bouvier fue como de película de Cary Grant y Grace Kelly, ya que al día siguiente de que llegaron, mientras John esquiaba no muy lejos de la playa privada de la casa de Miguel Alemán, escribió un poema para su marido: "Construirá imperios/muchos de ellos se derrumbarán./Cuando emprenda su camino/Sabrá encontrar el amor/Sin por ello encontrar la paz/Ya que todavía tiene que hallar/El vellocino de oro./Y todo lo que espera/Es el mar y el viento".

¿Pareja ideal?

Muy rápidamente, el matrimonio Kennedy se convirtió en la pareja ideal de los norteamericanos. Eran guapos, ricos (como regalo de bodas, Joe Kennedy le dio a su hijo un millón de dólares), famosos, sofisticados, etcétera. ¡Cuántas veces no se les vio caminando por las calles de Washington, en Georgetown donde vivían, en la zona residencial más elegante, vestidos de una forma casual y sofisticada! En ese entonces, Jackie tenía el pelo corto, al estilo de Kim Novak. Para vestirse, le gustaba ponerse pantalones "pesqueros" en colores pastel, con blusas de algodón en los mismos tonos.

En esos años, los domingos solían instalarse en el jardín. John instalaba su caballete, y sobre él una de sus pinturas inacabadas. Éstos fueron los días más íntimos y privados de los Kennedy. Mientras que John hacía un magnífico papel como senador, Jackie seguía sus cursos de ciencias políticas en la Universidad de Washington. No obstante todo lo que le exigía esta carrera, Jackie empieza a hacer una valiosísima labor como esposa del senador. Como "experiodista", sabía organizar muy bien las ruedas de prensa de su marido, por ejemplo.

Esto es lo que siempre contaron del matrimonio Kennedy las

revistas y los periódicos. Sin embargo, la realidad era muy diferente. Muy poco tiempo después de casados, Jackie comienza a tener serios problemas con su familia política. Un incidente, del cual se habló hasta mucho tiempo después, ejemplifica bien el verdadero clima que existía en el joven matrimonio. Sucedió en uno de los mejores restaurantes de Nueva York, el Pavillon. Un periodista norteamericano, de esos muy metiches que siempre están al acecho de los chismes, se encontraba sentado muy cerca de la mesa de los Kennedy. De pronto, escucha a Jackie (con su voz inconfundible, pituda e infantil) pedir la cuenta al mesero, al mismo tiempo que le grita a su cuñado Robert: "¡Estoy harta! Prefiero irme. Ustedes los Kennedy nada más piensan en ustedes mismos. ¡Son insoportablemente egoístas! Creen que ustedes son los únicos que cuentan. Para ustedes, aquéllos que no entran en su clan, no existen. ¿Qué, entre ustedes, no habrá alguno que piense en mi felicidad?".

No obstante que Jackie ya conocía la debilidad de su marido, nunca imaginó que ésta fuera tan pública y notoria. Había empezado a acompañar a John durante sus mítines políticos; y justo allí, entre las multitudes, Jackie descubrió las mantas que decían: "John Fitzgerald Kennedy, ¡adúltero!"; supo de lo que se conocía como las "Kennedy's girls"; jóvenes que se hacían pasar por edecanes, cuando en realidad se les contrataba para distraer y relajar al senador por la noches, cuando regresaba a su hotel cansado por sus jornadas políticas; entre ellas, también había muchas modelos guapísimas, siempre disponibles para lo que se le pudiera ofrecer al senador.

En 1954, John se ve obligado a operarse de la columna vertebral. Los días que pasó en el hospital New York, Jackie se volcó en cuidados para su marido. Todas las mañanas, llegaba muy tempranito para atender a John; con toda generosidad y amor, supo poner en práctica sus estudios de enfermera que hizo cuando era joven. Todos sus amigos estaban en admiración frente a esta esposa tan dedicada. Pues bien, meses después de que estuvieron en el hospital, Jackie se enteró de que, a pesar de que su marido tenía instrucciones precisas del médico de que mantuviera absoluto reposo, John había hecho el amor con tres enfermeras. ¿Cómo? Nunca nadie se lo explicó. No hay que olvidar que el senador estaba enyesado de la cintura para arriba. Con todo respeto hacia John F. Kennedy, eso sí que es "amor al arte".

La pobre de Jackie ya no sabía ni qué actitud asumir ante esta situación. Decidió entonces probar varias estrategias, como, por ejemplo, aquélla que puso en práctica durante unas vacaciones en Palm Beach en casa de su cuñado, Peter Lawford, marido de Pat Kennedy, una de las hermanas de John, y quien con el tiempo se convirtiera en quien conseguía mujeres para su cuñado. Acababan de desayunar y todos se disponían para ir a la playa. De repente, Jackie dijo: "Oye, John, deberías apurarte para ir a la playa. Desde aquí veo que hay un par de chicas que seguramente te van a fascinar. Son exactamente del tipo de mujeres que te gustan".

Una vez que el matrimonio Kennedy se instaló en la Casa Blanca, la insaciabilidad de John no cesó. Todo lo contrario. Al grado que en los corredores era evidente un ir y venir constante de mujeres bellísimas, entre secretarias y antiguas conquistas del señor presidente. "Odio el vestíbulo de la Casa Blanca. Parece como si estuviera en un aeropuerto", llegó a confesar. En el fondo, Jacqueline siempre se sintió fascinada con la reputación de "don Juan" de su padre. Desde el inicio de su matrimonio, se enfrentó con la misma situación. Con el tiempo, las numerosas aventuras de su marido la hicieron un poco cínica. En una ocasión, siendo primera dama, se encontró en su cama un "calzoncito". "¿Podrías regresar a su dueña este pequeño objeto? No es de mi talla", le dijo a su marido, mostrándole "el objetito" lleno de encajitos.

Cuando se entera de la relación entre su marido y Marilyn Monroe, le hace creer a todo el mundo que no sabe nada. Incluso, un día acepta hablar con la actriz. Pero en mayo de 1962, cuando Marilyn, literalmente "enfundada" en su vestido color carne bordado con perlitas, murmura en el micrófono del Madison Square Garden: "Happy birthday to you, mister president" en su aniversario cuarenta y dos, Jackie no está presente. "Too much, it's too much", le dijo esa noche a su suegro Joe con los ojos llenos de lágrimas.

La debilidad de Jackie

¿De qué manera se vengaba Jackie de todas las "travesuras" de su marido? ¿En qué forma conseguía castigarlo? ¿Cuál era su revancha? ¿A qué tipo de desahogos recurría cuando estaba sola? No, no es que Jackie fuese una esposa vengativa. Lejos de eso; era demasiado noble para una cosa así. Lo que sucede es que inconscientemente se hizo de una pequeña fórmula con la cual, descubrió, hacía enojar mucho a John. Entonces, in-cons-cien-te-men-te, la ponía en práctica. La forma en que Jackie manifestaba su enojo era finalmente muy femenina y hasta humana: gastaba. Sí, compraba y compraba. Compraba de todo: ropa, artículos para la cocina, objetos de decoración, herramientas para el jardín, secadoras, lavadoras, zapatos, discos de Frank Sinatra, maquillaje, joyitas, libros, gadgets, papel para escribir, cepillos, tubos calientes, cremas, medias, sandalias, shorts, botas para montar, porcelanas, marcos de plata, cinturones Gucci, agendas, anteojos para el sol, plumas, libros de arte, tarjetas postales, canastas para ir de picnic, lámparas, viejos baúles, etcétera. "¡Esta mujer está acabando con mis finanzas!", decía constantemente John a sus amigos. Cuando Carolina nació, Jackie gastó tanto dinero en la decoración del cuarto que cuando el futuro padre recibió la nota, pensó que se trataba de la compra de una casa. "¿Estás segura que nada más compraste la cuna, la báscula y el carrito?", le preguntaba con los ojos desorbitados. "Ay, no te enojes por favor. Todo está precioso. No te olvides que es nuestro primer baby", le decía Jackie con su particularísimo "charme" de niña bien...

Los años de gloria

"'Hace cuarenta años que no tengo un pelo en la cabeza y aparentemente eso no le ha importado a nadie.' Son las once de la noche en Washington. El presidente Eisenhower está a punto de irse a dormir; apuesta sobre la victoria del candidato demócrata, John Fitzgerald Kennedy. Tiene razón Ike de burlarse del peinado impecable de su sucesor, ya que todo Estados Unidos está listo para dar la vuelta a la página a partir de mañana en la mañana. Él tiene cuarenta y tres años, ella, treinta y uno. Ella lo despierta diciéndole cosas como: "Mi corazoncito, ¡ya eres presidente!". Romeo y Julieta están en el poder. Estos jóvenes, que muy pronto entrarán a la Casa Blanca, son de la costa este. Hace quince años que Mamie Eisenhower es la abuelita de Estados Unidos. ¡Qué diferencia, Jacqueline se peina de tipo esponjado a la Françoise Dorléac y la llaman Jackie! ¡Qué diferencia el 20 de enero de 1960, ella posa para las cámaras con las ventanas de la triste casa de la avenida Pennsylvania número 16 000 abiertas! No obstante le dicen la Casa Blanca, está gris. Cuando caminas, rechina el piso. Después de una campaña en la que impuso sus sombreros "pill-box", con sus trajes sastre color pastel y sus abrigos con botones grandotes y con cuello de colegiala, Jackie es la inseparable de "Jack". Ahora les llamarán "los Kennedy". En la revista *Life*, Jackie declara su ideal, el de la ópera *Camelot*, hecho "de hombres galantes y mujeres soberbias". No sabe ni cocinar ni coser, lo que resulta un insulto para los pies de fresa de la buena esposa norteamericana y para los "patrones" de vestidos hechos en casa. No tiene un visón, símbolo de estatus y éxito, lo que para los franceses es la Legión de Honor. Le gustan los muebles antiguos, estilo Luis XV, y el dinero fácil. Es de carácter fácil, a veces un poco lejana; cuando se da, lo hace a fondo, sin embargo, sigue siendo un enigma. No habla de política y dice que nunca preguntará: "Oye, mi vidita, ¿cómo van las cosas en Laos?".

La interrupción del sueño

"Estados Unidos deseaba una princesa. Jackie va todavía más allá, convirtiéndose en una heroína. Pero lo que siempre sorprendió a los medios de comunicación fue la sinceridad de la pareja. Él sale de Harvard, ella de Vassar. Dos universidades 'fitzgeraldianas' para niños bien. Son ricos y además prometen ocuparse de los pobres. Jack lanza el mito de la 'nueva frontera': 'No estoy satisfecho. Cuando nos acostamos, pienso en los millares de norteamericanos que tienen hambre. Ella empieza por transformar la Casa Blanca en un museo en donde Caroline y John-John hacen travesuras. Pero impide, hasta 1964, se le tomen fotos a sus hijos. Sin duda, Jackie fue la primera dama que introdujo el buen gusto y refinamiento en la Casa Blanca. Además, siempre le dio mucha importancia a las actividades culturales. En varias ocasiones, invitó a Balanchine y su Ballet, a Pablo Cassals y su violoncello, a André Malraux. Sin embargo, tampoco en esta época se pensó que Jackie era feliz.

"Jackie sigue padeciendo los engaños de su marido. Para olvidar, viaja. Siempre temió rodearse de personas más ricas, poderosas y de más edad que ella. Cuando su marido estaba considerando su reelección, ella pierde a su tercer hijo. Sin embargo, 'aparentemente' y frente a los demás, la pareja sigue provocando sueños, ideales y muchas fantasías. Ethel, la esposa de Bob Kennedy, habla de ella como la Ofelia que, mientras canta, se deja llevar por la corriente.

"Pero este sueño lo interrumpe bruscamente el trágico asesinato del 22 de noviembre de 1963. El coche Lincoln pasa por Elm Street cuando, de pronto, se escucharon las detonaciones. Ella exclama: '¡Está muerto! Lo mataron. ¡Está muerto!'. Se sube a la cajuela del convertible. ¿Quiere escapar? No, lo único que intenta es recuperar una parte del cerebro de su marido que, debido al impacto de los balazos, es dis-

parado hacia la cola del coche. Lo que sigue a esta escena trágica se transmitirá durante cuarenta y ocho horas en la televisión de todas partes del mundo.

"A partir de este momento, Jackie pasa a la historia y se convierte en una leyenda. El pueblo norteamericano jamás olvidará la dignidad, el respeto y amor que le manifestó a su marido durante esos instantes. A pesar de su matrimonio con Onassis, el pueblo norteamericano siempre tuvo admiración por esta mujer fuerte y serena.

"Nunca como en esos momentos, el clan Kennedy se mantiene solidario. Entre todos, Jackie elige a Bob como su amigo y confidente. Pero cuando el 6 de junio de 1968 lo asesinan, Jackie decide alejarse definitivamente de Estados Unidos, pero sobre todo de la violencia de su país.

"Con esta huida concluye la candidez y la locura de los años sesenta", termina diciendo Stephane Denis de *Paris Match*.

El "estilo Jackie"

Sin exagerar, se podría decir que Jackie siempre mantuvo una imagen impecable de su persona. Existe un "estilo Jackie", que se ha vuelto a poner de moda en las vitrinas parisinas. Una de sus características era la elegancia refinada, la sencillez y la discreción. Jackie prefería los trajes sastres Chanel y los coordinados de saco y vestido. Incluso, para las grandes recepciones, Jackie optaba por vestidos sencillos, no obstante se confeccionaran con telas finísimas.

Jackie siempre supo sacarse partido. Sabía lo que le quedaba, poniendo en relieve su cuello largo y sus hombros. La única joya que llevaba a todas partes era su reloj Tank de Cartier. Jackie era tan elegante, que cuando la conoció De Gaulle, quedó impactado por su "chic", tan natural (desafortunadamente, la esposa del presidente francés, Ivonne, no gozó de esta cualidad. Sin duda, tenía otras, como, por ejemplo, siempre le lavó personalmente sus calcetines y su ropa interior). ¡Qué suertuda era Jackie! Todo lo que se ponía le quedaba; incluso el estilo sports wear.

Cuántas veces no se le vio fotografiada con sus anteojos negros con montadura de carey. Cuántas veces no la vimos en las revistas durante sus vacaciones, vestida siempre en color pastel y con un estilo muy sofisticado. Como Marilyn Monroe, Jackie usaba Chanel n° 5; tan adicta que en varias ocasiones mandó su jet privado a París para que le llevaran sus frascos a la isla Skorpios.

Tal vez fue por culpa de esta fragancia que John Kennedy se enamorara de Marilyn Monroe. Si hubiera usado L'Air de Temps, de Nina Ricci, otro gallo le hubiera cantado.

Jackie O.

Hace años, a uno de los mejores restaurantes de Roma, le pusieron el nombre Jackie O., en homenaje a Jacqueline. Que yo sepa no existe ninguno en el mundo que se llame Pat Nixon o Nancy Reagan, ni mucho menos Barbara Bush.

Algo ha de haber tenido Jackie para que despertara tanta polémica y curiosidad a su alrededor en todo el mundo.

A partir del día en que asesinaron a John F. Kennedy, automáticamente su viuda pasó a la historia. Desde entonces, se convirtió en una leyenda, en un mito, en una de las mujeres más fotografiadas del mundo y en una figura pública que lo mismo salía fotografiada en la revista *Hola!* que en el *Time*. Sin exagerar, después de Greta Garbo, en Estados Unidos quedaban nada más dos ídolos: Jackie y Elizabeth Taylor. Curiosamente, entre estas dos, la primera era la que más cuidaba de su salud. Pero no nada más de su salud física sino también de la mental. No había día en que Jackie no hiciera su jogging en Central Park, en que no pusiera en práctica su eterna dieta, su gimnasia, su yoga, además de las tres veces que iba por semana con el psiquiatra. Era una mujer disciplinada, que cuidaba mucho de su imagen. "Never too thin, never too rich", fue tal vez parte de su filosofía.

La telecomedia trágica

El día del entierro de John F. Kennedy, Jackie se portó como una verdadera reina, y esto jamás lo olvidaron los norteamericanos. Las cámaras del mundo entero enfocaban sobre las doscientas cincuenta mil personas que integraron el cortejo, pero, sobre todo, se dirigían sobre ella y sus dos hijos. Millones de telespectadores pudieron ver a una madre y a una hija arrodillarse frente al féretro y darle un último beso a la bandera de Estados Unidos, que envolvía la caja mortuoria. Este mismo público se conmovió cuando el pequeño John-John apareció haciendo el saludo militar. Antes, Jackie tuvo el cuidado de hacer introducir en el féretro una carta, un dibujo hecho por sus hijos, un par de mancuernillas de su marido y un colmillo de elefante, fetiches del presidente. *Dallas* debió haberse llamado entonces esta telecomedia trágica. ¿Qué más dramático puede uno imaginar para una esposa que presenciar, a tan sólo un metro de distancia, el asesinato de su marido? Y, si encima de eso, resulta que el asesinado es el presidente de la potencia más grande del mundo, es evidente que esta tragedia se convierte en una verdadero drama mundial. Nunca como ese día, Jackie demostró que no nada más era la primera dama de la Casa Blanca, sino que era una mujer digna, capaz de ocuparse personalmente de cada uno de los detalles de este entierro. Uno por uno recibe a los jefes de Estado que asistieron al entierro. A cada uno de ellos, les dice una frase amable. Todo el mundo se preguntó cómo podía soportar tanto dolor y a la vez actuar con tanta delicadeza y diplomacia. Seguramente todo esto lo hacía con el corazón, pero no hay que olvidar que Jackie era una gran actriz, que le gustaba que la admiraran.

Víctima de sus circunstancias

Una vez que pasaron todos estos protocolos, con sus hijos Jackie se fue a vivir a una pequeña casa en Washington. Lyndon Johnson le habla por teléfono constantemente para invitarla a las recepciones que tienen lugar en la Casa Blanca. Estos gestos aparentemente amables no eran nada más para distraerla, sino, más bien, para darse un poquito de publicidad. "Ay, qué presidente tan humano tenemos", pensaba Johnson que dirían de él. Pero Jackie rehusó sus invitaciones sistemáticamente. En una ocasión, tuvo la imprudencia de decirle muy paternalmente: "My darling, ¿por qué nunca acepta usted?". Y entonces eso sí fue la gota que derramó el agua de un vaso bien lleno hasta el copete. Furiosa, Jackie cuelga el teléfono. "¿Cómo es posible que este cowboy de tercera me trate de 'darling'? ¿Cómo se atreve?" En el momento en que entró a la Casa Blanca, Jackie se dijo que siempre actuaría con discreción, desafortunadamente ahora se había convertido en una víctima de sus circunstancias. Centenas de turistas estacionaban sus coches frente a las puertas de su casa para, por lo menos, percibirla a través de las cortinas de sus ventanas. Lo mismo hacían los que iban de camping. Decide salir lo menos posible; se encierra no nada más física sino moralmente. "¿Cómo hacerles comprender lo que significa perder a mi marido, salir de la Casa Blanca y tratar de recuperar la intimidad de mi familia?", le preguntaba angustiadísima a su hermana Lee. Durante largos días se queda recostada en la cama. Empieza a tomar antidepresivos y somníferos. Cuando habla de su marido, lo hace en tiempo presente y en futuro. No deja de llorar. "¿Por qué no te vas a instalar a Nueva York?", le sugiere su hermana. "Como la ciudad es mucho más grande, tal vez allí puedas pasar desapercibida." Jackie acepta y se instala en la Quinta Avenida, en un departamento de quince piezas en donde viviría hasta el día de su muerte.

En esa época se ocupa de la biblioteca John F. Kennedy; va a esquiar o a nadar con sus hijos o el clan Kennedy (que, por cierto, no la sueltan, ya que la necesitan como emblema para la campaña presidencial de Bob Kennedy). Sin embargo, sigue deprimida y no encuentra sentido a su vida. Decide entonces ir a ver a un psiquiatra.

"Emblema de publicidad"

Imaginemos un poco lo que le decía al psiquiatra acerca de esos días que vivía: "Me sigo sintiendo mal, doctor. No obstante salgo con mis amigos, no logro animarme. ¿Recuerda que le conté que hace poco fui a Sevilla con los duques de Alba? Fue terrible, todo el tiempo me la pasé desencantada. Todavía tengo mucho miedo de todo. No puedo tomar un taxi si no se sienta junto a mí un guardaespaldas. Sigo bebiendo, doctor, pero creo que es lo único que me hace olvidar. Para colmo, no soporto a mi familia política, la detesto. Ahora que ya empezó la campaña presidencial de Bob, siento que me utilizan como si fuera un emblema de publicidad. La pasada convención demócrata, si no es por mí, hubiera resultado un fracaso. Créame que he seguido sus consejos, y que he ido a cenar con mis viejos amigos como Mike Nichols, Marlon Brando, Philipe Roth y con Cecil Beaton. Bueno, hasta con el embajador de la ONU, Adai Stevenson, he salido. El otro día me invitó el banquero André Meyer. Pero ninguno me divierte. Al contrario, cuando regreso a casa me siento todavía más deprimida. Si no fuera por mi cuñado Bob, no sé qué haría. Lo peor de todo, es que la gente empieza a murmurar. ¡Es tan estúpida! Sigo gastando mucho, doctor. Esto no lo puedo evitar. Por cierto, ¿no le he platicado de mi supuesto nuevo pretendiente? ¿Recuerda que le conté que después de haber perdido a Patrick, mi último hijo, en 1963, Jack y yo nos fuimos a su yate para descansar en sus playas privadas de Skorpios? Sí, se trata de Onassis. Bueno, pues últimamente me llena de regalos, vestidos, joyas. No me lo va a creer, incluso me ha hablado de matrimonio. Pero yo le digo que es imposible por el estado anímico en que me encuentro. Él dice que está dispuesto a esperarme", tal vez eso le decía Jackie unas semanas antes del 6 de junio de 1968, día en que asesinaron a Bob Kennedy. Quizá ese mismo día le llamó a su médico y le dijo llorando: "Odio a Estados Unidos. Me rehuso a que mis hijos sigan viviendo en este país tan violento. Me quiero ir a vivir a otra parte, menos aquí donde asesinan a gente inocente". ¿Sería ésta una manera de decir: "Ya decidí, me caso con Ari", como llamaba a Onassis? Seguramente, ya que tres meses después, anunciaría oficialmente su matrimonio a la familia Kennedy.

En el fondo, a Rose, la suegra, le dio gusto. "Créame que mi marido ya no puede financiar los gastos de su hija", le dijo en una ocasión a Jackie. Quizá pensó que con este matrimonio, ella podía adquirir su independencia financiera y una seguridad moral y pública que tanta falta le hacía. De inmediato, Ted Kennedy se puso manos a la obra. Junto con su cuñada, va a ver a Onassis hasta la isla Skorpios. Allí, Ted le aclara que después de haber discutido con los abogados, para que pueda casarse con Jackie, deberá desembolsar veinte millones de dólares.

"¿Quéeeeee?", exclamó el griego. "¡Ni loco!" Finalmente, llegan a un acuerdo: tres por Jackie y uno por cada niño. En caso de di-

vorcio o muerte, Jackie deberá recibir por cada uno doscientos cincuenta mil dólares. "Esto no es un contrato de matrimonio, es más bien un contrato de compra-venta", le dijo Onassis a Ted. "Tómelo como quiera, pero ésas son nuestras condiciones", contestó el cuñado. Mientras tanto, a lo mejor Jackie se paseaba por las instalaciones del espléndido yate. Y en tanto caminaba vestida con sus pantalones blancos de algodón y su playera rayadita azul y blanco, redescubría la piscina interior, la exterior, la pista del helipuerto, el salón de baile, los camarotes lujosísimos, los baños de vapor, el personal uniformado, etcétera.

La boda con Onassis

Ari tiene sesenta y dos años y ella treinta y nueve. ¡Perfecto para ella!, ya que siempre prefirió a los hombres mayores. La boda tiene lugar el 20 de octubre de 1968 en la misma isla. Durante la ceremonia, Caroline y John-John están pálidos y tensos. Los hijos de Onassis tienen cara de dolor de estómago. Afuera llueve. La madre de Jackie brilla por su ausencia. Tampoco asisten sus amigos, que días antes le suplicaron a Jackie que no se casara: "Pero casándote con ese hombre te vas a caer de tu pedestal", le decían. "Es mejor que convertirme en estatua", les contestaba. Por fin va a poder gastar el dinero a sus anchas, va a poder decorar departamentos y casas. Su nuevo marido le regala un juego completo de tarjetas de crédito. Cuando va a las tiendas y no puede firmar, dice: "Cárguenlo a la cuenta de mi esposo". En esa época llegaba a gastar ¡cien mil dólares en una tienda! Todo compra: vestidos con los mejores diseñadores franceses, relojes viejos, muebles, zapatos por decenas, etcétera. "Actuaba como si estuviera dentro de un sueño. Por momentos, parecía como hipnotizada", cuenta Truman Capote, "una vez, durante una recepción que daba en su honor, mi perro le jaló el abrigo de pieles a su hermana Lee Radziwill. Lee se puso furiosa. Y entonces Jackie exclamó: 'Ay, ni te preocupes, mañana compramos otro y se lo cargamos a Ari. Créanme que a él no le importa en lo absoluto'."

Pero lo que Jackie no sabía es que a Ari *sí* le importaba y mucho. Con el tiempo, Onassis se fue dando cuenta que los dos tenían gustos muy diferentes. A él le gustaba la vida nocturna y a Jackie no. Ari era amante de las fiestas populares y alegres. En cambio, su mujer prefería la ópera, el ballet, los conciertos, los museos. Para colmo, Jackie comienza a educar al pobre de Ari ¡en público! "No te inclines tanto para comer la sopa." "No te suenes frente a los demás de esa forma." "No hables tan fuerte." "Esa corbata no queda para nada con tu traje." "¿Por qué te ríes de esa forma tan escandalosa?" "No te quedan esos anteojos negros." En una ocasión, mientras se encontraba en Nueva York y Ari Onassis le avisa que iría a verla, le dijo: "¿No te importa si te hospedas en el Pierre? Es que tengo huéspedes". Por su lado, él empieza a reclamarle el monto de las facturas que mensualmente recibe en su oficina. Aunque lo que realmente exaspera a Ari es que constantemente Jackie, bajo cualquier pretexto, recuerda a Jack. "¿Qué día es hoy? Ah, hoy es justo la fecha en que nos conocimos." "Hoy hubiera cumplido un año más." "Un día como hoy estuvimos en París", etcétera. Para un marido griego y tratándose de Onassis, estar a la sombra de otro marido resultaba más que insoportable. Rápidamente, Ari se da cuenta que se había casado con una prima donna, justo del tipo que solía detestar. Y ¿qué es lo que sucede? Pues que empieza a buscar a su María. Sí, a María Callas, que también era una prima donna, pero mucho más interesante, más entregada e intensa, y, sobre todo, más enamorada de él. Costa Gratsos afirmaba que: "El grado de afecto que sentía Jackie por Ari iba en proporción a la suma del presupuesto que recibía de él".

¡Arruinándolos!, ¿no era ésta una manera de vengarse de los hombres? Pensamos que sí; como también era una forma de vengar a su madre, a su hermana y a ella misma, del terrible Black Jack, a quien, inconscientemente, le guardaba kilos y kilos de resentimiento.

Curiosamente, esta compradora compulsiva tan vengativa, era, asimismo, una perfecta madre para sus hijos. En ningún momento de su vida los descuidó. Al contrario, estaba constantemente atenta a lo que les sucedía. Mientras que los otros juniors Kennedy causaban escándalos por drogas, violaciones y demás rumores, Caroline y John-John atendían sus estudios universitarios. Más tarde, Caroline se casó, y hoy vive muy feliz con su marido y tres hijos.

El 23 de enero de 1973, el hijo de Onassis, Alejandro, muere en un accidente aéreo. Dos años después, muere Onassis. Y lo que es más triste, fallece completamente decepcionado de la vida, pero sobre todo de Jackie. "Ella lo que quiere es mi dinero; a mí no me quiere, nunca está conmigo", dijo en una ocasión con una mirada infinitamente triste. Tenía razón. El 15 de marzo de 1975, Aristóteles Onassis muere sin la compañía de su mujer, al lado de su hija Cristina. ¿Dónde estaría Jackie? En Nueva York, seguramente comprando en la boutique de Carolina Herrera o en la de Christian Lacroix. Pero como todo en la vida se paga, Ari hizo heredera universal a su hija Cristina.

A Jackie le tocó una pensión, y quizá el derecho de utilizar uno de los chalets que tenía en Suiza y las vacaciones que quisiera en su yate.

Demasiado joven para morir

Al último hombre en la vida de Jackie, lo llamaban "el Onassis de los pobres". Maurice Tempelsman, de origen belga, consejero financiero y antiguo asesor de John Kennedy en asuntos de África, la cuidó en sus últimos años. Con él vive una etapa de paz. Con él hablaba en francés, iba a los conciertos y museos; sobre todo, le comentaba todo acerca de sus males y de la vida de sus hijos.

John-John fue tal vez el último pendiente con el que murió Jackie. Siempre se opuso a que estudiara cine o se metiera en el teatro. Le impuso que se inscribiera en la carrera de derecho. Pero John-John también era vengativo como su madre y se enamoró perdidamente de una actriz, Daryl Hannah. Jackie dice que no se case. Finalmente, justo antes de morir, le dio permiso y le dijo: "Esta bien, hijito, cásate con ella y sé feliz".

"En 1963, era demasiado joven para ser viuda y ahora demasiado joven para morir", dijo Edward Kennedy el 23 de mayo de 1994 en la iglesia de San Ignacio de Loyola en Nueva York. Por última vez, el clan Kennedy le rindió homenaje a una mujer que quizá jamás aceptaron totalmente en la familia. ¿Quién era Jackie Kennedy?

Mamá Lola

Reina de noche

(escrito por Dolores Tovar Villa-Gordoa de Loaeza)

*M*uchos balcones sobre dos calles que hacen esquina; un pesado portón colonial; al fondo un patio de lozas rectangulares centrado por una fuente de piedra rodeada de alcatraces; después se hace confusa mi memoria. ¿Dónde sitúo las caballerizas y las cocheras en las que me gustaba jugar a las escondidillas? Recuerdo, sí, cuartos siempre cerrados que comunicaban con otros exteriores que se alquilaban para comercio.

Estas habitaciones, en otros tiempos, dieron refugio a perseguidas comunidades religiosas, protegidas por mis antepasados.

El aroma de las plantas y el nunca olvidado de la "reina de noche", cactus que tenía la virtud de florecer al contacto con los rayos de la luna, me evocan el jardín, al que se entraba por una puerta vieja y disimulada y cuyo encanto consistía en un terreno abandonado, donde había un gallinero y gustaban de anidar las palomas tornasol.

Yo sé de otro encanto misterioso que envuelve mi añoranza de este lugar.

Era una gran maceta de barro; en ella, entre hojas carnosas y largas con bordes a picos, yacía, en especiales épocas del año, el botón enorme de la flor de mis ensueños, "reina de noche", la que suavemente presionada por la luz de la luna, aflojaba sus pétalos transparentes hasta abrir su cáliz entero al astro nocturno. Mi dicha era muy corta, pues la duración de su frescura es la de la noche en que nace.

Su perfume es tan intenso quizá porque su existencia es tan efímera. Aroma embriagante que se aislaba de los otros del jardín: el de tierra mojada, de magnolia, de naranjo, de limonero, de guayaba, de arrayán, de jazmín, de madreselva, de heliotropo, de violeta, de yerbabuena, de tomillo. En la oscuridad de las noches, chillaban los cocuyos entre las flores y las ramas como partículas desprendidas de las estrellas, que lucían a veces tan lejos en el firmamento como si colgaran del guayabo o del arrayán.

Mi carácter posesivo sentía más la belleza nocturna, pues éra-

mos pocos los que sabíamos y esperábamos su aparición. Mi tía solterona y yo. Ella cuidaba siempre del cactus, que durante el día no dejaba sospechar el tesoro que por las noches podía ofrecer.

Yo sentía un placer infinito al contemplar esta ofrenda oscura y solitaria de la naturaleza al cielo. Esperaba desde mis más tiernos años cuando mi tía María me anunciaba su florecimiento; esa noche me quedaba con ella más tarde que de costumbre; las dos asistíamos a este suceso, que nos era íntimo, con un sentimiento casi religioso. El aroma que subía a los corredores, nos avisaba que la flor empezaba a abrir; veníamos entonces prestas las dos a recogerla para hacerla admirar a los demás. A "reina de noche" la hacíamos entonces lucir en un vaso de cristal en la pieza de mi abuelita. Algunas veces pienso que quizá mi tía y yo profanábamos esta planta y que deberíamos haber respetado la voluntad de la naturaleza dejando en la oscuridad a la claridad de la luna, la débil luz de las estrellas, a la caricia luminosa de los cocuyos, en el solemne silencio de la noche, reinar con su belleza y perfume por unas horas, a la desposada del astro nocturno, "la reina de noche".

Ahora que no soy una niña y siento en mi alma la madurez de la vida, pienso que esta flor simboliza "la amistad de las almas", la que es el claro de luna del amor.

Evoco mis mañanas en este mismo jardín; me encantaba subir a los árboles, corretear a las gallinas, buscar huevos, coger los pollitos, acariciar las palomas blancas y las palomas tornasol, que en bandadas y grupos venían de las torres de la iglesia de San José. A la hora en que las campanas doblaban, las aves asustadas viajaban a nuestro jardín, conocedoras del maíz que mi mano regaba a fin de tenerlas de visita.

Algunas anidaron entre nosotros y se instalaron para siempre aquí.

Adoraba las guayabas que había en este jardín; unas eran de pulpa cremosa, otras de blancura casi transparente pero ningunas como las de carne rosada. Las guayabas rosa me parecían tan bellas que creía morder una rosa hecha fruta. Mi tía llamaba a las blancas "guayabas de China"; éstas merecían mi respeto pues desde niña tuve una gran curiosidad por los países lejanos y todo lo que de ellos nos viene. A esa edad creía que China había contribuido al adelanto de Guadalajara con las guayabas de China, las tazas de China, el papel de China, los timbores chinos y los cohetes chinos.

Las guayabas que picaban los pájaros en los árboles eran mis preferidas, sentía un no sé qué de pensar que comía lo que los pajaritos del cielo habían probado, y entonces creía yo que esos frutos estaban escogidos por Dios. "Es Dios el que se preocupa por darles de comer a los pájaros del campo", decía mi tía, "para demostrarnos hasta dónde Dios se ocupa de todos sus seres creados."

Todos estos recuerdos evoca mi memoria, pero continuaré con la descripción de la casa de las calles de Juan Manuel.

A las habitaciones que daban a corredores, con arcos, se subía por ancha escalera de piedra con descanso en la mitad. En el descanso estaba colgado un enorme cuadro de la Virgen de Guadalupe; cambiaban después de dirección los escalones, para terminar ante un enorme cancel.

Las rejas de hierro forjado de los balcones encerraron muchas serenatas de amor de la juventud de mis padres y de mis antepasados. Casa típica de estilo colonial, donde abrieron los ojos a la vida muchos de los míos; amplios corredores de ladrillos olorosos y relucientes, donde inicié mis primeros pasos, al ritmo del canto de los zenzontles y del murmullo de las palomas coliparos. Pasillos iluminados de sol, adornados con pajareras llenas de color y dulces gorjeos, jaulas de canarios, palmas de verde lustroso, hortensias de tenues matices, begonias de encendidos pétalos, vaporosos helechos, todas estas plantas de sombra se refugiaban bajo el techo del corredor y apresaban muchas veces entre su follaje un aroma; vestigio del incienso que un viejo sacerdote esparcía en el oratorio familiar, cada mañana a temprana hora, junto con las oraciones de la misa.

A la siesta, cuando los pájaros callaban adormecidos de calor, eran las notas de un piano las que se dejaban oir, llenas de una melancolía que nunca olvidaré. En esas tardes cálidas, mientras mi tía rodaba sus manos sobre el teclado, en la espaciosa cocina se molía y tableaba el chocolate de metate, de fino cacao revuelto con almendra, conforme a la tradicional receta colonial. A las cuatro de la tarde sorbía, en compañía de mi abuelita, mi pocillo de chocolate en agua; también me daban una rebanada de cajeta de membrillo, pasta de exquisito sabor hecha con la lonja de la fruta y azúcar puestas a hervir en antiguos cazos de cobre, y a enfriar en primorosos moldes, los más tradicionales en hoja de lata y otros de barro; obras de arte eran estos recipientes con formas perfectas y diversas, representando un pescado con sus escamas marcadas hasta el último detalle; o la canasta de flores con los pétalos y moños finísimamente grabados; o el venado, o el corazón, o el borrego, o la piña, o el racimo de uvas o el ramo de rosas, en fin, curiosidades únicas y maravillosas; siempre aparecían peilizcadas por los golosos estos membrellates, durante el tiempo en que eran expuestos al sol con el fin de secarse y poder ser conservados junto con la molienda de chocolate, en despensas que se renovaban en diferentes épocas del año.

Muchas veces en la paz de estos atardeceres, se percibía como metrónomo en la azotehuela el destilar del agua que se filtraba de la piedra porosa de los recipientes para caer cristalina en las tinajas de barro rojo.

Nos relataba a menudo mi madre por qué la vieja construcción había sido el hogar de sus abuelos, los que le sirvieron de padres a falta de los suyos, y añadía muchos otros incidentes que trataré de reconstruir..

Había treinta y dos parientes que se disputaban los derechos hereditarios a la fortuna del marqués de Santa Rosa de Mal Paso, de quien fue propiedad y vivienda esta casa; la falta de entendimiento, así como de testamento en regla, provocaron un enredado y largo pleito judicial. Con los pájaros en su jaula e intactas las habitaciones, a la muerte prematura, intestadas y sin descendencia directa del último hijo del noble español, fue cerrada y sellada la mansión y, durante aquel singular proceso, recibió el nombre de "la casa encantada".

Las bodegas atestadas de comestibles, surtidas por las muchas haciendas que formaron parte del caudal, refugiaron enormes ratas que molestaban y asustaban al vecindario; posiblemente esta circunstancia dio nacimiento a muchas anécdotas.

En el transcurso del juicio, la casa sufrió la invasión de los franceses en los tiempos de la Intervención, quienes no respetaron sellos y la vivieron y saquearon; de ellos dieron fe los roperos abiertos y los estuches de alhajas vacíos que se encontraron después al terminar el litigio.

Mi bisabuela, uno de estos parientes (a la que yo llamaba abuelita), tomó posesión de la casa como heredera declarada; a pesar de las vicisitudes sufridas, conservaba dentro de ella mucha parte de su riqueza primitiva; todavía veo vestigios de este pasado de grandeza en mi hogar, expresado con algún mueble u objeto de esa casa.

La bonanza minera mexicana dio la riqueza a su morador originario; poseía esta residencia, aparte de una vajilla de pesada plata trabajada a mano ostentando las armas de familia y que escapó en parte al robo; tapices, brocados, pinturas, muebles de palo de rosa, otros trabajados en maderas preciosas; piezas de museo del artesano mexicano, así como incrustados de bronce, marfil, concha y hueso; candiles, faroles y candelabros de precioso cristal de procedencia europea; porcelanas, sedas, muebles y biombos traídos en la Nao China; además, una enorme colección de cuadros de pintura, con retratos de familia.

A mi bisabuela, a quien llamaban doña Refugito, la guarda muy confusa mi memoria; quizá es más bien lo que he oido de ella y sus retratos, lo que me hace creer que la recuerdo verdaderamente. Esta noble anciana, símbolo de dama mexicana llena de abolengo y tradición conservadora en sus costumbres de Castilla la Vieja, chapada a la antigua, religiosa ferviente, tenía casta y señorío; poco amiga de la sociedad y menos de la intimidad, marcó siempre sus distancias e imponía un gran respeto a su derredor; me tuvo una gran predilección, lo que me valió la primera malevolencia en mi mundo familiar. Era ya muy anciana cuando yo la conocí, pero su energía no se había debilitado y mantuvo su autoridad hasta sus últimos momentos. Formó mujeres de incomparable valor; desgraciadamente de estos muros familiares cuántas cosas podría contar más reales y humanas que las leyendas que de ella se forjaron; vidas de cada una de las que pasaron allí, existencias ingenuas y plenamente felices, habitando un mundo privilegiado, que se desvaneció cuando pasaron el umbral de este refugio maravilloso, encontrándose algunos impreparados para el siglo nuestro, tristes víctimas de los bruscos cambios sociales y económicos, que no las generaciones anteriores.

De labios de parientes, amigos y criados, oi varias historias sobre los espíritus que rondaban corredores y pila, siendo ésta el lugar señalado por la leyenda donde se encontraba el famoso tesoro, consistente en plata en barras y las valiosas esmeraldas de doña Margarita Ruiz Esparza. El retrato de esta horrible dama, adornada con sus joyas, se encuentra en la casa de uno de mis familiares; fue la segunda esposa del marqués, abuelo de mi bisabuelo, algunos de los cuadros de aquel mundo legendario están en el museo de mi familia. Desgraciadamente nadie conoce el paradero de uno de ellos, la pintura de una hermosa joven con mantilla, pues con los repartos hereditarios efectuados después de la muerte de mi bisabuela a un grupo de inconformes y con domicilios diversos, se perdió toda noticia de tal retrato.

Uno de los consejos que oi de Felipe, el viejo portero, fue el siguiente: contaba de los paseos de la bella de la Mantilla Blanca, quien bajaba lánguida y frágil por las noches de su cuadro, viniendo a llorar a la puerta del oratorio, donde muchos aseguraban haberla visto en tal actitud. Contaba también que la dama del retrato, esposa de un celoso antepasado, había sido encerrada a piedra y cal, y para ocultar su crimen, había hecho salir una mañana aprovechando la inquietud y el desconcierto de los primeros días de nuestra independencia, una caja mortuoria sin flores ni pompa alguna que las malas lenguas decían iba vacía. Una extraña coincidencia que parece relacionarse con la leyenda aconteció en 1900. Al hacerse una compostura de albañilería, se descubrió un pasadizo que conducía a un cuarto subterráneo, donde encontraron yacente en un camastro a una momia perfectamente conservada, vestida de azul y con un velo blanco que rodeaba sus hombros, según relataron los que la descubrieron; sin embargo, fue imposible confirmar su dicho o identificar el cuerpo, pues todo lo que uno de mis tíos vio fue el camastro con un montón de polvo sin forma ni color y un pequeño relicario con un mechón de pelo. También se descubrió otro pasadizo subterráneo que llevaba hasta la catedral. Otro relato decía que en ese pasadizo ambulaba la sombra de un tal don Francisco, que hacía resonar sus espuelas y relucir su botonadura, ambas de plata, pues vestía a la usanza de los insurgentes, y quien imploraba a gritos el perdón de su padre el noble marqués, por haberse lanzado a la revuelta.

Adiós para siempre, comedores, pájaros, leyendas de familia, perfume de guayabo, magnolia y "reina de noche".

Una adaptación moderna de la calle destruyó la antigua construcción de mis recuerdos. El terreno pertenece a un comerciante cualquiera; un terreno baldío en el que se venden automóviles de segunda mano y que se encuentra entre dos calles que hacen esquina; ya no hay ni rastros del portón colonial ni de los muchos balcones, ni señas de palomas, ni huellas de árboles de guayabo.

Ya nadie habla de las sombras, del mito de la enterrada ni de don Francisco; difícilmente conocen los vecinos el nombre de mi familia. Casi todos los que ocuparon mi mundo infantil en aquella casa, han desaparecido para siempre, la noble y bondadosa doña Refugito; los tíos regañones con alma de niños; mi tía Mari, la hija y hermana perfecta; los viejos servidores que nacieron y murieron al amparo del mismo techo.

Algunas noches de invierno de Canadá, cuando siento el cuerpo y el alma cansados y los míos duermen tranquilos y veo a través de mi ventana el caer monótono y silencioso de los copos de nieve, en éste, como en otros momentos de mi vida, he buscado refugio a mi cansancio del espíritu en el mundo de mis recuerdos, en esa casa, en ese jardín junto a mi tía, cuyo amor fueron Dios, la Virgen, los santos de todos los nombres, las flores, los pájaros y el sacrificio por todos aquéllos que la rodeaban. Mi imaginación me transporta a aquellas noches de mi niñez, cuando una rubia de cuatro años baila para una viejecita a quien mima hasta el menor detalle su hija, de rostro ya marchito y de mirada ingenua.

La luz de la luna bañaba de lleno los corredores, matizaba de azul los pétalos de la "reina de noche" y velaba el sueño de los pájaros. La tibieza del ambiente de la noche tapatía se saturaba de los perfumes del jardín. La pequeña bailarina recibía como premio de sus danzas improvisadas la flor más preciada de la tía solterona: una "reina de noche", lograda con sus esmerados cuidados. Al entregarla fresca, recién cortada, decía: "Cuídala, Chimayita; que tu nana la ponga en agua cuando llegues a tu casa; mira, es tan blanca como tu alma y tus manitas; pónsela a la Virgen para que bendiga tu sueño".

Así como esa flor, fue la vida de mi tía; vida que se extinguió una noche silenciosamente, vida callada y sacrificada, santa y pura, y cuyo recuerdo llevo para siempre en mi corazón. A la nieve en mi ventana la luz de la luna la tiñe a veces de azul, como a los pétalos de aquella flor de mis ensueños; la ilumina de pedrería y quizá la acaricie con el nombre de la flor de mi niñez, "reina de noche".

Doña Lola

*D*oña Lola siempre le habló de tú a la vida. Para Doña Lola no había imposibles; bastaba con que se le metiera una idea a la cabeza para lograr sus metas. Doña Lola no tenía pelos en la lengua; para ella lo más importante era la verdad. Allí radicó su mayor virtud y su mayor pecado: su verdad, frecuentemente, no correspondió con la de los demás. Y por decirla a los cuatro vientos, a lo largo de más de ocho décadas, doña Lola se metió en muchos líos. "Bueno, pero ¿por qué se enoja conmigo si lo único que dije fue la verdad?", se preguntaba constantemente doña Lola.

Lolita, como la llamaban cuando era niña, fue una excelente estudiante. Desde muy pequeña, y gracias a sus monjas francesas, aprendió a amar a Francia; de este país se sabía de memoria geografía, historia y literatura. A sus nueve hijos los mecieron con la música de Charles Trenet, Jean Sablon y Patachou; por las noches, cuando los escuchaba, evocaba su douce France como si se tratara de su segunda patria. "Si es francés, tiene que ser inteligente", acostumbraba decir doña Lola. Cuando cumplió sesenta años se inscribió en el Instituto Francés de América Latina (IFAL) para obtener su diploma de La Sorbona; sus maestros, madame Alberros, madame Legros, el escritor Jean-Marie le Clezio, se conmovieron con esta alumna tan entusiasta y entregada a sus cursos. Cuando formulaban una pregunta a los alumnos, la primera en levantar la mano siempre era doña Lola. "Vous avez dejà repondu", le decían constantemente; pero era inútil, su pasión por hablar francés era más fuerte que ella y se pasó las clases con el brazo extendido.

El noviazgo de doña Lola con don Enrique, que fuera su marido por más de cincuenta años hasta que él murió, fue uno de los más conocidos de su época. "Eran los novios más enamorados que conocíamos", aseguran sus contemporáneos. Horas y horas se pasaba don Enrique recargado en un farol, esperando a que saliera su Dolores por la ventana. "¡Ya me voy porque mi papá es tremendo!", decía doña Lola;

temerosa de aquel padre exigente y autoritario. Tal vez él a la única persona a quien doña Lola le tuvo miedo en su vida.

Doña Lola y don Enrique tuvieron muchos hijos, y con ellos muchas satisfacciones pero también disgustos y problemas. Entre ocho mujeres, nada más tuvieron un hijo hombre; nacido el 10 de mayo, fue el mejor regalo de madres que jamás recibiera doña Lola.

"Ay, Enrique, ¿cómo vamos a casar a tanta mujer?", le preguntaba doña Lola a su marido en sus noches de insomnio. "No te preocupes, Dolores", le contestaba don Enrique. Con el tiempo acabó teniendo razón: todas sus hijas se casaron. Pero bien dice el refrán que "genio y figura hasta la sepultura"; doña Lola, luego se preguntó, cuando no podía dormir: "¿Con quién se casarán mis nietas? Ay, Dios mío, que se casen con quien quieran pero que no sean *pelados*". Y es que doña Lola si algo odiaba eran los "pelados", las personas de poco entendimiento y los cursis. Cuando platicaba con sus nietas de sus novios, lo primero que hacía era preguntarles cómo se llaman, de quién son hijos y si tienen dinero. "Ay, niña, es que sin dinero no se puede hacer nada en la vida", comentaba siempre que podía a sus nietas.

Para doña Lola lo más importante fue tener armas en la vida; por eso una de sus obsesiones fue siempre educar a sus hijos con ellas. Con muchos sacrificios a todos los mandó al extranjero para que aprendieran idiomas. Bueno, es que doña Lola era medio malinchista; como se dice, a ella le encantaba todo lo extranjero. Sin embargo, adoraba Guadalajara, el mole poblano, las tortas de pavo de Los Guajolotes y los arrayanes. Muy seguido se pasaba temporadas largas en París, pero de pronto una buena mañana se despertaba: "Ya me quiero ir a México. Ya acabé de estar. Extraño mi casa, mis largas conversaciones telefónicas y mis telecomedias cursisísimas".

Una de las pasiones de doña Lola, además de leer, era platicar con todo el mundo. Seguido se iba a desayunar a El Café del entonces Hotel Presidente Chapultepec. Allí platicaba con todos; con el capi, los meseros, los asiduos y hasta con gente que nunca había visto en su vida. "Y usted, ¿cómo se llama?", preguntaba de repente, si de casualidad veía a una persona sola que esperaba a alguien a un lado de su mesa. Doña Lola también era simpática; le encantaba hablar de política, de los últimos libros que leía y de los logros de sus hijos. "Allí en El Café, me dijeron que ya se venía una devaluación." "Quién sabe quién me dijo que el próximo presidente va a ser tal..." "Y ahora que quiten los ceros, ¿qué vamos a hacer?", preguntaba a sus amigas de toda la vida por teléfono. Al aparato no podía dejarlo ni dos minutos; hasta su muerte, doña Lola sufrió de una grave enfermedad que se llama "telefonitis". Como para doña Lola no existía el reloj, podía perfectamente hablar a las seis de la mañana a una de sus hijas y preguntarle con una voz fresca y muy jalisciense: "¿Qué tienes de nuevo?". Lo mismo sucedía a las dos de la madrugada.

Siempre viva

"Te despediste de nosotros un 8 de junio de 1993. A veces pienso que te fuiste hace como veinte, y otras, me parece que nada más han pasado unos meses. Qué extraño es el tiempo, ¿verdad? Me he fijado que cuando tiene que ver con la ausencia de una persona muy, muy querida, al tiempo le gusta jugar; como que quisiera desorientarnos, confundirnos; en otras palabras: como que goza haciéndonos bolas con las fechas. ¿Sabes cómo es este tiempo tan peregrino? Como 'el chorrito', el de la canción de Cri-Cri; cuando quiere 'se hace grandote', o bien, 'chiquito', según le plazca. Ayer tuve la sensación de que habían pasado ¡tres mil seiscientos cincuenta días! desde que no estás con nosotros. '¡Híjole, hace años que no la veo!', me dije desconsoladísima. Y poco a poquito me fue invadiendo una añoranza vieja, viejísima. Era como si hubiera salido de un tiempo inmemorable; hasta que llegó un momento en que la tristeza me rebasó. ¿Qué crees que hice para consolarme? Puse los discos de Charles Trenet. Fue un antídoto perfecto; al cabo de tres canciones (tus preferidas), créeme que tenía la impresión de que estabas enfrentito de mí."

Después de un año que te fuiste

"Bueno, pues, déjame contarte que desde que te fuiste han pasado muchísimas cosas. Tantas que no sé por dónde comenzar. Finalmente, el PRI destapó a Colosio como candidato a la presidencia. ¿Te acuerdas que de todos los posibles era tu preferido? Decías que te era muy simpático y que te fascinaban sus chinos. (Por cierto, una vez que lo confirmó su partido, se los cortó.) Por el PAN lanzaron a Diego Fernández de Cevallos. Todavía me acuerdo de lo que decías de él: "Ese señor no tiene barba, ¡tiene un bosque!", exclamabas cuando lo veías en la televisión (también se la cortó bastante). Como era de esperarse, Cuauhtémoc Cárdenas se convirtió en el candidato por el PRD. (Apar-

te de estos tres, surgieron seis más, de los cuales hay dos mujeres: la primera por el Partido del Trabajo y la segunda por el Partido Popular Socialista.) En noviembre de 1993, por fin el TLC fue aprobado por el congreso norteamericano. Ya te podrás imaginar lo felices que estaban los priístas; te juro que tanto en la prensa como en la televisión salían con cara de super winners. Pero, desafortunadamente, con lo que no contaban ellos, ni ninguno de los mexicanos, era con la astucia del subcomandante Marcos; justo el día que entraba en vigor el TLC, muy tempranito por la mañana, hizo su aparición en la plaza de San Cristóbal de Las Casas. Allí, junto con algunos zapatistas (campesinos de Chiapas pertenecientes al denominado Ejército Zapatista de Liberación Nacional, EZLN), con la cara cubierta por un pasamontañas, leyó un documento que llamó Declaración de la Selva Lacandona. 'Hoy decimos ¡basta! al pueblo de México', dijo antes de enumerar seis demandas concretas, para terminar diciendo: 'Nosotros, hombres y mujeres íntegros y libres, estamos conscientes de que la guerra que declaramos es una medida última pero justa. Los dictadores están aplicando una guerra genocida no declarada contra nuestros pueblos desde hace muchos años, por lo que pedimos tu participación decidida apoyando este plan del pueblo mexicano que lucha por *trabajo, tierra, techo, alimentación, salud, educación, independencia, libertad, democracia, justicia y paz.* Declaramos que no dejaremos de pelear hasta lograr el cumplimiento de estas demandas básicas de nuestro pueblo formando un gobierno de nuestro país libre y democrático'. Más tarde tomaron cuatro ayuntamientos, 'medida última, pero justa' para 'no morir de hambre ante la ambición insaciable de una dictadura de más de setenta años'.

"Bueno, pues, a partir de ese día, México es otro país. Verás, porque está como alrevesado, rebasado y sumido en muchas incertidumbres. Después de las terribles consecuencias que se crearon alrededor de la situación de Chiapas, sucedió el asesinato de Luis Donaldo Colosio, el redestape de Zedillo, el secuestro de Harp Helú, los cambios en el gabinete, las investigaciones contradictorias del crimen de Aburto (asesino confeso de Colosio), un segundo secuestro, esta vez en la persona de Ángel Losada, etcétera. Y si, a todo lo anterior, le agregas el tensísimo clima electoral que existió en el país, pues ya te podrás dar una idea de los días tan difíciles que vivimos. ¿Sabes qué es lo peor? Que nunca como ahora, percibo que los mexicanos tenemos miedo. Por contradictorio que te parezca; así como estamos conscientes de que necesitamos un verdadero cambio, algo me dice que nos da pavor dar ese primer paso. Por otro lado, ya ha habido muchas cosas que han cambiado positivamente. Por ejemplo: hubo un debate, difundido a lo largo y ancho de todo el país, entre los tres candidatos. ¿Te das cuenta que, por primera vez, se dirigieron a nosotros como adultos? Por primera vez, nos sentimos tomados en cuenta. Así mismo, fíjate que se nombraron seis consejeros que buscaron que las elecciones fueran creíbles. ¿Será esto el principio de la democracia? No lo sé. Tal vez. ¡Ay, pero qué trabajo nos está costando llegar a ella! Quizá esto también sea normal. Después de casi setenta años, ¿qué más se puede esperar? ¿No crees? Así como los zapatistas dijeron '¡Basta!', de alguna manera, también el resto de los mexicanos estamos diciendo hasta aquí.

"Bueno, por lo pronto, no me queda más que decirte que desde que ya no estás entre nosotros, te extrañamos como enanos. (¿Cómo extrañarán los enanos? ¿Lo harán de una forma más intensa que los gigantes?) Quiero decirte que te recuerdo constantemente. Y que no hay día en que no te agradezca todo lo que me diste, me enseñaste y me transmitiste. Adiós, mamá Lola, estaremos en contacto; ahora me siento mucho mejor."

Después de dos años que te fuiste

Doña Lola era todo un personaje. Era tan singular, que en su caso bien podríamos decir personaja. Sí, doña Lola era una personaja, a veces temible, pero sobre todo muy entrañable. Era tan chistosa que hasta cuando se enojaba era ocurrente: "Niñas, si hacen reir a sus maridos, nunca las van a engañar", le decía a sus hijas.

No obstante era una mujer sumamente culta, leída y viajada, sus interpretaciones políticas a veces resultaban un poquito subjetivas, sesgadas, desvirtuadas y, con frecuencia, hasta alarmistas. Doña Lola no era una lectora voraz de periódicos; ella, sobre todo, escuchaba. A donde iba "averiguaba", como ella misma decía. Por eso, podemos decir que una de sus pasiones y entretenimientos (¡tenía tantos!) era comentar los "chismes" políticos. Ah, cómo le gustaba opinar acerca de todo: de economía, de sociología, de historia de México, de ecología, de la bolsa, etcétera.

"¿Totita? ¿Por qué te tardaste tanto en contestar el teléfono? Oye, me dijeron en El Café que el dólar se iba a ir hasta quince pesos; que la situación está fatal y que a lo mejor van a tener que vender Pemex; que cada día hay más fuga de capitales, que ya no hay inversión extranjera y que la bolsa cae todos los días. ¿Te acuerdas que yo te lo decía? Y tú no me creías. Parece ser que el pobre de Zedillo ahora sí está hecho bolas. ¿Te acuerdas que yo te lo decía? Me dijo el capi. ¿Cómo que cuál capi? El de El Café. Que lo de Chiapas se les está complicando todavía más y que lo que quieren los zapatistas es formar un partido político y lanzar a este Marcos como presidente para el año 2000. No... si la cosa ahora sí está terrible. ¿Te acuerdas que te lo decía? Lo que su-

cede es que éstos están mucho peor que los que se fueron. Y ¿sabes qué es lo más grave Totita? Que no entienden que no entienden. ¡Pobres, están perdidos! ¿Y qué me dices de todo lo que ha subido la vida? ¿Sabes cuánto cuesta un chemita en el Bellinghausen? Más de cincuenta pesos. Con esos precios yo no sé dónde vamos a llegar. Lo que sucede, Totita, es que no hay credibilidad. Ya nadie cree en nada ni en nadie. Por eso hay tantos asaltos, tanto desempleo. ¿Te conté que el otro día me dijo la muchacha: 'Mire, señora, si no me aumenta, yo mejor me voy'. Lo mismo me dijo el chofer. ¡Hazme el favor! Pero ¿sabes quién es el culpable de todo esto? Salinas. Ése sí creo que enloqueció. Bueno, también el Córdoba es muy responsable. No, Totita, ése no puede ser francés. Óyeme, si los franceses son muy inteligentes, muy preparados y responsables. Ese Córdoba es español. ¿Tú crees que un francés sería capaz de tener una relación con una narcotraficante? ¡Jamás! No, si los franceses son otra cosa. Bueno, ¿y qué me dices del Puche? ¿No sabes quién es Puche? El de la metida de pata de diciembre. No, pero el peor es Salinas. Ese sí que no tiene perdón de Dios. Lo que son las cosas de la vida, fíjate que yo llegué a creer en el chaparrito. ¿Sabes a quién me recordaba a veces? A Madero. Como dice Cecilia: 'Salinas ha sido el peor presidente que ha tenido México'. Ése, además de perverso, era diabólico, Totita. Yo creo que como no se pudo reelegir, de puro coraje, llevó al país al caos. ¿Sabes quién hubiera sido magnífico? El chinudito. ¿Cómo que cuál chinudito? ¡Colosio, hombre! Ése sí era muy buena gente. Con todo y que no era mi tipo, me caía muy bien. Qué feo lo mataron, ¿verdad? ¡Pobre hombre! Convéncete, Totita, fue un crimen de Estado, un complot. Oye, fíjate que me dijeron en El Café que ya se casó Camacho. Y que no han querido anunciarlo que porque la niña odia todo

lo que tenga que ver con la política y que porque él está formando un partido para lanzarse como candidato en el año 2000. Oye, ¿qué opinas de los estados que ganó el PAN? ¿Cóooomo, no sabes? Ganó en dos estados. Esto también ha de tener muy nervioso a Zedillo. ¡Pobre hombre! Además de no tener personalidad, no puede con el paquete. Acuérdate de mí, este señor no va a acabar el sexenio. Mira, yo tengo mucha intuición y algo me dice que no va a terminar. Yo creo que este pobre muchacho lo único que quiere es regresar a su casa. Ya no quiere problemas, Totita. A veces, cuando lo veo en la televisión, lo veo como pajarito. Vas a ver cómo van a tener que poner a otro en su lugar. Lo que sucede es que no hay de dónde escoger. Los que hay, son puros mediocres, Totita. Van a acabar poniendo uno del PAN. Serán hipócritas, mojigatos pero, por lo menos, decentes. Mira, a Estados Unidos no le conviene que el ejército dé un golpe de Estado. Así es que el único que quedaría es uno del PAN. No, hombre, no seas tonta. Un priísta ya no podría ser. ¿Qué no ves que ya no sería posible otro dedazo? Olvídate Totita, México ya es otro país. Además, los Estados Unidos no lo permitiría. A mí me dijeron en El Café que uno de los acuerdos del TLC para el año 2000 es que el PRI desapareciera por completo. No ves que los gringos piensan que todos están demasiado metidos con lo de la droga. No seas tonta, créeme, ellos quieren que gane el PAN. Óyeme, también lo que está terrible es lo de Bosnia. Allí sí se puede desatar una tercera guerra mundial. Oye, ¿te enteraste que van a regresar a México los restos de don Porfirio? Te das cuenta lo feliz que ha de estar Lucía con la noticia. ¿Cómo que los van a enterrar en el Panteón Francés? No seas tonta, Totita, van a estar en la Rotonda de los Hombres Ilustres. De acuerdo. Pero no porque hace años que está enterrado en Francia que van a enterrar sus restos en el Panteón Francés. Oye, pero si don Porfirio era un indio de Oaxaca. Una cosa es que al contacto de Carmelita Rubio se haya blanqueado superficialmente y otra, que se le haya quitado lo indio. Él nació indio y murió indio. Oye, ¿te has fijado qué feos somos los mexicanos? El otro día que salieron unos diputados en la televisión, yo creí que eran los zapatistas. Nada más les faltaba el capuchón. Oye, Totita, ¿sabes quién me dijeron que era joto? No, mejor no te digo porque están intervenidos los teléfonos. Pero como te decía, ahora que el dólar esté a quince pesos, vas a ver cómo se va a poner la situación. Mira, cuando salgas no lleves nada de valor. Olvídate de tus perlitas y de tu medalla de la Virgen de Guadalupe. Yo ya metí todo al banco. Ay, Totita, no sabes cómo en las noches tengo pavor que alguien se meta en la casa. La otra vez se me metió en la cabeza que se había metido un hombre. Le hablé a todas mis hijas pero ninguna vino. Ya sabes cómo son. Así les va a ir. Bueno, Totita, ya va a empezar mi telenovela. Cuando se acabe te llamo y vemos Zabludowsky juntas."

CRÉDITOS DE LAS FOTOGRAFÍAS

© Héctor García (por las imágenes de Elena Garro, Rosario Castellanos y Jacqueline Bouvier).
© Aprofoto/Araceli Herrera (por las imágenes de Lola Beltrán y Guadalupe Amor).
© Aprofoto/Ulises Castellanos (por la imagen de Danielle Mitterrand).
© Photo Sipa-Press (por la imagen de Danielle Mitterrand).
© Imagenlatina/Ángeles Torrejón (por la imagen de Rigoberta Menchú).
© Tony Costa/Outline Press (por la imagen de Sandra Dee).
© George Hurrell (por la imagen de Greta Garbo).
© Cinestar (por la imagen de Greta Garbo).
© Ph. Halsman (por las imágenes de Wallis Simpson y Marilyn Monroe).
© Keystone (por las imágenes de Eleanor Roosevelt y Édith Piaf).
© Carlos Freire (por la imagen de Evita Perón).
© Dite/IPS (por la imagen de Jacqueline Bouvier).
© Gabriel Figueroa (por la imagen de María Félix).
© Gyenes (por la imagen de María Félix).
© Maurine (por la imagen de María Félix).
© Coll. Archives Photeb/T. (por las imágenes de Debbie Reynolds y Marilyn Monroe).
© Brian Hamill (por la imagen de Mia Farrow).

Mujeres maravillosas,
escrito por Guadalupe Loaeza,
es intensa, candente, dolorosa, bella
invocación que enseña como nada
del inquietante interés que las mujeres
sienten por las mujeres.
La edición de esta obra fue compuesta
en fuente palatino y formada en 11:13.
Fue impresa en este mes de marzo de 1998
en los talleres de Impresora Publimex, S.A. de C.V.,
que se localizan en la calzada de San Lorenzo 279,
colonia Estrella Iztapalapa, en la ciudad de México, D.F.
La encuadernación de los ejemplares se hizo
en los talleres de Dinámica de Acabado Editorial, S.A. de C.V.,
que se localizan en la calle de Centeno 4-B,
colonia Granjas Esmeralda, en la ciudad de México, D.F.